# A vila olímpica da
# verde-e-rosa

Maria Alice Rezende Gonçalves

# A vila olímpica da
# verde-e-rosa

Coordenação da série
Alba Zaluar

ISBN — 85-225-0446-6

Copyright © Maria Alice Rezende Gonçalves

Direitos desta edição reservados à
EDITORA FGV
Praia de Botafogo, 190 — 14º andar
22250-900 — Rio de Janeiro, RJ — Brasil
Tels.: 0800-21-7777 — 0-XX-21-2559-5543
Fax: 0-XX-21-2559-5532
e-mail: editora@fgv.br
web site: www.editora.fgv.br

Impresso no Brasil / *Printed in Brazil*

Todos os direitos reservados. A reprodução não autorizada desta publicação, no todo ou em parte, constitui violação do copyright (Lei nº 5.988).

*Os conceitos emitidos neste livro são de inteira responsabilidade da autora.*

1ª edição — 2003

*Revisão de originais:* Maria Lucia Leão Velloso de Magalhães

*Editoração eletrônica:* Victoria Rabello

*Revisão:* Aleidis de Beltran e Fatima Caroni

*Capa:* aspecto:design

Ficha catalográfica elaborada pela Biblioteca
Mario Henrique Simonsen/FGV

Gonçalves, Maria Alice Rezende
    A Vila Olímpica da Verde-e-Rosa / Maria Alice Rezende Gonçalves. — Rio de Janeiro : Editora FGV, 2003.
    268 p. — (Violência, cultura e poder)

    Inclui bibliografia.

    1. Mangueira (Rio de Janeiro, RJ) — Política social. 2. Estação Primeira de Mangueira. I. Fundação Getulio Vargas. II. Título. III. Série.

CDD – 361.61098153

Para Astrid

Mangueira desfila
Mangueira tens uns astros...
A nação mangueirense, essa nação
altiva e pobre, toda musical
celebra lá no morro suas glórias que vêm de muito
longe, antes do samba,
e no samba se fazem nacionais.
Este é Cartola, tímido e divino
dizendo adeus a amores já passados
saudando amores novos e florentes.
Vêm Maçu, Juvenal e Saturnino
Nelson Sargento, Padeirinho, Cícero
Carlos Cachaça, Zé-com-Fome, Boco,
Pelado, Alfredo Português tão nosso,
Mestre Candinho, Hermes vereador!
Todos vão desfolhando a rosa verde,
mais trescalante do que a manga-rosa.
(Ó mestre-sala, lírica invenção
de Estação Primeira entre as primeiras!)
Um grupo valoroso de mulheres
passa, e refulge sua tradição:
Tia Tomásia, dama dos Arengueiros,
Dona Neuma Gonçalves, Dona Zica
muquequeira sublime, Dona Miúda
rainha negra, das frutas e do forno,
outras mais, outras mais... Doce desfile
alma do Carnaval aberta em flor!

Carlos Drummond de Andrade,
jornal *A Voz do Morro*, jul. 1986

# SUMÁRIO

Violência, cultura e poder                                                11
*Alba Zaluar*

Agradecimentos                                                      39

Introdução                                                          41

CAPÍTULO 1
Os pressupostos teóricos                                       57

CAPÍTULO 2
O Rio de Janeiro de ontem e de hoje                      81

CAPÍTULO 3
Mangueira, teu cenário é uma beleza                     117

CAPÍTULO 4
Chega de demanda                                         135

CAPÍTULO 5
Os meninos da Mangueira: em situação de risco?       161

CAPÍTULO 6
Cem anos de liberdade: realidade ou ilusão?         191

CAPÍTULO 7
O Olimpo é verde-e-rosa: trabalho e emprego       211

Conclusões                                                  241

Bibliografia                                               257

APRESENTAÇÃO

# Violência, cultura e poder

*Alba Zaluar*

A abordagem que adotei em 1980 para estudar a violência urbana, desde logo apresentada na mídia como resultado apenas da ação de pequenos e médios delinqüentes que habitavam as regiões mais pobres e as favelas da cidade, procurava desconstruir os estereótipos cristalizados na direita e na esquerda. Na direita, porque esses delinqüentes seriam os únicos culpados a serem encarcerados; na esquerda, por serem vítimas de um sistema iníquo que necessariamente fazia deles homens violentos e predadores. Não se fazia a conexão deste inusitado crescimento da violência entre os jovens pobres com as profundas transformações nas formas de criminalidade que se organizaram em torno do tráfico de drogas, em especial da cocaína, e do contrabando de armas, dois negócios extremamente lucrativos que atravessaram fronteiras nacionais e que passaram a mobilizar as várias máfias transnacionais com seus agentes pertencentes a classes sociais superiores. Não se falava do que representavam esses negócios no funcionamento de um mercado livre de quaisquer limites institucionais ou morais, com que nem os mais liberais entre os liberais sonharam, justamente por transacionar mercadorias ilegais.

A recusa em aceitar que novas formas de associação entre criminosos tivessem mudado o cenário não só da criminalidade, mas também da economia e da política no país, atrasou em muito a possibilidade de reverter o processo. Deixou livre o caminho para o progressivo desmantelamento nos bairros pobres daquilo que havia de rica vida associativa, tão importante no direcionamento de suas demandas coletivas e da sua sociabilidade positiva, civilizada. Deixou espalhar-se entre alguns jovens pobres um etos guerreiro que os tornou insensíveis ao sofrimento alheio, orgulhosos de infligirem violações ao corpo de seus rivais, negros, pardos e pobres como eles, agora vistos como inimigos mortais a serem destruídos numa guerra sem fim. E, ao final, permitiu abalar a civilidade dos moradores do Rio de Janeiro, que fora construída ao longo de décadas, principalmente pelos seus artistas populares, os sambistas. Todos esses aspectos do nosso drama de cada dia serão contemplados na série que ora apresento. Mas foi um longo percurso até chegar a eles.

Durante anos procurei entender os meandros e fluxos dessa extensa rede[1] que toma aspectos mais empresariais e organizados em alguns pontos, o que nos permite entender a logística eficiente de distribuição de suas principais mercadorias: as drogas ilegais e as armas. Concomitantemente, desde 1986 investigava os efeitos dessa atividade nas formações subjetivas dos jovens nela envolvidos, em especial sua concepção de masculinidade, na fragmentação social e no desmantelamento do associativismo presente nas favelas e bairros pobres da cidade.

Ocupei grande parte dos meus textos a dissecar o caráter organizado da criminalidade contemporânea, já que negá-lo seria ignorar a história — pois assim essa criminalidade se constituiu no término do sistema feudal na Itália, ainda durante o século XIX. Já então misturavam-se promiscuamente negócios e criminalidade, política e favoritismos, clientelismos, fraudes eleitorais e parcialidade na aplicação da lei ou fraude jurídica. O crime organizado na Itália, como em outros países do mundo, seria o resultado de profundas mudanças históricas que provocaram hibridismos culturais, rearranjos da propriedade fundiária e jogos políticos complexos, tudo ao fio da navalha de uma violência sem perdão. A comparação com a Itália pode ser esclarecedora.

O que nos interessa é que a máfia nunca foi fenômeno rural, tradicional e de ordem pública paralela na Sicília, mas sempre esteve conectado com o controle ilegal ou ilegítimo de mercados, contratos e negócios, tendendo ao monopólio econômico e à vitória eleitoral ga-

---

[1] O conceito antropológico de rede social, que se caracteriza pela malha de relações que adquirem várias formas, é usado aqui para analisar as atividades ilegais que têm o caráter de negócio contínuo e que fluem por meio de relações interpessoais baseadas no segredo, na confiança sempre posta à prova, no conhecimento das pessoas e nos acordos tácitos entre elas. Aplica-se especialmente aos níveis mais baixos do tráfico de drogas.

rantida. Por isso mesmo, o discurso da direita desde sempre foi o de que mafiosos seriam os pequenos delinqüentes, os bandidos, os insubmissos ao serviço militar, mas não os grandes negociantes nem os políticos que protegiam. Ainda mais direitista é a teoria explicitamente racista que fala da cultura inferior e da ausência de "vigor da raça" para explicar a máfia no Sul da Itália. O que une todos esses discursos preconceituosos é a idéia de que a Sicília não passava de uma sociedade violenta, bárbara e primitiva que culturalmente tendia a privatizar a coisa pública. Os italianos do Norte e, posteriormente, os anglo-saxões, ao sublinharem a diversidade sociocultural da ilha, a máfia como metáfora do atraso, da falta de interlocutor político ou de opinião pública, recusavam-se a enxergar, por endurecimento etnocêntrico, processos criminógenos em suas próprias sociedades que resultaram no espantoso poder assumido pela máfia no século XX, tanto em todo o território da Itália quanto nos EUA. O mesmo parece ocorrer hoje no Brasil nas tentativas bairristas de explicar o crescimento da violência como resultado da "cultura carioca" baseada na malandragem, por extensão nos favelados — negros, pardos e brancos pobres — da cidade. Mas entre moradores de cidades de outros estados em que os crimes violentos também aumentaram, como São Paulo, são os migrantes nordestinos, pobres e pardos, que ocupam o lugar do bode expiatório.

Mais um ponto de irônica coincidência entre os aparecimentos do fenômeno mafioso lá e do crime organizado em torno de negócios internacionais aqui é o efeito de certa presença militar na formação de hordas de fugitivos na Itália e de marginais no Brasil. Segundo Salvatore Luppo, autor de brilhante história da máfia que uso na comparação, a máfia deriva do hiato entre a palavra e a coisa, entre a promessa do Estado liberal — liberdade comercial e de opinião, igualdade jurídica, governo da lei e transparência — e a realidade que não as concretiza. O governo central da Itália aplicou, por exemplo, na ilha da Sicília, a Lei Pica, de 1863, que permitiu ao general G. Médici recuperar os insubmissos do serviço militar, ocupando *manu militari* regiões e cidades, perseguindo os parentes dos insubmissos com a aplicação de um conceito de responsabilidade coletiva diante da autoridade militar. Em conseqüência, o número de fugitivos da "lei", que já eram 26 mil em 1863, aumentou várias vezes. O governo, isolado politicamente, fez uso de assassinos para aprisionar os fugitivos. O estado de direito demorou a se afirmar, permitindo a difusão da força privada que o atrasou ainda mais, auxiliado pelos sucessivos governos de exceção. Como aqui, lá então a força pública não era profissional e aprendia com capangas, vigilantes e bandidos. As transações se davam entre proprietários e mafiosos, mas também entre o governo central e os bandidos, os quais as autoridades deixavam passar e agir para eliminar outros bandidos, sistema similar aos grupos de extermínio que se espalharam pelo Brasil nas décadas de 1970 e 80. Foi essa estratégia de centralização forçada, e não a mediterrânea cultura da desconfiança, a parteira da máfia na Sicília. Até que ponto o regime militar contribuiu para que o crime organizado se espalhasse com tanta rapidez pelo Brasil nos anos 1970, e o tráfico nos anos 1980, é outra história a ser contada aqui.

Na Sicília, intelectuais afirmavam não ser o mafioso um ladrão, nem um criminoso, mas "o exacerbado conceito da própria força individual (...) a intolerância pela superioridade e, pior ainda, pela prepotência alheia".[2] Ele seria o homem honrado, o da *omertà*, derivada da raiz *uomo*, homem que virilmente responde por si mesmo às ofensas sem recorrer à justiça estatal. Esta era a descrição culturalista de um sistema fechado baseado na desconfiança em relação ao Estado, na justiça pelas próprias mãos, na honra, no clientelismo, no familismo amoral que retira do indivíduo a percepção de responsabilidade diante da coletividade maior, usada por advogados de mafiosos nos processos judiciais, eles próprios defensores das teorias antropológicas sobre os "meridionais" (aqui se pode ler nordestinos, favelados, negros, pardos e brancos pobres). Entretanto, o crime organizado teria aparecido justamente com a modernização, em razão do hibridismo cultural entre o velho e o novo e da complexidade política adquirida num país que custou a consolidar o estado de direito. Em 1875 já aparecem os fatos relativos à "nova máfia", delinqüente e negocista, mas atuando no moderno mercado internacional.

Esta, como empresa, não seria, então, criação dos anos 1970, fazendo feroz acumulação capitalista especialmente no narcotráfico. O velho mafioso que desejava apenas consideração social, sem ambição de enriquecer, simplesmente nunca existiu. Arrendatários do século XIX também eram empresários, especuladores da "pólvora e do chumbo".

---

[2] Luppo, 2002.

Não era o camponês ignorante, mas o cavalheiro muitas vezes milionário, que fazia negócios de enxofre na Londres de 1922. Nas últimas décadas do século XX, o novo empresário mafioso, traficante de drogas e de armas, tem atividades imobiliárias, financeiras e comerciais de lavagem do dinheiro sujo que fazem dele sobretudo um *rentier*, nunca um empreendedor capitalista schumpeteriano.

Como negócio, a função básica do crime organizado sempre foi o *racket*, esquema que oferece proteção para garantir o monopólio da empresa, com isto intimidando física e verbalmente os traidores, os competidores, as testemunhas e os concorrentes. No mundo dos negócios, como da política, a máfia criou a desordem e a insegurança para organizar e manter sob controle a economia legal. Ou seja, não se pode menosprezar o fator extorsão em favor da proteção, o que leva o sociólogo italiano Gaetano Mosca a afirmar que a vítima paga um tributo à quadrilha, na ilusão de que é presente gratuito ou serviço prestado. Mais uma vez, uma entrada no mercado, livre de quaisquer limites, de modo a vencer sempre os concorrentes e fazer dinheiro da própria garantia de sucesso no empreendimento. A cumplicidade e a promiscuidade nas relações fizeram com que os chefões da máfia, sob a tutela e proteção de políticos e personagens influentes, viessem depois a proteger e defender os últimos. Essas relações promíscuas ainda são pouco conhecidas no Brasil, mas é preciso conhecê-las.

Estava criada a indústria da proteção, da qual despontou o caráter duplo das atividades da máfia que remetiam a um duplo modelo de organização: o *power syndicate*, que monta o esquema de proteção/extorsão, exercido por unidades de organizações que recebem o nome do território onde adquirem poder; o *enterprise syndicate*, que desenvolve uma rede de negócios que corta transversalmente as organizações e da qual alguns afiliados podem participar como um favor, arriscando capitais e acumulando riquezas individualmente. Os dois modelos entram em choque, mas se conectam, confundindo protetores (mediadores, fiadores) e protegidos. Se na máfia americana favorece o crime-negócio ou o modelo da empresa, isso não reduz a máfia siciliana a uma forma de clientelismo de padrinhos e clientes reproduzido em parte pelos italianos nos EUA. Pensar de outro modo é negar-se a considerar a organização montada para extrair grandes lucros de negócios legais e ilegais, bem como o papel crucial exercido pela violência nela.

Tampouco se deve entender a máfia como poder paralelo, já que há necessária conexão entre ela, a polícia e as instituições. Criminosos empresários relacionam-se com pessoas importantes, políticos, policiais e juízes. O conceito de anti-Estado é exagerado nesse sentido, pois o crime organizado está ligado ao poder oficial e é preciso estar atento às reviravoltas dessas redes fluidas dos personagens públicos e exteriores à organização criminosa que se imiscuem com ou se sobrepõem a ela.

Contudo, ainda segundo Salvatore Luppo, o crime organizado guarda muita coisa de sociedade secreta, com seus rituais iniciáticos. Por isso mesmo, nega a cultura generalizada, tradicional e fechada; o iniciando torna-se novo ser, tábula rasa para receber o conhecimento e a ordem do grupo. A *omertà* é um dos lados da moeda, cujo outro lado é a subordinação à vontade da organização, ou seja, a *umiltà*. Como nas organizações maçônicas, no crime organizado o delator é chamado de infame e a organização está sempre pronta a matar ou denunciar à polícia os seus inimigos, por meio de cartas anônimas ou por vias secretas. Faz regulamentos e estatutos, além de dispor de autoridades legislativas e tribunais que decidem e punem sem clemência. Na Itália, a ruptura só acontece em 1979, quando a máfia se torna terrorista, assassinando juízes, políticos honestos, políticos corruptos, rompendo com seu passado prudente de mimetismo e acordos com o poder constituído.

No Brasil, a publicação recente dos documentos que continham o regulamento do Comando Vermelho, bem como a aplicação da pena máxima para quem ouse denunciar ou prejudicar os negócios das quadrilhas que controlam favelas e bairros pobres de várias cidades brasileiras, apontam na mesma direção. Não há mais como negar o que se torna cada vez mais evidente. Aqui também o desespero ou a bravata têm feito traficantes deixar os limites protegidos pelos arranjos de poder para invadir o espaço urbano até há pouco tempo respeitado. Teremos também formas de terrorismo já encontradas em outros países? As últimas atividades conjuntas do PCC de São Paulo e do Comando Vermelho no Rio de Janeiro e as mortes de juízes em São Paulo e Espírito Santo, de diretores de presídio e de um promotor carioca em Minas Gerais fazem crer que sim.

Ainda não se fez, no Brasil, uma história do crime organizado, desde aquele que sempre presidiu a legalização da propriedade fundiária até o mais recente, do tráfico ilegal de drogas que tornou as redes mais extensas, mais globais e muito mais difíceis de ser controladas. Apenas nos últimos anos a investigação policial e dos promotores e procuradores do Estado permitiu começar a levantar o véu que encobria a crucial participação de políticos, empresários e negociantes em diversos esquemas de lavagem do dinheiro fruto da corrupção ou de negócios escusos, o véu que afirmava a correlação entre pobreza e criminalidade, sem tornar complexos os processos de interconexão das várias atividades ilegais de personagens com diferentes origens sociais. Recentemente soube-se da fórmula elaborada em São Paulo para tirar dinheiro dos cofres públicos via superfaturamento de precatórios, agora também descoberta em vários estados nordestinos. Esses mesmos personagens, de famílias importantes e grandes partidos políticos, também participam do esquema de remessa de dinheiro para o exterior e de troca de reais por dólares, além dos imóveis comprados em nome de terceiros, os "laranjas". Ainda há muito a desvendar no que se refere aos inúmeros tráficos existentes no Brasil.

Portanto, lá como cá, também foram os bandidos pobres e pouco importantes que sempre pagaram na prisão os crimes dos ricos ainda tão impunes. Na Sicília, em pleno século XIX, formaram-se quatro anéis ou redes na cadeia, em torno dos quais se colocaram miríades de guardiões, ladrões, bandidos e policiais. Contudo, essas redes pouco tinham a ver com a solidariedade familiar, o clientelismo e a amizade. Já em 1866, o presídio é definido como a "universidade do crime" e o "governo das quadrilhas". Já vimos esse filme. Nem é a máfia forma primitiva de luta de classes, como afirmou Hobsbawm, pois não há na sua ideologia nenhum socialismo salvador que trará a modernidade. Ao contrário, os mecanismos mafiosos se consolidam e se tornam autônomos na lógica da proteção/extorsão.

Tampouco a existência de conflitos negaria a organização, pois, ao contrário, a guerra explode quando um se divide em dois. Também o modelo do mafioso notável, protetor e mediador subestimaria o papel da violência na definição da hierarquia e das ascensões muito rápidas, sempre necessitando confirmação do poder do chefe. Numa organização de dupla função ou linhas — a do poder (que cuida da proteção/extorsão em estrutura territorial estável) e a da organização empresarial (que cuida dos negócios ilícitos), esta minimizando os riscos através da confiança das relações pessoais (muito mais difícil quando o tráfico de drogas passa a dominar) —, é claro que a violência tem papel crucial.

No tráfico, pela extensão da rede e pelas muitas possibilidades de deixar rastros na sua passagem, os criminosos estão mais expostos à delação e à traição. Os contatos externos ameaçam a unidade da organização familiar, nuclear ou local, que fornece a permissão para que seus membros possam participar dos negócios. Na linguagem da favela, é preciso ter conceito e ganhar a consideração dos chefes para poder traficar. Mas aqui as relações de parentesco (consangüíneo ou de compadrio) não garantiram nunca a estabilidade dos laços de confiança mútua, muito precários e sujeitos a crises, imediatamente desencadeadoras de conflitos violentos. Portanto, não são os negócios que desencadeiam todos os conflitos, mas a dinâmica do tráfico em questão e a ocupação de determinado setor em detrimento de outras unidades de organização e de outras pessoas. A guerra resultante é a que se vê e se ouve em algumas favelas e seu entorno nas mais ricas cidades brasileiras.

Com o *boom* do negócio das drogas no final dos anos 1970, chefes sicilianos como Buscetta e Badalamenti adquiriram poder internacional, permitindo a transferência de rios de dinheiro do Novo para o Velho Mundo pelos canais bancários, principal pista seguida pelo juiz Falcone. Uma terceira máfia se forma, nem ítalo-americana, nem siciliana, a máfia negociante do tráfico, independente de ambas, que assinala uma fragilidade adicional aos complicados jogos de interesse e poder dos negócios fora da lei. Em 1977, assinala-se o momento crucial dessa conexão, seguido de muitas mortes — em torno de mil ou 500 — entre 1981 e 1982, sob a acusação de avidez desmedida pelo dinheiro de alguns mafiosos. O *power syndicate* vence os negociantes da droga, perseguindo e matando membros de suas famílias, mesmo crianças e mulheres, e se apodera dos lucros e do controle sobre o tráfico. Disso resultam divisões dentro das famílias, que desaparecem como unidade básica da organização, em favor das redes comerciais mais extensas, pois todos os membros da família queriam comerciar. John Gambino (falecido em 11 de junho de 2002) vai para a Itália para renegociar, pois os caminhos tinham se interrompido. Em fevereiro de 1984, Badalamenti telefona do Rio de Janeiro para os EUA afirmando que a eles cabia o tráfico de heroína. Também no Brasil, Buscetta é preso e interrogado por Falcone, depois de ter dois filhos e irmãos assassinados pelo *power syndicate*.[3] Teria sido mero acaso ou férias na praia a razão da presença de tão importantes mafiosos no Brasil, justo quando se registra a ascensão geométrica das taxas de homicídio entre nós e se inicia a cópia do modelo de gangues armadas nas favelas do Rio de Janeiro e outras cidades brasileiras?

Segundo o Conselho Social e Econômico das Nações Unidas,[4] o crime organizado transnacional hoje tem a capacidade de expandir suas atividades a ponto de ameaçar a segurança e a economia dos países, particularmente os que estão em transição e desenvolvimento, e representa o maior perigo que os governos têm de enfrentar para assegurar sua estabilidade e a segurança de seu povo, a preservação de toda a tessitura social e a continuidade de seu desenvolvimento.

Muitos estudos internacionais indicam que, na ponta do consumo, a demanda que garante os altos lucros do empreendimento ou da "indústria da droga", como o chamam alguns,[5] seria decorrente tanto de mudanças nos estilos[6] de vida, que por sua vez teriam modificado o consumo, quanto da montagem de círculos viciosos para os usuários abusivos de drogas que já enfrentam variados problemas socioeconômicos, tais como repetição ou baixo rendimento escolar, desemprego, discriminação, pobreza e conflitos familiares.[7] As mudanças no consumo — do consumo familiar para um consumo "de estilo", muito mais caro, que inclui o uso de drogas[8] —, observadas como um dos efeitos do

---

[3] Luppo, 2002.

[4] Apud UNDCP, 1997.

[5] UNDCP, 1997.

[6] Estilo, conceito-chave do projeto que deu origem à série Violência, Cultura e Poder, é usado para substituir os contestados conceitos de cultura e subcultura que têm pressupostos e conseqüências teóricas inaplicáveis na rapidez com que identidades e práticas sociais vão sendo modificadas e operadas pelos agentes sociais no mundo globalizado. Usado primeiramente pelo Centro de Estudos Culturais de Birmingham para representar aquilo que era chamado "cultura jovem", estilo passou a ser o termo mais adequado para falar das incorporações rápidas e efêmeras da moda em vestuário, música, arte, linguajar e outros comportamentos juvenis que não mais conseguiam ser exclusivamente interpretados pela perspectiva holística da religião ou da cultura de classe, embora não totalmente desconectados destas, por estarem imbricados com o desenvolvimento progressivo de um mercado de bens culturais e simbólicos cada vez mais parte do que se chamou "sociedade de consumo" (Hall, 1980; Featherstone, 1997).

[7] UNDCP, 1997; Tullis, 1995.

[8] Sassen, 1991; Featherstone, 1997.

processo de globalização, favoreceram igualmente o aumento impressionante verificado em certos crimes contra a propriedade (furtos e roubos) e contra a vida (agressões e homicídios).[9]

No Brasil, as drogas ilícitas continuam criando focos de conflito sangrento nos territórios da pobreza. O governo sempre adotou medidas repressivas no combate ao uso de drogas e a polícia tem um enorme poder em determinar quem será ou não processado e preso como traficante, crime considerado hediondo. No que se refere à administração da justiça, jovens pobres e negros ou mulatos são presos como traficantes, o que ajuda a criar a superpopulação carcerária, além de tornar ilegítimo e injusto o funcionamento do sistema jurídico no país. Policiais costumam prender meros fregueses ou pequenos repassadores de drogas (aviões) para mostrar eficiência no trabalho. A quantidade apreendida não é o critério diferenciador e nem sempre as outras provas materiais, tais como agendas telefônicas e armas, são registradas na ocorrência policial, impossibilitando qualquer investigação séria posterior. A indefinição da legislação favorece o abuso do poder policial que, por sua vez, vai inflacionar a corrupção que apaga as demais provas.

No Rio de Janeiro, coordenei o trabalho de campo de 10 alunos da Uerj, assistentes de pesquisa[10] no Subprojeto Redes de Tráfico e Estilos de Consumo em Três Bairros do Rio de Janeiro, do Núcleo de Pesquisa das Violências (Nupevi), realizado em três fases: entre 1999 e julho de 2000, entre 2001 e 2002 e em 2003. Os livros desta série baseiam-se em suas teses e incluem um volume reunindo meus escritos.

---

[9] Sullivan, 1992; Tullis, 1995; Rydell et al., 1996; UNDCP, 1997.

[10] A pesquisa foi financiada pela Secretaria de Direitos Humanos do Ministério da Justiça, a partir de setembro de 1999 até maio de 2000, na gestão do secretário José Gregori. Participaram da pesquisa Luiz Fernando Almeida Pereira, Rodrigo Monteiro, Ana Paula Pereira da Gama Alves Ribeiro, Fátima Regina Cecchetto, Liliane Gomes de Souza, Laerte Vallerini Neto, Maria Alice Rezende Gonçalves e Francisco A. G. Agra, todos da Uerj. O CNPq concedeu bolsas de iniciação científica a dois alunos, uma bolsa de apoio técnico para pesquisa e uma bolsa de produtividade em pesquisa. A Uerj forneceu duas bolsas de iniciação científica, além da infra-estrutura necessária, em equipamentos, pessoal e biblioteca. A Faperj concedeu bolsa de mestrado a um aluno. O Nuseg financiou a compra de dois computadores, além de pagar dois alunos pelo período que durou a primeira fase da pesquisa. Nas segunda e terceira fases, as verbas do Pronex financiaram toda a pesquisa. As alunas Fátima Cecchetto, Ana Paula da Gama Pereira e Liliane de Souza tiveram bolsa de doutorado do CNPq e bolsas de mestrado da Capes.

## A Vila Olímpica da Verde-e-Rosa

A hipótese inicial de trabalho, que deu título ao projeto e provou sua relevância para entendermos o que se passa no Rio de Janeiro, baseou-se no caráter interativo dos circuitos, redes, estilos de lazer e processos sociais mais difusos. Estes culminam numa atividade criminosa — o tráfico de drogas — vinculada a negócios, mas que, no varejo, pode ser regular ou irregular, meio de vida ou de enriquecimento e ainda intermitente e temporária. Esta hipótese estaria relacionada à incidência diferencial de alguns crimes, observada nos três bairros escolhidos do Rio de Janeiro. Hipótese secundária, mais centrada nos efeitos do abuso de drogas, afirma que drogaditos em tratamento tendem a cometer menos crimes contra a propriedade e contra pessoas do que os que não estão sob tratamento. Relatório recente da ONU[11] e pesquisa realizada em Miami demonstram, por exemplo, que drogaditos em tratamento tendem a cometer entre quatro e 10 vezes menos crimes contra a propriedade e contra pessoas do que os que não estão sob tratamento, ou que o tipo de droga usado, o padrão de uso e o estilo de vida do usuário têm efeitos sobre a atividade criminosa em que se envolvem.

Estudos também mostram que, dependendo do nível de atividade, os padrões de distribuição das drogas ilegais são divergentes, ou seja, variam se o tráfico é de atacado, de intermediários ou de varejo;[12] variam segundo a droga negociada; variam segundo o tipo de organização do pagamento (se na folha de pagamento, se em função de políticas pessoais); finalmente, divergem se o narcotráfico está aliado ou não a grupos terroristas e como competem pelas parcelas do mercado. Pelo que já se conhece hoje, no caso da cocaína, que é o que mais nos afeta no Brasil, a indústria é concentrada e não está baseada em pequenos estabelecimentos; os camponeses produtores recebem uma ínfima parcela da renda produzida com o negócio; o comércio, por sua vez, tornou-se organizado em cartéis e máfias nos seus mais altos níveis, porém ramificado e descentralizado no varejo. Sua lucratividade, embora não exista consenso a respeito das taxas por causa da dificuldade de obter os dados, é tida por todos os autores como favorecendo principal-

---

[11] UNDCP, 1997.

[12] Tullis, 1995.

mente os grandes atacadistas e maiores intermediários na rede hierárquica de conexões.[13]

Outros estudos abordam a dificuldade da separação entre traficante e usuário, sombreada pelos efeitos do vício que a droga proporciona. Pesquisas do tipo *survey,* muito caras e de difícil metodologia,[14] foram conduzidas nacionalmente nos EUA com a conclusão de que são os homens, mais do que as mulheres, que usam drogas ilegais; os homens mais novos (18-25 anos) do que os mais velhos; os desempregados mais do que os empregados; os solteiros e divorciados mais do que os casados.

Existem igualmente estudos mais focalizados empregando várias metodologias que se concentraram nas relações familiares, de emprego e de vizinhança que os usuários de drogas mantêm. Suas conclusões contestam as idéias de senso comum que associam tais comportamentos à pobreza ou aos "lares desfeitos", mas discutem achados de outras pesquisas que apontam o grupo de pares como crucial na escolha, pelo adolescente, do uso regular das drogas ilegais. Alguns deles procuram mostrar que não é a pobreza e sim as próprias exigências do funcionamento do tráfico que desenvolvem o comportamento violento associado ao uso de drogas.[15] Outros juntam evidências de que não é tanto a família chefiada por mulher ou a separação dos pais, mas as relações entre pais e filhos — se de diálogo aberto sobre a questão das drogas ou não — que induzem o hábito de usar drogas. Seria, então, a violência doméstica e a ausência dos pais mais do que a separação entre eles a razão por detrás do uso de drogas. Outro ainda discute, com base em dados empíricos, que a importância da influência do grupo de amigos tem sido exagerada e que a escolha dos próprios amigos já está marcada pela preferência por tal ou qual droga e o desejo de experimentá-las.[16] A curiosidade e a valorização do proibido e do próprio risco, características da adolescência e do desejo de se afirmar como alguém capaz de enfrentar a morte, fazem do uso de drogas proibidas uma atração cons-

---

[13] Fonseca, 1992; Bettancourt & Garcia, 1994; Tullis, 1995; Labrousse & Koutousis, 1996; UNDCP, 1997.

[14] Rydell et al., 1996; UNDCP, 1997.

[15] Zaluar, 1985, 1993 e 1994; Thoumi, 1994.

[16] Bauman & Ennett, 1996.

A VILA OLÍMPICA DA VERDE-E-ROSA

tante para os jovens,[17] só superada pela informação, pelo diálogo e pela preocupação demonstrada pelos adultos.

A pesquisa de campo foi realizada em três bairros do Rio de Janeiro que dão nome a três regiões administrativas da cidade (Copacabana, Tijuca e Madureira), correspondendo a 14% da população do município. A escolha dos três bairros deu-se em função da conhecida diferença de poder aquisitivo entre seus moradores. Esse fato permitiria controlar os índices disponíveis sobre criminalidade pelos dados socioeconômicos, com o objetivo de discutir se estes seriam suficientes para explicar os diferenciais encontrados.

Na comparação entre os três bairros escolhidos, foram utilizadas várias fontes de dados. As estatísticas oficiais da polícia foram coletadas para conhecermos a incidência de alguns crimes, tidos como vinculados ao crime organizado e às dívidas que os compradores de suas mercadorias e serviços contraem, tais como roubos e furtos de autos, outros roubos e furtos; ou então os que são resultado dos métodos de resolução de conflitos internos, como o homicídio, também denominados homicídios sistêmicos. Os dados do IBGE sobre as regiões administrativas onde estão localizados os bairros pesquisados permitiram a comparação demográfica, socioeconômica e de atividades econômicas para ajudar a entender as condições de vida nesses bairros, especialmente de seus jovens, principais protagonistas e vítimas dos crimes violentos, sobretudo de homicídio.

As maiores diferenças entre Tijuca e Copacabana ficam nas faixas mais baixas e mais altas da renda do chefe de família, isto é, na Tijuca há mais pobres e menos ricos do que em Copacabana. A desigualdade seria, portanto, maior em Copacabana do que na Tijuca, mas na Tijuca haveria mais pobres convivendo com pessoas de classe média e alta. Madureira apresenta, nos extremos, o oposto da distribuição de renda de Copacabana: 40 e 37% dos domicílios abaixo da linha da pobreza, 5,4 e 7,5% nas faixas mais altas de renda, respectivamente. A desigualdade dentro de Madureira é a menor entre os três bairros e há poucos ricos convivendo com pobres; no entanto, é o bairro que apresenta maior número de homicídios, roubos de autos e outros roubos, além de ser o segundo em outros furtos. Mas, se não há dúvidas quanto à maior inci-

---

[17] Bauman & Ennett, 1996; Katz, 1988; UNDCP, 1997.

dência de crimes violentos em Madureira, eles indicam que isso ocorre intraclasse, mesmo em roubos, crimes contra a propriedade, ditos como mais comuns nas áreas mais ricas. Portanto, não é a desigualdade dentro do bairro nem a "cidade partida" em termos de renda que podem explicar essas altas incidências. É preciso entender que pobres são esses e que mudanças são operadas nas favelas mais afetadas pelo etos da violência, os estilos de consumo, os estilos de lazer, as políticas institucionais e comunitárias de prevenção ao uso de drogas nos três bairros, além da forma como sua população masculina jovem usufrui do lazer, faz uso de drogas ilegais e se relaciona com as quadrilhas de traficantes existentes nos bairros.

Madureira tem população de 373 mil habitantes, dos quais 47% são jovens entre 0 e 29 anos de idade, e 23% são crianças e pré-adolescentes entre 0 e 14 anos,[18] ou seja, quatro vezes mais pessoas nesta última faixa de idade (83.263) do que a região administrativa de Copacabana (20.391), embora tenha apenas o dobro da população deste bairro. Os adultos correspondem a cerca de 40% do total, e as pessoas de 60 anos e mais, 13%. Madureira tem, relativamente aos dois outros bairros, o maior contingente em números absolutos e relativos de crianças e jovens, e o menor de idosos.

Esse fato, sem dúvida, contribui para que o bairro seja o que exibe as taxas mais altas de crimes violentos, sobretudo o homicídio, que envolvem os jovens como autores e vítimas. Mas não explicaria a alta incidência de roubos e outros furtos, já que sua população, além de jovem, é mais pobre. O que nos faz duvidar da teoria das zonas morais, difundida pela escola de Chicago na década de 1920, é o ambiente descrito pelos seus moradores como um local onde "todos se conhecem", o que lhe dá um caráter de rede quase fechada, característica dos grupos primários nos quais o controle social informal seria maior. Não há nem o anonimato nem a licenciosidade encontrados em Copacabana, bairro que, segundo essa teoria, deveria apresentar mais altas taxas de criminalidade. A questão, portanto, não parece ser nem o anonimato, nem a impessoalidade, nem a anomia nas relações sociais, mas sim a falta de

---

[18] Em algumas favelas selecionadas do Rio de Janeiro, os dados são ainda mais impressionantes: 31% de sua população são crianças de 0 a 14 anos, 51,9% jovens entre 0 e 29 anos, 37,6% entre 10 e 29 anos, segundo tabulações especiais feitas no IBGE por Jane Souto de Oliveira, 1998.

regras e o conteúdo das novas regras que vão surgindo no vazio institucional que se forma a partir da sinergia entre a economia subterrânea, as organizações locais e as instituições supostamente encarregadas de manter a lei e a ordem.

Apesar de ter o maior percentual de idosos e adultos, Copacabana está longe de ser um bairro conservador ou convencional. O fato de ser importante centro turístico e de boemia da cidade, o anonimato, o cosmopolitismo e a tolerância, além da licenciosidade, marcam o bairro desde o seu início pela convivência de pessoas de diferentes idades, opções sexuais, etnias, raças e classes sociais. Esse aspecto foi acentuado pela propaganda em torno do seu potencial turístico, que continua atraindo pessoas de toda a cidade, do estado, do país e do mundo a visitá-lo. Se essas características facilitam o aparecimento de tais desvios ou comportamentos pouco convencionais, não explicam a menor incidência de crimes violentos contra o patrimônio e contra a pessoa. Portanto, a teoria das zonas morais não poderia explicar o que acontece hoje no Rio de Janeiro.

Por fim, foi necessário estudar a organização do tráfico em cada um desses locais, escolhidos justamente por terem inúmeros estabelecimentos legais de lazer e boemia, além de várias favelas. As ligações entre os traficantes do asfalto e da favela, assim como entre os usuários e esses traficantes, foram objeto de investigação minuciosa, de caráter qualitativo mais do que de teste de hipóteses, utilizando técnicas de observação participante e entrevistas.

No trabalho de campo, a observação silenciosa e discreta, junto com as entrevistas aprofundadas que seguiam um roteiro aberto, mostrou ser este método essencial para revelar as redes de tráfico e estilos de consumo numa situação de pesquisa repleta de riscos e perigos. Devido ao tema, todo cuidado era pouco para preservar a imagem dos pesquisadores, de modo a não serem confundidos com informantes da polícia, o que poderia ser fatal. O objetivo era entender os processos sociais objetivos, e não nomes de pessoas, principalmente na distribuição das drogas ilegais, assim como as formações subjetivas que constituíam o consumo, revelando o simbolismo que as caracterizam para diversos tipos de usuários. O pressuposto teórico era o de que todos os dados advêm da relação social entre os pesquisadores e os sujeitos que constituem seu objeto de estudo, o que exige reciprocidade e confiança. Trabalhamos muito mais com os valores, as disposições e regras implícitas que fundavam as práticas sociais, assim como os significados atribuídos a elas e aos bens nelas consumidos. Estávamos particularmente interessados na formação de um etos guerreiro entre jovens atraídos pelo tráfico, assim como na formação subjetiva da masculinidade em vários outros estilos de lazer (como os bailes *funk* e charme, ou esportes como o jiu-jítsu, ou as torcidas organizadas do futebol).

No trabalho de campo que se desenrolou em 2000, a observação, as entrevistas aprofundadas de roteiro aberto e os três grupos focais montados em cada um dos bairros mostraram ser este método essencial para revelar as redes de tráfico, os estilos de consumo, as disposições e concepções de masculinidade numa situação de pesquisa repleta de riscos e perigos. O objetivo era entender os processos sociais objetivos (e não nomes de pessoas, principalmente na distribuição das drogas ilegais) assim como as formações subjetivas reveladas no simbolismo e nos rituais das interações entre os atores. Os contatos para entrevistas foram feitos seguindo a rede de conhecidos dos usuários ou nos locais de lazer escolhidos para a observação silenciosa. Desse modo, muitas definições, imagens e significados contextuais do crime, do desvio, da droga, da polícia, do bairro, das diversas atividades de lazer, das relações entre os usuários, entre estes e os traficantes, entre todos e a polícia, foram transmitidos pela observação direta, por conversas informais depois registradas e pelos relatos de experiências de nossos informantes.

A comparação entre os bairros no que se refere aos estilos de uso não se mostrou importante para entendermos as diferenças nas incidências de alguns crimes, especialmente homicídios, roubos e furtos, apontados como relacionados ao tráfico de drogas. Já os estilos de tráfico e a maneira pela qual tanto repassadores quanto usuários se relacionam com os "donos da boca" ou "donos do morro" revelaram-se de fundamental importância.

Concluímos que, apesar de grandes diferenças nos circuitos do lazer, os usuários eram na maioria usuários sociais. Não foi em relação aos estilos de consumo que os usuários freqüentadores dos três bairros se distinguiram. Neles notamos sempre a busca da privacidade e de um uso discreto para "não dar na vista" nem assustar os demais freqüentadores dos mesmos locais de boemia, fosse por causa da repressão policial ou porque todos se conhecem no bairro e a família do usuário acabaria tomando conhecimento de seu "vício". Nesses casos, os usuários procuram não exceder na quantidade para não "dar bandeira": olhos arregalados, agitação, descontrole emocional etc. Isso não quer dizer que não existam usuários pesados, mas estes passam por sérias dificuldades no relacionamento com os demais usuários e mesmo com os traficantes, que não os respeitam nem os apreciam por chamarem a atenção da polícia e terem problemas no pagamento das dívidas.

Devido a esse estilo predominantemente apreciado, ao construir a sua própria imagem, o usuário de Copacabana ou da Tijuca ou, ainda, de Madureira evita classificar-se como alguém dominado pela droga ou capaz de qualquer coisa para obtê-la, escapando dos estereótipos do marginal. Somente aqueles que foram entrevistados quando já estavam sob tratamento admitiram o vício e a associação com outras práticas criminais. Essa construção do usuário social, mesmo entre consumidores de cocaína, falava no "comedimento", na possibilidade de "parar quando quiser", no uso noturno ou em situações festivas, para diferenciar do "viciado" que seria desmesurado, compulsivo e começaria a "usar já pela manhã", além de combiná-la com outras, num uso múltiplo de drogas legais e ilegais que combinavam principalmente álcool e cocaína. Por outro lado, diferentemente do que ocorria no passado nesses espaços da intimidade, não há registros de consumo de drogas por via intravenosa nos espaços públicos hoje freqüentados pelos usuários mais práticos e mais preocupados com sua detecção por terceiros no local.

No caso específico da maconha e da cocaína, verificou-se a importância do grupo e do ambiente na decisão de consumi-las e na continuidade do uso. Todos os entrevistados que experimentaram drogas ilegais — permanecendo ou não como usuários — registraram que a primeira experiência ocorreu em situações coletivas, às vezes em momentos não corriqueiros, tais como acampamentos, viagens e festas. Por isso mesmo, aqueles que interromperam momentânea ou definitivamente a trajetória de usuários de drogas ilegais invariavelmente se afastaram do grupo e do ambiente associados a essa prática. Os que voltaram a usar, mesmo após tratamento e desintoxicação, afirmam que retornaram por causa do encontro com os amigos e conhecidos que continuavam freqüentando os mesmos circuitos e locais de lazer em que as drogas ilegais são comercializadas e compartilhadas.

Isso não quer dizer que não comentem como, no estado de dependência química, o uso permanente esfacela as relações mais estreitas de sociabilidade. A maioria dos usuários entrevistados reconhece o desgaste físico provocado pelas drogas ilegais, como a cocaína, por vários deles denominada "maldita", e se preocupa com o uso contínuo e obcecado quando se tornam "travados", ou seja, tensos, calados e pouco afeitos ao contato social.

Embora haja alguns usuários múltiplos de maconha e cocaína, em geral formam grupos distintos que não se misturam. O etos e as imagens associadas a cada uma dessas drogas também divergem entre si. Para alguns usuários, a maconha teria um etos bucólico, com referências ao dia, ao campo, à natureza, à comida, à saúde, ao ócio e à paz. Já a cocaína seria associada a um uso mais urbano e artificial, à saída noturna para boates, ao viver agitado, à degeneração do corpo e à guerra. Ela também é usada para potencializar a capacidade produtiva, especialmente no trabalho noturno, como o de jornalistas, bancários, caminhoneiros, vigias etc. Entrevistados nos três bairros assinalaram que, entre os efeitos desejados, estão a euforia, a "adrenalina", a "ligação", o "ficar aceso" atribuídos à cocaína; o "estar chapado" ou "ficar lesado", "desligado", devido à maconha.

Segundo usuários, por causa da cocaína, "o cara mata, não tem amizade, não tem nada", o que nos indica a maior associação entre o traficante e o usuário quando a droga é a cocaína. Vários afirmaram ter visto "gente se destruir" e homens que "deixam de querer saber de mulher" ou "que viram mulher", "que se prostituem para pagar o vício", assertiva que foi confirmada pelas histórias de vida de prostitutas e michês ouvidos em Copacabana. Os estilos de uso não são, portanto, conclusivos na interpretação dos diferenciais de crimes observados nos três bairros.

Faz parte do contexto cultural e institucional da formação dessas subculturas a própria atitude dos outros agentes governamentais e dos outros grupos sociais em relação aos usuários de drogas. As imagens negativas, os preconceitos e o medo, que, no Brasil, chegam às raias da demonização do viciado, contribuem decisivamente para a cristalização dessa subcultura marginal e para os tons agressivos e anti-sociais que ela algumas vezes adquire. A violência e o arbítrio policiais, derivados do poder de iniciar processos criminais contra o usuário, criam em torno dele um círculo infernal de insegurança, perigo e incentivo ao crime.

Mas não se pode concluir daí que todos os usuários de drogas são iguais ou mesmo que professem o mesmo credo cultural. Nada mais enganoso. Pesquisas feitas em todo o mundo sugerem diferenças em graus de envolvimento ou de relação com a droga e com o grupo — se ela é tomada nas horas de lazer ou diversão ocasionais, se é central na definição de um estilo de vida alternativo compartilhado com outras pessoas, ou se é o eixo na definição da identidade individual do usuário compulsivo. Mesmo entre os jovens pobres usuários de drogas existem diferenças. Mas não seria exagero afirmar que, entre os pobres, existe maior pressão para o envolvimento com os grupos de criminosos comuns, por conta das facilidades de entrar em dívida com o traficante, de obter arma e estímulo para a ação criminosa e de esbarrar na repressão policial que prende os "maconheiros" pobres para acrescentar números na sua folha de serviços, bem como da dificuldade em encontrar atendimento médico e psicológico quando o usuário vem a ter problemas reais no uso e controle das drogas.

Os usuários, sejam eles sociais ou abusivos, têm de fazer um cálculo entre os riscos advindos da repressão e corrupção policial, que andam juntas principalmente nas favelas e algumas ruas asfaltadas dos bairros estudados, e os perigos das transações com os traficantes do morro. Em relação a estes últimos, afirmam que é preciso "saber entrar" e "saber sair" na interação com os traficantes de favela para não correrem risco de vida. Entretanto, os traficantes de favelas na Tijuca e em Madureira controlam mais facilmente as ruas do bairro, seja para impedir que vendedores independentes comerciem drogas por ali, seja para demonstrar o seu poder de fogo, não sendo incomum vê-los andarem armados. Quando vendedores não-autorizados são identificados pelos "donos" das bocas-de-fumo (por extensão, das favelas), eles são ameaçados de morte. Se continuarem a exercer a atividade, competindo com o pessoal da quadrilha, são mortos. Nesses dois bairros, é preciso ter conceito e permissão do dono para vender drogas. Na Tijuca, por causa da proximidade dos morros e das pequenas gargantas onde ficam as moradias do asfalto, as guerras entre as diversas quadrilhas ligadas a comandos diferentes, bem como os tiroteios para resolver pequenos acertos, invadem as casas dos moradores, seja das favelas, seja do asfalto, e tiram a paz e a tranqüilidade do bairro residencial e conservador.

Um grupo estável de pessoas conquista a confiança dos "donos" ou de seus gerentes e compra previamente uma quantidade de drogas com a finalidade de vendê-la por preços majorados em locais de intensa movimentação noturna. Neste último caso, estaria mais próximo do "avião" ou repassador que adquire, com certa assiduidade, a droga junto aos traficantes dos morros, em consignação, ou seja, recebe antecipadamente certa quantidade para posterior pagamento. Nesta última situação, é necessário o estabelecimento de uma relação de confiança maior que, com a continuidade do processo, tende a aumentar — é o que chamam "ganhar conceito" —, possibilitando ao repassador a aquisição de quantidades cada vez maiores. É nesse processo que as pressões para um envolvimento maior nas demais atividades da quadrilha e os possíveis conflitos daí advindos podem se dar. O ideal seria permanecer como "considerado", alguém que adquire amizade, mas não se envolve, nem vira "inimigo", "cachorro", "cabeça fraca" igual aos outros traficantes. Ter ganho dinheiro na rua como repassador pode vir a chamar a atenção dos próprios traficantes e também dos policiais: a pessoa "fica pichada". Entrevistados sugeriram que, então, "a situação se torna sinistra" e é preciso abandonar o bairro, até mesmo a cidade: "tem que sumir".

O estilo do tráfico na Tijuca, assim como o de Madureira, poderia ser resumido como aquele diretamente controlado pelos traficantes de favela, caracterizado pelo uso corriqueiro da arma de fogo para controlar o território, cobrar dívidas, afastar concorrentes e amedrontar possíveis testemunhas. Isso marca uma diferença crucial em relação a Copacabana, que tem um estilo discreto, em que o traficante assume a clandestinidade e não controla territórios.

Outro subprojeto do Nupevi — Violência, Pobreza e Identidade Masculina — destinava-se a comparar não bairros, mas estilos de lazer e concepções de masculinidade no mesmo grupo social dos jovens envolvidos no tráfico. O etos guerreiro, vinculado a uma concepção viril e agressivamente agônica da masculinidade, envolveu primeiramente a interpretação e análise dos termos quadrilha, galera e gangue aplicados indiscriminadamente para representar as novas associações juvenis surgidas no Rio de Janeiro no final dos anos 1970. Em textos já publicados, vimos que as quadrilhas, ao contrário das galeras, carregam o nome de seus chefes como seus patronímicos, muito mais do que o nome dos bairros ou nomes de animais selvagens, linhagens aristocráticas africanas e povos guerreiros, como nas gangues, fenômeno típico dos EUA. Mas procuramos esclarecer até que ponto continuam valendo, nos bairros do asfalto, os valores militares, o exacerbado machismo e a busca do enriquecimento rápido através de atividades ilegais e empresariais, notadas tanto nas gangues dos guetos nas cidades norte-americanas quanto nas quadrilhas encontradas em favelas e bairros de classe média cariocas, em torcidas organizadas ou turmas de jiu-jítsu. Mas os jovens moradores de bairros populares cariocas podem fazer parte das galeras do *funk,* ou freqüentar bailes charme, ou fazer jiu-jítsu ou juntar-se a torcidas organizadas. Em cada um desses estilos, rapazes e moças dos bailes, das galeras e das torcidas apresentavam imagens e práticas bastante diferenciadas de masculinidade, nem sempre associadas ao etos guerreiro, entendido como virtude masculina e guerreira que se manifesta, entre os funqueiros, pela expressão "sujeito-disposição". A "disposição" para brigar e até matar um jovem da galera rival torna-se fonte de prestígio e consideração e, de certo modo, estampa um dos aspectos mais marcantes da convivialidade tensa entre esses grupos: o jogo e a rixa violenta.

Assim, os funqueiros de favelas dividem os bairros e as favelas entre "amigos e alemães". Só freqüentam locais cujo comando do tráfico seja aliado de sua comunidade de origem, pois pode ser fatal, e muitas vezes o é, freqüentar locais de comandos diferentes. Por outro lado, confirmou-se a afirmação recorrente sobre os *charmeiros*: "no charme não tem briga", nem uso de drogas nas dependências do clube. Os *charmeiros* se definem como pessoas que gostam de curtir a música e são exímios dançarinos. Vestem-se elegantemente, com a finalidade de sinalizar uma diferença diante dos grupos que levam "dura" da polícia, a saber, os funqueiros. Comparado ao público dos bailes *funk,* o do charme é um pouco mais diversificado geracional e socialmente, ou seja, no baile charme, que se realiza em clubes, vão adolescentes, mães de adolescentes, *charmeiros* da "antiga" e, ao que tudo indica, pessoas que trabalham e podem ser classificadas como de classe média baixa, tais como camelôs, seguranças e auxiliares de escritório, que têm escolaridade até o 2º grau. Há, portanto, dentro do baile, o controle social informal que é exercido pelos adultos sobre os mais jovens, o que atua como antídoto às fortes lealdades dentro dos grupos fechados de jovens, tais como galeras e gangues. Há também maior orientação para o trabalho ou a profissão, apesar da importância que assume essa atividade de lazer na identidade social e pessoal dos freqüentadores. Não há galeras no charme.

No *funk*, ao contrário, a presença de galeras é parte constituinte do baile. A divisão dos lados *A* e *B* é que vai dar lugar às disputas de dança e à luta que ocorrem durante o baile. Seus freqüentadores, mais jovens e sem forte ligação com o trabalho, a profissão ou a escola, desenvolvem o etos da masculinidade que os obriga a se mostrar corajosos nos bailes e a brigar, especialmente naqueles que são montados para isso, com a divisão entre o lado *A* e o *B*, e os "15 minutos de alegria" da pancadaria permitida. A presença e, às vezes, a interferência de traficantes são facilmente percebidas nos bailes *funk*, especialmente os chamados "de comunidade", por serem realizados dentro de uma favela específica, com a autorização dos traficantes que os financiam. Os traficantes circulam pelo baile e o uso de drogas não é discreto. O público é mais homogêneo, isto é, adolescentes e crianças, moradores do local, todos, ao que tudo indica, com baixos rendimentos. Por isso, há preferência por bailes *funk* de comunidade, onde os freqüentadores encontram proteção e segurança contra a presença de "alemães" ou inimigos de facção. Apesar desta segurança, muitos relatam a existência de brigas e mortes provocadas durante tais bailes e na saída deles. Por causa dessa associação estreita com traficantes nos bailes da comunidade e devido à representação ritual da guerra entre quadrilhas e facções que acontece no baile, é possível afirmar que o baile *funk*, muito mais comum em Madureira do que na Tijuca e em Copacabana, condiciona os jovens para a guerra que enfrentam nas favelas da cidade. Ali aprendem os valores da coragem no combate e da indiferença diante do sofrimento do inimigo. Tornam-se "durões" ou "machões".

A comparação entre os três bairros entrou em outra fase em 2002. O objeto passou a ser a transformação da vida associativa, da sociabilidade e do movimento de associação de moradores devido à presença conspícua dos traficantes armados nas favelas. Os primeiros resultados revelam profundas diferenças entre os projetos políticos dos líderes comunitários mais velhos e os projetos de ascensão social dos jovens ligados a ONGs e partidos políticos. Nos três bairros, enquanto todos os líderes de associações do "asfalto" eram quase unânimes em apontar como problema principal de cada bairro a população de rua, líderes comunitários de associações de moradores de favelas levavam outras demandas aos representantes dos governos, tais como melhoria da habitação, educação ou saúde. No tocante à violência, que não descartam como problema, asseguram que suas áreas não estão caracterizadas por ela, empurrando o problema para outras favelas ou bairros da cidade, mesmo próximos, estes sim realmente perigosos. Os mais jovens, ligados a ONGs, estão mais direcionados para seus projetos quase sempre ligados à cultura.

Concluímos, então, que as relações entre líderes comunitários e funcionários de governo são marcadas por um jogo de cobranças recíprocas, muito mais claro na parte dos líderes cuja participação nas reuniões comuns é marcada pelas intermináveis listas de necessidades não atendidas e reivindicações prementes. Os representantes governamentais referem-se aos pedidos levados pelas associações de moradores com cautela, dizendo-se sempre dispostos a atendê-los, enquanto os líderes de associações nunca se declaram plenamente satisfeitos com os primeiros e barganham também o pagamento da função de diretor de associação. Por estarem ligados a diferentes grupos políticos e terem suas ambições em jogos de diferentes lógicas, se existe o desejo comum de mudar o quadro de violência, divergem na maneira de realizá-lo. Isso não chega a criar um impasse intransponível, mas pereniza a tensão desses personagens entre o clientelismo e a cidadania, entre as vantagens pessoais e as coletivas.

Os pesquisadores também assistiram, mais de uma vez, à interrupção das atividades em órgãos do governo devido a confrontos pelo controle militar das comunidades visitadas, sempre que ocorria uma guerra pelo comando do morro entre a facção instalada e a facção invasora. Centros esportivos, vilas olímpicas e centros de atendimento a jovens e idosos (Cemasis) foram até mesmo invadidos algumas vezes pelos traficantes durante o dia e, outras, à noite. Professores observavam as marcas deixadas pelos traficantes nas paredes, janelas, portas, sem saber muito bem como lidar com as crianças e jovens que freqüentavam o local após tais acontecimentos. A lei do silêncio tem, de fato, enorme peso nesses locais, não excluindo os próprios públicos. Em alguns locais, professores levavam as crianças para as suas casas, o que poderia colocar em risco a vida de ambos, não fora o acordo com os traficantes em comando, dando salvo-conduto, "desde que tanto professores quanto as crianças estivessem identificados com uniformes do projeto".

Por causa disso, muitos projetos bem montados e eficazes para profissionalizar ou criar alternativas de lazer esportivo e artístico para os jovens têm pouco público. Há uma divisão clara, feita tanto pelos moradores quanto pelos professores, entre os locais onde é possível realizar as atividades programadas e aqueles que "estão sempre em guerra, que estão sempre sendo invadidos, em que não há muita estabilidade", e, portanto, devem ser evitados.

Além do mais, a possibilidade de sedução pelo uso ou até mesmo o tráfico de drogas permanece sempre como desafio para professores e pais, vários deles despreparados para enfrentar o problema. A tendência mais geral era evitar cobranças demasiadas, não tocar no assunto e driblar as dificuldades com os jogos e atividades artísticas. Os traumas por mortes, estupros e prisões dentro do círculo familiar ou da vizinhança e a dor conseqüente eram também evitados pelo silêncio, o que significa dizer que se apostava no esquecimento, mas não no entendimento e superação das marcas profundas deixadas na história e no psiquismo de crianças e jovens. Muitos, sem ser terapeutas, realizavam grande esforço no sentido de ajudar os mais atingidos pela tragédia que lhes era imposta pela violência incorporada ao cotidiano, mas ainda assim muito sofrida. Os muitos projetos culturais não cuidam de desconstruir o etos guerreiro, necessitando de foco específico, como aquele iniciado pela Secretaria Municipal de Saúde e o Projeto Mediadores da Paz nas escolas e nos centros de atendimento a jovens na cidade do Rio de Janeiro, ação conjunta proposta pela Assessoria Especial de Segurança Participativa.

Nas políticas públicas, além das anomalias assinaladas por diversos autores, tais como a fragmentação institucional e a centralização decisória que, entre outros problemas, acarretaram a burocratização dos serviços públicos, há o desrespeito às garantias constitucionais que limitam a ação da polícia. Revistas humilhantes, provas plantadas, processos pelo porte de droga com a caracterização de crime de tráfico (que é considerado hediondo), dependendo do arbítrio do policial, resultam em prisões injustas ou em extorsões.

## A Vila Olímpica da Verde-e-Rosa

Nos hospitais públicos em que existem programas de tratamento de viciados, todos os problemas apontados coalescem de forma trágica. Normas internas rígidas, atendimento precário por falta de equipamentos e de pessoal tecnicamente qualificado, atraso nos calendários e burocratas sem compromisso com os objetivos humanos e políticos desses programas prejudicam a ação dos poucos médicos realmente mobilizados neles. Os efeitos negativos dos internatos, que criam outras formas de exclusão dos viciados, já foram bastante apontados na literatura. Vão desde os danos à identidade pessoal e à dignidade do usuário até o artificialismo embutido na não-reincidência do uso da droga, porque baseada no isolamento do usuário de seu grupo de referência, ou seja, do grupo de usuários que formam o contexto cultural e social do uso.

Assim, é claro que não adianta quase nada a prisão de meros repassadores de drogas, pequenos ou médios intermediários nos vultosos negócios ilegais, em geral homens jovens de origem humilde, que operam em redes secretas, mas com ligações com negócios legais e com as instituições do país. Essa criminalidade exige um novo tipo de investigação que não permaneça na superfície dos vasos capilares, facilmente substituíveis no exército de jovens pobres disponíveis em qualquer cidade brasileira, cada vez mais dispostos a matar. É isso que policiais desalentados chamam "enxugar o gelo". Aumentar as penas para tráfico, assalto etc., assim como aumentar o número de viaturas ou o efetivo policial, já provou ter, em diversas pesquisas internacionais, muito pouco impacto na redução desse tipo de criminalidade. Precisamos, sem dúvida, de uma nova polícia que se nutra da confiança e da cooperação da população local, mas que também possa realizar as investigações profissionais necessárias ao desmantelamento de tais redes, chamadas pela polícia de Chicago, EUA, que reúne polícia comunitária com polícia investigativa e técnica, de "conspiração da esquina". A capacidade de negociar com membros de quadrilhas para obter sua cooperação também já se revelou de crucial importância na Itália. Por fim, há exemplos no mundo todo de como uma punição bem mais rigorosa, como tenho repetido nos últimos anos, para os crimes praticados com porte de armas vai eliminar a racionalidade perversa que induz até mesmo pequenos assaltantes a usar armas mortíferas para aterrorizar suas vítimas, amedrontar testemunhas e aumentar seu poder de barganha com policiais corruptos.

No entanto, outra barreira crucial, menos sublinhada, mas presente, pode vir a impedir a cooperação: o medo que vizinhos trancafiados têm dos criminosos. O temor ou o terror não é eliminado milagrosamente com a adoção de um "policiamento voltado para a comunidade", especialmente naquelas áreas em que os criminosos adquiriram muito poder por conta da desagregação das associações entre os moradores. Esse fato ocorria em Detroit, EUA, onde os policiais que atuavam nos minidistritos dominados pelo tráfico de drogas tinham por objetivo, não a prisão dos traficantes, mas a retomada das ruas para os moradores. Na verdade, esperavam apenas mostrar aos moradores sua presença ali para garantir a ordem pública.

O problema é que onde não há organização social ou a "comunidade" é fraca, vizinhos têm medo um do outro. Pior, onde traficantes bem armados impedem até mesmo a entrada de qualquer agente do Estado, como acontece nas favelas das maiores regiões metropolitanas do Brasil, o que fazer para instaurar uma nova polícia? Aqui temos, portanto, um duplo desafio: destruir o terror instaurado pelos comandos armados de traficantes em muitas áreas e restaurar a confiança numa polícia também afetada pelo poder militar e corruptor dos primeiros. E sem uma polícia investigativa e profissional para dar o passo inicial no desmantelamento das redes do crime-negócio, a nova polícia confiável e civil ficaria também adstrita às áreas já privilegiadas da cidade. Ou teria de fazer um acordo de coexistência pacífica com os poderosos e ricos negociantes de armas e drogas que mantêm "tudo dominado" nas áreas mais pobres há anos, um jogo de conseqüências imprevisíveis.

Contudo, não há dúvidas de que, com tanta esperança e enquanto houver os que acreditam e fazem as mudanças necessárias, podemos cantar com o nosso poeta: vai passar.

## Referências bibliográficas

BAUMAN, K. E.; ENNET, S. T. On the importance of peer influence for adolescent drug use. *Addiction*, v. 91, n. 2, 1996.

BETTANCOURT, G.; GARCIA, M. *Contrabandistas, marimberos y mafiosos. Historia social de la Mafia colombiana.* Bogotá: TM Editores, 1994.

ELIAS, Norbert; DUNNING, Eric. *Quest for excitement. Sport and leisure in the civilizing process*. Oxford: Blackwell, 1993.

FEATHERSTONE, Mike. *O desmanche da cultura*. São Paulo: Studio Nobel/Sesc, 1997.

FONSECA, German. Économie de la drogue: taille, caractéristiques et impact économique. *Revue Tiers Monde*, Paris, n. 131, juil./sept. 1992.

HALL, Stuart. *Resistance through rituals*. Birmingham: Hutchinson, CCCs, 1980.

KATZ, Jack. *The seductions of crime*. New York: Basic Books, 1988.

LABROUSSE, Alain; KOUTOUSIS, Michel. *Géopolitique et géostratégies des drogues*. Paris: Economica, 1996.

LUPPO, Salvatore. *História da máfia*. São Paulo: Unesp, 2002.

RYDELL, C. P.; CAULKINS, J. P.; EVERINGHAM, S. S. Enforcement or treatment? *Operations Research*, v. 44, n. 5, p. 687-695, 1996.

SASSEN, Saskia. *The global city: New York, London, Tokyo*. Princeton: Princeton University Press, 1991.

SULLIVAN, Mercer. Crime and the social fabric. In: *Dual city, restructuring New York*. New York: Russell Sage Foundation, 1992.

THOUMI, Francisco. *Economia, política e narcotráfico*. Bogotá: Tercer Mundo, 1994.

TULLIS, LaMond. *Unintended consequences: illegal drugs and drug policies in nine countries*. Boulder: Lynne Rienner, 1995.

UNDCP. *World drug report*. London: Oxford University Press, 1997.

ZALUAR, Alba. *A máquina e a revolta*. São Paulo: Brasiliense, 1985.

____. Mulher de bandido: crônica de uma cidade menos musical. *Revista de Estudos Feministas*, Rio de Janeiro, n. 1, 1993.

____. *Condomínio do diabo*. Rio de Janeiro: UFRJ, 1994.

## AGRADECIMENTOS

Para a realização deste trabalho contei com a colaboração de uma série de pessoas. Meus agradecimentos:

• a Alba Zaluar, amiga cujo declarado amor ao samba e à cidade do Rio de Janeiro foram um grande estímulo para que eu prosseguisse em minhas investigações;

• à equipe de pesquisadores do Núcleo de Pesquisa das Violências do IMS/Uerj — Alexandre Lima, Ana Paula Ribeiro, Fátima Cechetto, Francisco Agra, Liliane Souza, Luiz Fernando Pereira, Jorge Luiz Nascimento e Rodrigo Monteiro —, companheiros nos cursos e nos trabalhos de campo, e a Eneida Maia, secretária do Nupevi;

• à Faculdade de Educação da Uerj, que, através do Programa de Capacitação Docente, autorizou meu afastamento por dois anos das atividades de docência;

• aos amigos Livio Sansone, Tania Catharino e Maria Nilza da Silva e a todos os outros que torceram pelo sucesso deste trabalho;

• à minha família, especialmente minha mãe, Maria Inês Rezende, e minha filha, Astrid Brunner, a quem dedico este trabalho;

• à calorosa acolhida dos professores e funcionários do Instituto de Medicina Social e do Programa de Pós-Graduação em Ciências Sociais do Instituto de Filosofia e Ciências Humanas, da Uerj, onde cursei disciplinas e pude fazer amigos;

• a Madel Luz, Luiz Antonio de Castro Santos, Maria Laura Viveiros de Castro Cavalcanti, Peter Fry e Maria Lina Leão Teixeira;

• aos membros da Vila Olímpica da Mangueira, dirigentes, funcionários, meninos e meninas entrevistados, que me receberam de forma simpática e acolhedora.

A todos, muito obrigada pela oportunidade de constatar que o samba foi e é determinante na pacificação dos costumes na cidade do Rio de Janeiro.

# INTRODUÇÃO

> Vista assim do alto/Mais parece um céu no chão/
> sei lá.../Em Mangueira a poesia/feito um mar se
> alastrou/E a beleza do lugar/pra se entender/tem
> que se achar/Que a vida não é só isso que se vê/é
> um pouco mais/Que os olhos não conseguem per-
> ceber/E as mãos não ousam tocar/e os pés recu-
> sam pisar/sei lá (...)/Não sei se toda beleza/de que
> lhes falo/sai tão-somente do meu coração/em
> Mangueira a poesia/num sobe-desce constante/
> anda descalça ensinando/um modo novo da gen-
> te viver/de pensar e sonhar, de sofrer/sei lá, não
> sei, se lá não sei não/a Mangueira é tão grande/
> que nem cabe explicação.
>
> *Sei lá, Mangueira*, de Hermínio Bello
> de Carvalho e Paulinho da Viola

Como se passou dessa imagem do sofrimento e da beleza cantados em samba para as imagens atuais associadas às políticas sociais? "Dizem os mais velhos que uma das coisas mais salutares da vida é sonhar. (...) Hoje, graças a 'Papai do Céu', este sonho se realizou, através dos nossos projetos sociais, culturais e esportivos, que se tornaram referência internacional" — assim o presidente do G.R.E.S. Estação Primeira de Mangueira apresenta a escola, na *Revista Mangueira* 99, de distribuição gratuita, que circulou no desfile oficial das escolas de samba no carnaval de 1999.

O atual morro da Mangueira nasceu e cresceu às margens da linha férrea que liga o centro da cidade aos subúrbios cariocas. Seus moradores, visando o entretenimento e unidos pelo samba, criaram vários blocos carnavalescos. Tempos mais tarde, a fusão de alguns desses deu origem ao atual G.R.E.S. Estação Primeira de Mangueira.

Morro ocupado por uma população pobre carente de espaços de sociabilidade e de lazer, foi na escola de samba que esta encontrou o local que lhe proporcionou práticas sistemáticas e cotidianas do que se poderia chamar de convívio comunitário. Lá, na quadra da escola, além dos encontros estimulados pelos preparativos para o carnaval, foram sendo desenvolvidas atividades variadas: jogos de futebol, festas de congraçamento, reuniões de associações e de recepção de políticos ou artistas que visitam a comunidade — um local para uma pluralidade de usos coletivos.

A escola de samba, desde sempre, tem servido para o fortalecimento dos laços de solidariedade entre os membros da própria comunidade, estendendo-se a grupos exteriores a ela. Atualmente, entre os poucos locais de convívio comunitário existentes no local, como o botequim, o terreno baldio usado para brincadeiras ou a venda, a escola de samba, com seus projetos sociais, é o mais importante elo promotor de sociabilidade do que os moradores chamam de comunidade, apesar da diversidade cultural e socioeconômica existente entre eles.

Da recreação com o objetivo de atender às demandas sociais da comunidade, pouco a pouco a escola estendeu suas atividades para além do carnaval, tornando-se uma entidade reconhecida como promotora de políticas sociais. Hoje, o programa social do G.R.E.S. Estação Primeira de Mangueira abrange diversos projetos: *olímpico* (promove atividades esportivas); *saúde* (atende aos participantes das atividades da Vila Olímpica e aos moradores da Mangueira e comunidades vizinhas); *educação para o trabalho* (Camp Mangueira — Círculo dos Amigos do Menino Patrulheiro —, que visa integrar adolescentes ao mercado de trabalho); *alfabetização solidária* (visa a redução do analfabetismo); *educação* (Ciep Nação Mangueirense, escola estadual de horário integral); *Clube Escolar/Secretaria Municipal de Educação* (promove oficinas de educação artística, educação física e esportes); *informática* (visa atender crianças e adolescentes para prepará-los para o ingresso no mercado de trabalho); *dança* (Dançando para Não Dançar, visa despertar o interesse de crianças moradoras das favelas pela dança); *oficinas profissionalizantes* (visam ajudar aqueles que não têm qualificação profissional para ingressar no mercado de trabalho); *esporte e saúde* (atende a crianças portadoras de deficiências físicas e à terceira idade); *profissionalizante* (Faz-Tudo Mangueira-BM&F, visa preparar jovens para o ingresso imediato no mercado de trabalho); *sociocultural* (G.R.C. Mangueira do Amanhã — reúne crianças da comunidade em torno do samba e do carnaval — e Barracão da Mangueira — localizado na praça XI, assiste a população de rua e comunidades carentes); *creches* (quatro creches atendem a crianças de zero a três anos); e *jurídico-fisioterápico* e *educação física* (alunos universitários prestam atendimento na Vila Olímpica à comunidade verde-e-rosa). Eis aqui o que me proponho discutir neste trabalho: a trajetória de uma escola da recreação à política social.

## Do samba à política social

As mudanças ocorridas no cotidiano da cidade do Rio de Janeiro nas duas últimas décadas do século XX nos colocam diante de novas questões, problemas sociais que afetam todas as cidades globais, desde aqueles advindos da mundialização da economia, passando pelos tradicionais problemas sociais produzidos pela pobreza e pela globalização da cultura, até a intensificação da violência em virtude do crime organizado. O Rio — cidade maravilhosa — desponta como uma cidade violenta, perdendo um pouco do seu brilho.

As mudanças recentes na economia mundial nos impuseram uma nova dinâmica nas relações de trabalho. A introdução de novas tecnologias e a competitividade entre as empresas têm conduzido à busca por redução de custos e aumento da produtividade do trabalho, deixando assim uma massa de desempregados, em alguns casos provisórios, em outros permanentes.

Os tempos atuais colocam o trabalhador diante de uma dupla situação de exclusão, provocada pelo que já se denominou "marginalização", oriunda de uma antiga concepção de pobreza, e por uma nova pobreza, advinda das referidas mudanças no mundo do trabalho. A primeira, já antiga entre nós, produziu indivíduos incapazes de ocupar determinados postos no mercado de trabalho formal por serem desqualificados para tanto. Em geral, espoliados de seus direitos sociais nas áreas de educação e saúde, esses indivíduos integram o mercado informal de trabalho ou postos desqualificados do mercado formal. A segunda potencializa a exclusão antiga, na medida em que fragiliza ou destrói os sistemas de proteção que funcionavam na família, no sindicato, no partido político — instituições típicas da abalada sociedade de trabalho. Esse processo, fruto da globalização da economia e da crise do Estado do bem-estar na Europa ocidental, recebeu o nome de "desafiliação".[1]

Nessa nova dinâmica globalizadora circula uma cultura juvenil que convida os jovens ao consumo de itens produzidos exclusivamente para eles: música, moda, lazer e entretenimento.[2] Em nossa cidade, outro fenômeno ameaça o futuro de nossos jovens pobres. Nos anos 1980, intensificou-se a violência nas comunidades e favelas, advinda da expansão do tráfico de drogas. Bombardeados por todas essas alterações na dinâmica da vida social da cidade, os jovens pobres são considerados "vulneráveis". Com poucas possibilidades de se integrarem satisfatoriamente ao mercado de trabalho; sem recursos, porém desejosos de consumir os itens da cultura juvenil contemporânea; sem escolarização adequada, porém expostos à violência e à sedução do crime organizado, nossos jovens carecem de políticas sociais que atendam a essas carências. Despreparado para enfrentar o futuro, o jovem pobre encontra-se em situação de risco.

Como reação surgiram, a partir do final dos anos 1980, formas alternativas de participação, entidades que tentam responder à situação de exclusão e violência imposta às populações pobres. São organizações não-governamentais, religiosas e de entretenimento, que, sem fazerem parte do governo, desenvolvem atividades de interesse público, atuando nas favelas e nos bairros populares. A presença dessas entidades mudou o cenário político da cidade. Na busca da integração social e da inclusão dos setores desfavorecidos, elas desenvolvem programas e projetos apoiados por diferentes parceiros — empresas, organismos internacionais e o poder público.

Da colaboração entre essas diferentes entidades têm surgido experiências inovadoras, que mobilizam a participação no nível local.

---

[1] Ver Castel, 1998.

[2] Ver Zaluar, 1998.

A VILA OLÍMPICA DA VERDE-E-ROSA

Nesse novo contexto, a classe social não é a única divisão relevante. Em luta pelo reconhecimento da cidadania plena de seu público-alvo, essas entidades conjugam reivindicações locais com uma perspectiva universalista de justiça social.

Nessa urdidura, onde se entrelaçam efeitos da redução do poder do Estado, em virtude das restrições impostas por acordos internacionais, e do desmonte das políticas de bem-estar, a Vila Olímpica da Mangueira surge como um projeto local que reivindica a ampliação de oportunidades para a criança e o jovem das classes populares da localidade. Porém, não exclui a luta pela garantia dos direitos sociais, direitos assegurados constitucionalmente a todo cidadão brasileiro. Essa experiência faz parte do programa social do G.R.E.S. Estação Primeira de Mangueira, que agrupa projetos nas áreas da saúde, educação, formação para o trabalho, cultura e lazer. Trata-se de um projeto centrado no esporte, destinado a crianças e jovens da favela da Mangueira e dos bairros populares circunvizinhos.[3]

Projetos dessa mesma natureza emergem em várias comunidades de baixa renda da cidade. Neles, o bairro popular e/ou a favela são tomados como referência e o poder público entra apenas como um dos parceiros. Freqüentemente, a música e o esporte são usados como núcleos agregadores de outros projetos. A escolha do esporte e da música parece apropriada, pois ambos desempenham papel importante no universo infanto-juvenil por diferentes razões: são fonte de diversão, de criatividade, de alívio das tensões etc. O caráter lúdico dessas duas atividades transforma "obrigação" em "prazer", além de despertar o sonho de uma profissionalização.

Na favela de Vigário Geral, por exemplo, instalou-se uma organização não-governamental — o Grupo Cultural Afro Reggae — que pretende modificar a realidade dos jovens da comunidade, oferecendo entretenimento, lazer e cultura. Criada em 1993 em Ramos, a partir de um jornal sobre cultura negra, evoluiu para a ação social. As primeiras oficinas surgiram em 1994, e em 1997 foi inaugurado o centro cultural,

---

[3] Integram o programa social da Mangueira vários projetos sociais desenvolvidos em áreas diversas, como: o Camp Mangueira, o Ciep Nação Mangueirense, o posto de saúde, o Centro Sociocultural da Praça XI, o Projeto de Resgate e Preservação da Memória da Mangueira, o G.R.C. Mangueira do Amanhã, o Projeto Vila Olímpica, creches, entre outros. Esses projetos funcionam em parceria com organizações governamentais e/ou privadas.

motivado por uma situação de violência policial que culminou com a morte de 21 moradores da favela e colocou o bairro em evidência.

Essa organização, que tem como núcleo a música, gerou a banda Afro Reggae e outras de menor porte, assim como projetos nas áreas de saúde, rádio comunitária, informática, orientação para o trabalho, capoeira etc.[4] As ações têm como objetivo fazer valer os direitos à cidadania dos jovens moradores dessa favela, promover a cultura negra e lutar contra a discriminação racial e social. Apresenta-se como uma alternativa à criminalidade, transformando a violência em música, dança, canto, arte e poesia. A organização estendeu seu trabalho social a outras comunidades, como as da Cidade de Deus, Rocinha e Parada de Lucas, e a outras faixas etárias. Conta com o apoio da prefeitura e de entidades estrangeiras e nacionais. Iniciativas como essa, que seguem o modelo inaugurado pela Mangueira, são um fenômeno recente na cidade e têm-se estendido a várias comunidade carentes. Nas palavras de José Júnior, empresário e coordenador do grupo:

> De início, ensaiávamos com as crianças no meio da rua. De um lado ficava a passarela, por onde a polícia já entrava dando tiro; do outro, a boca-de-fumo. Ficávamos no meio do tiroteio. Você via crianças pequenas correndo, carregando instrumentos de percussão pesados. A coisa começou de forma natural. Ninguém era músico, nem formado em nada. Existia só um desejo muito forte vindo do fracasso nas nossas vidas pessoais combinado com nossa utopia.[5]

O que parece um novo objeto plausível de investigação é o fato de uma associação carnavalesca, em parceria com outras entidades públicas ou privadas, ser responsável pela implementação de ações que proporcionem a expansão de oportunidades de desenvolvimento pessoal para os jovens pobres moradores dessas localidades. A associação assumiu a formulação de propostas de encaminhamento das demandas sociais da comunidade, assim como a busca de recursos para financiá-las. Por se tratar de um projeto local, esse modelo foge às tradicio-

---

[4] A banda Afro Reggae tem contrato com a gravadora Universal. Ver "Música de resultados", no segundo caderno de *O Globo*, de 31 maio 2001.

[5] *O Globo*, 31 maio 2001.

nais formas de políticas sociais universalistas até então desenvolvidas pelo poder público.

O G.R.E.S. Estação Primeira de Mangueira foi pioneiro na proposição de uma vila olímpica como alternativa de inclusão dos jovens moradores de favela e bairros populares. O projeto é considerado um projeto social modelo pelo poder público e pela sociedade civil, principalmente por estar voltado para a população infanto-juvenil. Essa experiência tem-se difundido em outras escolas de samba e comunidades do estado do Rio de Janeiro.

Em algumas comunidades, a reivindicação de uma vila parte delas mesmas e, em outras, a iniciativa parte do poder público. O G.R.E.S. Acadêmicos do Salgueiro inaugurou sua Vila Olímpica em 1996[6] e seis municípios do estado — Belford Roxo, Duque de Caxias, Nilópolis, Nova Iguaçu, Queimados e São João de Meriti — já possuem suas vilas desde 1997.[7]

O modelo estendeu-se por toda a cidade. Atualmente, várias comunidades já conseguiram suas vilas e outras reivindicam apoio do estado e/ou da sociedade civil para a sua construção. Ter uma vila olímpica passou a constar da pauta de reivindicações das comunidades pobres cariocas. A iniciativa recebeu prêmios internacionais, dois da BBC de Londres e outro da Unesco, sempre como um projeto social recomendável para a América Latina e para o Terceiro Mundo.

Essas notícias são divulgadas pela mídia e relembradas permanentemente nas publicações da própria escola que circulam no carnaval e durante todo o ano. Em 1997, o então presidente da República Fernando Henrique Cardoso apontou o projeto como exemplo para o país e o ministro extraordinário dos Esportes, Edson Arantes do Nascimento, o ex-jogador de futebol Pelé, o considerou apropriado às comunidades pobres.

---

[6] A Vila Olímpica do Salgueiro foi construída na quadra de ensaios da escola, na Tijuca. Antigo campo de futebol dos funcionários da fábrica Confiança, sua fachada e as arquibancadas foram preservadas. Inaugurada em 1996, durante a gestão do prefeito César Maia, a vila recebeu o nome de Centro Olímpico Felinto Epitácio Maia, em homenagem ao pai do prefeito.

[7] Essas vilas olímpicas inspiraram-se na experiência da Mangueira e foram construídas em parceria com os governos federal, estadual e municipal, conforme relatório da Secretaria de Estado de Ação Social, Esporte e Lazer.

Nesse mesmo ano, o presidente americano, Bill Clinton, em visita ao Brasil, referindo-se às desigualdades sociais latino-americanas, disse: "é uma praga antiga, a qual precisa ser tratada com mais seriedade não só por governos mas também pela iniciativa privada. (...) até agora nenhum país encontrou a fórmula ideal para fazer a globalização da economia e ao mesmo tempo preservar e melhorar seus padrões sociais".[8] Durante sua estada, o presidente Clinton visitou a Vila Olímpica. Os jornais da época mostraram-no em diversas situações, beijando a bandeira da escola, usando um boné verde-e-rosa, tocando tamborim e fazendo um gol de pênalti. Ao deixar a escola, declarou: "Não sei o que esperava, mas não esperava tanto. De hoje em diante, eu sou Mangueira".[9]

Atualmente, uma foto ampliada do presidente americano, do ex-ministro extraordinário do Esporte e do diretor da vila decora a secretaria do projeto. Esse quadro nos leva a pensar algumas questões. Por que essa experiência foi tomada como exemplar? E em que contexto político as escolas de samba cariocas deixam de se dedicar somente às atividades de entretenimento e são reconhecidas como entidades promotoras de políticas sociais de combate à desigualdade?

Tudo leva a crer que a Mangueira conseguiu dar novo significado à expressão popular "tudo acabou em samba". Popularmente, quando se quer dizer que um conflito não foi levado adiante porque se optou pela conciliação, que as pessoas foram confraternizar bebendo e cantando juntas, desistindo de objetivos futuros pelo imediatismo do prazer de agora, diz-se que "tudo acabou em samba". Neste caso observa-se que o samba, por intermédio de uma organização carnavalesca — a escola de samba — conseguiu mobilizar seus integrantes em torno de projetos sociais com uma perspectiva de médio e longo prazos.

No caso do Projeto Vila Olímpica e de tantos outros projetos sociais desenvolvidos pela Mangueira, a parceria com diferentes tipos de entidades tem sido uma característica marcante. Como é possível perceber, a política social das escolas de samba está em consonância com as diretrizes atuais do governo federal, ou seja, a ênfase nas políticas focais.

---

[8] Discurso para cerca de 800 líderes empresariais e políticos no Memorial da América Latina, em São Paulo. Ver *Jornal do Brasil*, 16 outubro 1997. p. 1.

[9] *Jornal do Brasil*, 16 outubro 1997. p. 1.

O tema em questão será abordado do ponto de vista da esfera do social. Daí a ênfase nas redes de relações que permitiram a ampliação das atividades da escola para além do carnaval. Nesse sentido, o samba é concebido como um fato social total,[10] um bem que circula a serviço do laço social, cimento que liga as pessoas em grandes circuitos de solidariedade e reciprocidade, que, ao ultrapassarem a esfera doméstica, envolvem estranhos.

Outro fato levado em conta é o "estilo de fazer política da cidade", ou seja, a preferência dos populares pelas associações comunitárias. Procurei, portanto, oferecer uma das interpretações possíveis para explicar o poder integrador das organizações vicinais, em especial as escolas de samba, e sua organização em torno das demandas da comunidade por políticas sociais. E proponho que o esporte e seu caráter socializador sejam pensados como outro fator importante para a compreensão da importância da Vila Olímpica no universo juvenil. E, finalmente, como esses jovens pensam o presente e quais as suas expectativas futuras.

Construída em um antigo depósito da Rede Ferroviária, em frente à sede da escola, está a Vila Olímpica. Nesse mesmo espaço encontram-se o Ciep Nação Mangueirense, o Centro de Educação para o Trabalho e o posto de saúde.[11] A direção da vila parece estar sempre aberta para encampar atividades que visem a promoção de oportunidades para as crianças e jovens que freqüentam suas atividades.

## É preciso fazer a pacificação

Damião, compositor da Mangueira, foi um dos meus entrevistados. Ao ser indagado sobre as necessidades de sua comunidade e de outros morros da Grande Tijuca, declarou, emocionado:

---

[10] Mauss, 1974.

[11] A Mangueira desenvolve projetos de ação social destinados a outras faixas etárias e realizados em outros espaços, como a quadra da escola. Nela funcionam as oficinas profissionalizantes (alfabetização, atendente lojista, cestaria, recepcionista, estética facial etc.), em parceria com empresas, o projeto cultural Centro de Memória em Verde e Rosa, criado com o apoio da Fundação Roberto Marinho, e a escola de samba Mangueira do Amanhã. Longe do complexo da Mangueira, no centro da cidade, está o projeto sociocultural do Barracão da Escola de Samba Estação Primeira de Mangueira, destinado a meninos de rua, em parceria com a Secretaria Municipal de Desenvolvimento Social.

A nossa comunidade [a Mangueira] parte de um princípio, de que ainda é preciso a pacificação. Muita coisa é necessária que se faça. Às vezes a comunidade precisa de apoio e as autoridades não dão, e a gente fica revoltado. Não é necessário que a comunidade seja oprimida. Moro, durmo, acordo com tiro. Por que isso? Não há necessidade. O bairro tem que ser preservado. (...) A comunidade é muito envolvida. Se você não conviver com eles [traficantes] — rua! Mandam você embora do morro. Comigo não! Mandar o Damião para fora do morro, aí o bicho pega. A polícia e o tráfico são coniventes. As pessoas do morro são pessoas gratas e a polícia, pessoas não-gratas. [12]

Damião prossegue sua narrativa a respeito do cotidiano da Mangueira, onde o tráfico de drogas impõe uma nova ordem:

Eu vi muitas pessoas novinhas morrendo. Eu vi o Mico Su, eu vi o Praga de Mãe — tudo moleque. Os caras não tinham juízo. Os caras me chamavam fundo de garrafa por causa dos meus óculos. Eles na deles, eu na minha. Eu vi muito o Cara de Cavalo. Uma vez eu estava na favela da Mangueira e encontrei o Tião Medonho[13] (...) Naquele tempo não era igual ao de hoje. Eles respeitavam. Hoje, eles ficam coagindo o menor. Se tiver um cara que serve ao Exército dentro do morro, eles dizem assim: "recebemos um armamento agora. Se tu não montar essas armas pra gente, vai embora". Um rapaz, um filho seu está servindo o Exército. E se ele não ajudar a armar aquela arma que eles recebem? (...)

A Vila Olímpica da Mangueira foi inaugurada em 1987 e, desde então, pretende, através de atividades esportivas, culturais e de lazer, "modificar a história desses meninos e meninas". A obrigatoriedade de freqüência à escola regular é pré-requisito para a participação. Seus dirigentes acreditam que essa iniciativa tem afastado os menores da criminalidade, diminuindo os índices de menores infratores e aumentando os de escolaridade.[14] É um forte argumento, que coloca essa experiência como paradigma para outras comunidades cariocas.

---

[12] Entrevista concedida em junho de 2000.

[13] O entrevistado, que tem 55 anos, refere-se à marginalidade do passado.

[14] Segundo os dirigentes da Vila Olímpica, a favela da Mangueira possui o índice zero de menores infratores. Segundo levantamento do Juizado de Menores, é o maior índice de escolaridade dos morros do Rio — nos últimos 10 anos, subiu de 40 para 95% (cf. *Jornal do Brasil*, 3 agosto 1997).

Ao responder à pergunta acerca de como um jovem entra para o tráfico, Damião torna visível a situação de vulnerabilidade a que estão expostos os jovens pobres.

> Não existe convite para o menor entrar no tráfico. Vai quem quer. Se você não for convidado não participa da festa. Se o cara se manifesta a favor de ir. Se ele for, foi levado por quem? Quando eles começam a se envolver é porque foram de espontânea vontade. Por que meus filhos não se envolveram, se eu sou compositor da Mangueira?[15]

São eles, os jovens pobres, os principais alvos do tráfico. Seja como usuários ou participantes de grupos organizados, seja como vítimas, aumentam os índices de mortalidade na faixa juvenil. Os mais atingidos são sobretudo jovens do sexo masculino, negros e pobres. Essa situação pode ser considerada uma fábrica de problemas sociais, físicos e emocionais para o jovem, sua família e seu grupamento social.[16]

Segundo o Sistema de Informações de Mortalidade do Ministério da Saúde,[17] a taxa de mortes violentas provocadas por arma de fogo na Região Metropolitana do Rio de Janeiro, na faixa etária dos 15 aos 19 anos, subiu de 59/100 mil em 1980 para 184/100 mil em 1995; na faixa dos 20 aos 24 anos aumentou de 111 para 276/100 mil, taxa maior do que a dos negros norte-americanos da mesma idade que morreram assassinados. O aumento das mortes violentas no Brasil entre 1980, quando representavam 9% do total, e 1990, quando atingiram 12% do total, fez o Brasil atingir índices iguais aos de Venezuela, México e Panamá, e duas vezes maiores que os dos Estados Unidos. Dessas mortes violentas, cerca de 55% eram homicídios.

É na região Sudeste que as mortes violentas ou por causas externas atingem o coeficiente mais alto do país entre os jovens do sexo mas-

---

[15] Os entrevistados para a pesquisa "Redes de tráfico e estilos de consumo de drogas ilegais em três bairros do Rio de Janeiro: Copacabana, Tijuca e Madureira" (Zaluar et al., 2000) reforçam o depoimento desse informante quanto ao ingresso dos jovens no tráfico. Todos afirmam que não há convites para ingressar no tráfico, o próprio jovem demonstra interesse em participar das organizações.

[16] Os dados sobre a violência a que está submetida a população masculina, pobre e juvenil do país encontram-se em Zaluar & Leal, 1998.

[17] O SIM-MS é o sistema de informação do Ministério da Saúde implantado em 1975 para a análise de óbitos.

culino, mantendo um aumento notável desde 1980 nas faixas etárias de 15 a 19 anos (110,7/100 mil em 1980; 170,6 em 1995) e de 20 a 24 anos (177,4 em 1980; 269 em 1995). O estado do Rio de Janeiro é o que, na macrorregião, apresenta as taxas mais altas: entre os jovens de 15 a 19 anos, a taxa cresceu de 158,3/100 mil em 1980 para 275,4 em 1995; entre os de 20 a 24 anos, passou de 265,2 em 1980 para 415,7 em 1995, números mais altos do que os verificados entre os negros norte-americanos da mesma faixa etária.

Também no Brasil são as armas de fogo que fazem o maior estrago. No país como um todo, a taxa de homicídios com armas de fogo, segundo os dados do SIM, subiu de 10/100 mil em 1980, entre homens de 15 a 19 anos, para 38,18 em 1995; e de 21,66/100 mil em 1980, entre homens de 20 a 24 anos, para 63,68 em 1995, cabendo 60% desses homicídios à região Sudeste e 25% somente à Região Metropolitana do Rio de Janeiro. Isso identifica a morte por arma de fogo como fenômeno masculino, apesar do aumento significativo também apresentado entre as mulheres (5% ao ano). Após aumentar sistematicamente entre os anos de 1980 e 1995, a mortalidade masculina tornou-se 16 vezes superior à feminina no grupo etário dos 20 aos 24 anos,[18] um fenômeno sobretudo da região Sudeste e do Rio de Janeiro, estado em que a mortalidade por arma de fogo atingiu, em 1995, coeficientes impressionantes: 183,6/100 mil no caso de homens de 15 a 19 anos e 275,8 entre homens de 20-24 anos.

A violência e sua prevenção são um fenômeno social com múltiplas dimensões. Segundo Minayo e Souza (1999), dois motivos fazem do assunto uma preocupação da área da saúde. Primeiro, em um conceito ampliado de saúde, tudo o que significa agravo e ameaça à vida, às condições de trabalho, às relações interpessoais e à qualidade da existência faz parte do universo da saúde pública. Segundo, a violência, em sentido mais restrito, afeta a saúde e freqüentemente produz a morte, o que tem sido ressaltado por autores que estudam a violência urbana.[19]

Quando o monopólio legítimo da violência escapa ao Estado, como ocorre nas favelas cariocas, passando, ainda que parcialmente, para o

---

[18] Szwarcwald & Leal, 1998.

[19] Um levantamento sobre o tema violência na literatura de ciências sociais pode ser encontrado em Miceli, 1999.

# A Vila Olímpica da Verde-e-Rosa

domínio de indivíduos ou grupos, há o comprometimento da saúde da coletividade, causando danos físicos e psicológicos nos indivíduos.[20] As tentativas de desenvolvimento de um "etos civilizador",[21] que afaste o jovem dessa realidade hostil, permitindo a implementação de práticas sociais que propiciem uma sociabilidade afirmativa e ampliem as possibilidades de participação desse jovem na sociedade, contribuem para a construção de uma cidadania plena, garantindo assim a saúde da coletividade.

O aumento da violência na cidade e a insuficiência de políticas sociais voltadas para essa parcela da população, tão vulnerável,[22] têm sido os argumentos que justificam as iniciativas do G.R.E.S. Estação Primeira de Mangueira de criar um projeto social voltado para a população juvenil.

## A pesquisa

Quanto à metodologia utilizada neste trabalho, optou-se por realizar a etnografia de um fenômeno cada vez mais presente no cotidiano da cidade do Rio de Janeiro — o envolvimento das escolas de samba com políticas sociais e a criação de vilas olímpicas como uma alternativa de socialização positiva para o jovem pobre. Pensar a política a partir dos circuitos de reciprocidade promovidos pelo samba pode proporcionar elementos para que se reflita sobre as práticas cariocas de fazer política através das organizações carnavalescas, ou seja, para revelar o caráter político das ações desenvolvidas pelas associações carnavalescas no plano social. Neste caso, o exemplo da Mangueira parece paradigmático.

Para reconstruir a trajetória da escola de samba rumo às políticas sociais, foram utilizados livros, jornais, gravações, fotos, documentos e publicações sobre a Mangueira, que se encontram à disposição no es-

---

[20] Ver Zaluar, 1998.

[21] Elias, 1994.

[22] As transformações no sistema capitalista contemporâneo expõem os jovens pobres a uma situação de vulnerabilidade, isto é, à baixa escolaridade. Conseqüentemente, desqualificados para o mercado de trabalho, restam-lhes formas de ocupação intermitentes, precárias e mal remuneradas, ou até mesmo o desemprego (Ver Castel, 1998).

paço Memória em Verde e Rosa.[23] Esses documentos constituem um rico material e permitem o acesso a depoimentos de dirigentes e membros da escola sobre suas vivências na associação. Também foram utilizadas outras fontes de informação, incluindo um *talk show* com o grupo Funk'n Lata.

A segunda parte do trabalho é dedicada à análise do Projeto Vila Olímpica e à fala dos jovens que dele participam. Foram utilizados os métodos qualitativos tradicionais de investigação: a observação participante, histórias de vida, entrevistas abertas e a amostragem do tipo aleatória simples. As entrevistas com os jovens foram gravadas em fitas cassete e realizadas na própria Vila Olímpica — à tarde, quando os jovens encerravam seus treinos — e no Estádio de Atletismo do governo do estado — pela manhã, após os treinos.

O trabalho de campo, que se estendeu de 1998 a 2001, iniciou-se com visitas à Vila Olímpica, à escola de samba e às associações de moradores dos morros do complexo da Mangueira. As visitas tiveram por objetivo conhecer as associações existentes na comunidade, observar as atividades dos projetos sociais da escola e, posteriormente, realizar entrevistas com os envolvidos nos programas sociais.

Na Vila Olímpica, os primeiros contatos foram feitos com o diretor, o assessor comunitário, a diretora do Ciep e representantes dos diferentes projetos sociais ali desenvolvidos — a Orquestra Afro-brasileira, os Camps Mangueira, a Mangueira do Amanhã, o Ciep Nação Mangueirense etc. Foi possível observar as atividades dos projetos e assistir a reuniões em que estavam presentes os responsáveis por esses projetos, representantes das associações comunitárias do morro da Mangueira e técnicos ligados ao poder público. Os contatos para novas visitas ao morro eram realizados na própria vila. As visitas às associações da Mangueira só eram feitas após um acerto prévio, onde eram marcados hora e local. Nesse período, pôde-se observar o funcionamento de vários projetos sociais da escola de samba, assistir a ensaios da escola de samba mirim, da Orquestra Afro-brasileira, visitar os Camps

---

[23] O espaço Memória em Verde e Rosa, fundado em 1999, compreende um centro de referência e pesquisa, o acervo da Mangueira, um salão de eventos e uma exposição multimídia. O centro se propõe reunir a comunidade em torno de ações de preservação e documentação de sua história.

A VILA OLÍMPICA DA VERDE-E-ROSA

Mangueira e o Ciep Nação Mangueirense. Foi possível constatar que os jovens circulam nas diferentes atividades e projetos da escola de samba. Durante o período em que estavam no projeto, os jovens participavam das atividades da Vila Olímpica e podiam ser encontrados na escola de samba mirim, no Ciep ou nos Camps Mangueira. Um bom exemplo é o projeto Orquestra Afro-brasileira, no qual os alunos aprendem a tocar os instrumentos de percussão que formam a base das baterias das escolas de samba — repique, surdo, agogô etc. Alguns desses alunos participavam da escola mirim e outros, quando atingiam a idade que os colocava fora da faixa etária que o projeto pretendia atingir, passavam a integrar a bateria da Mangueira ou grupos musicais; alguns tornaram-se instrutores de instrumentos de percussão.

Em um dos ensaios da Mangueira do Amanhã a que assisti em 1998, pedi à diretora que me indicasse um dos jovens para um primeiro contato. Ela prontamente me apresentou a uma jovem negra, de 14 anos, porta-bandeira da escola, moradora da Mangueira, que se mostrou entusiasmada com a possibilidade de ser entrevistada e sugeriu uma entrevista com seu amigo e vizinho, o mestre-sala da escola. Marquei então um encontro posterior.

Nas primeiras visitas, ficou claro que os jovens estavam ligados por redes de vizinhança e amizade e, por vezes, de parentesco. Decidi, então, reconstruir as redes a partir das entrevistas, ou seja, não empregar o critério aleatório para a escolha do jovem a ser entrevistado e, sim, o da indicação. Ao final de cada entrevista, o entrevistado indicava outra pessoa que participasse de sua rede de sociabilidade para ser o próximo entrevistado. E assim aconteceu.

As entrevistas abertas, com os jovens que participavam de alguma modalidade esportiva, ocorreram nos anos de 2000 e 2001. A Vila Olímpica atende a crianças e jovens, mas este trabalho restringiu-se à população juvenil. Foram entrevistados somente aqueles que se encontravam na faixa etária dos 14 aos 18 anos, de ambos os sexos, e que residiam na Mangueira ou em bairros próximos.

Juventude é "apenas uma palavra";[24] as divisões entre idades são arbitrárias e a idade é um dado biológico socialmente manipulado e manipulável. Mas essa categoria social historicamente construída se

---

[24] Bourdieu, 1983.

presta à classificação de indivíduos e grupos. Em razão de seu caráter de período transitório, de preparação (ou não) para formas mais duráveis de inserção social, permite a elucidação de fenômenos mais amplos de inclusão/exclusão na sociedade. Sendo assim, a escolha desse grupo se justifica pela situação de vulnerabilidade a que estão expostos os jovens das classes populares; vulnerabilidade advinda da pobreza e das recentes mudanças provocadas pela mundialização da economia.

Os projetos sociais que visam à ampliação de oportunidades surgem como uma alternativa para essa população. A partir da entrada do projeto social Vila Olímpica da Mangueira em suas vidas, procurei investigar como esses jovens pensam o presente e quais as suas expectativas com relação ao futuro.

Este trabalho está organizado em sete capítulos. Com exceção do primeiro, que se destina à discussão do referencial teórico, os demais receberam nomes de sambas de enredo, de terreiro ou feitos em homenagem à Mangueira cujas letras se referem ao conteúdo que se pretende discutir.

No primeiro capítulo — "Os pressupostos teóricos" — apresento a teoria da reciprocidade moderna e a sociologia das configurações, orientadoras deste trabalho. A primeira nos ajuda a pensar o lugar do vínculo social nas sociedades contemporâneas, e a segunda, os significados e funções do esporte na socialização dos jovens em situação de risco. O segundo capítulo — "O Rio de Janeiro de ontem e de hoje" — discute a cidade do Rio de Janeiro, o associativismo comunitário na cidade, o samba e a emergência das escolas de samba. O terceiro — "Mangueira, teu cenário é uma beleza" — discute dois significados simbólicos dos morros cariocas: ser berço do samba e lugar da pobreza. O quarto — "Chega de demanda" — é dedicado à trajetória da escola em direção à construção de seu programa social. O quinto — "Os meninos da Mangueira: em situação de risco?" — apresenta o cotidiano dos jovens entrevistados. O sexto — "Cem anos de liberdade: realidade ou ilusão?" — discute as desigualdades sociais e as barreiras enfrentadas pelos jovens das classes populares, em especial aqueles em situação de risco. O sétimo capítulo — "O Olimpo é verde-e-rosa: trabalho e emprego" — apresenta as expectativas dos jovens que ingressam no Projeto Vila Olímpica. Finalizando, as conclusões.

## CAPÍTULO I

# Os pressupostos teóricos

Os instrumentais teóricos escolhidos constituem os baluartes de minha interpretação a respeito da trajetória da Mangueira — da recreação ao seu ingresso no campo das políticas sociais. São eles: a teoria da reciprocidade moderna e a sociologia das configurações. Ambas as abordagens se aproximam por apresentarem avanços na discussão acerca dos impasses das oposições indivíduo/sociedade, subjetividade/objetividade e processo/estrutura, presentes na teoria social contemporânea, pois supõem a interação desses pólos concebidos tradicionalmente como opostos.

Nessas duas perspectivas, entre o social e individual não há mais ruptura, mas gradação, pois os símbolos constitutivos de um plano são passíveis de tradução nos do outro. Para Elias, conceitos como indivíduo e sociedade não dizem respeito a dois objetos que existem separadamente, mas a aspectos diferentes, embora inseparáveis, dos mesmos seres humanos; e ambos os aspectos (e os seres humanos em geral) habitualmente participam de uma transformação estrutural. A relação entre o indivíduo e as estruturas sociais só pode ser esclarecida se ambos forem investigados como entidades em mutação e evolução.[25]

Nas bases teóricas da teoria da reciprocidade moderna está o pensamento de Marcel Mauss sobre a dádiva. Essas investigações servem como base para uma crítica aos dois consagrados paradigmas do pensamento social — o holismo e o individualismo, pois o primeiro reifica e hipostasia a totalidade e o segundo faz o mesmo com o indivíduo. Ambos pensam a sociedade a partir de um eixo vertical: um, para afir-

---

[25] Elias, 1994:220.

mar a preeminência do todo sobre as partes, e o outro, o contrário. O limite desses dois paradigmas reside no fato de que eles se mostram incapazes de pensar a gênese do laço social e a aliança. A pressuposição de que os indivíduos e as sociedades são dados presentes desde sempre é injustificável. Há que se elaborar um modelo que aposte na aliança e na confiança, na concretização da aposta por meio de dádivas.

Os teóricos da reciprocidade moderna afirmam que, na perspectiva da dádiva, se adota um ponto de vista radicalmente diferente, horizontalista, mostrando que é do mesmo movimento que se produzem ou se reproduzem os termos opostos — a base e o topo. Estabelecendo redes de obrigações, submetendo-se à lei dos símbolos que criam e fazem movimentar as pessoas, obrigatória e livremente, bens, idéias, serviços etc., é assim, num movimento circular, mas não necessariamente horizontal, que os homens produzem simultaneamente sua individualidade e sua comunidade.

Isso não quer dizer que o modelo da dádiva possa ser considerado o oposto do mercado (que tem como princípio o interesse e, secundariamente, a liberdade) ou do Estado (que tem como princípio a obrigação e, secundariamente, a igualdade). Ambos os princípios estão presentes na economia da dádiva. Na verdade, ela mescla todos eles, pois na dádiva há, ao mesmo tempo, liberdade e obrigação, interesse e desinteresse. Ao criticar o axioma do interesse, a economia da dádiva opõe-se, sim, a todo reducionismo, à pretensão de que tudo possa ser explicado pelo interesse, de que todas as explicações para a vida social podem ser encontradas no econômico, no sentido restrito e utilitarista do termo. Antes de ter interesses econômicos, instrumentais ou de posse, é preciso que os sujeitos, individuais ou coletivos, existam e se constituam enquanto tais; além do interesse, há obrigação, espontaneidade e prazer.[26]

Mauss não chegou a propor um novo paradigma para as ciências sociais. Suas mais relevantes contribuições foram a certeza da natureza simbólica da realidade social, a estreita relação entre dádiva e simbolismo e o conceito de fato social total. A diversidade da realidade empírica o levou a concluir que o concreto extrapola todas as categorias que sobre ele lançarmos. Tudo pode ser compreendido a partir do simbolis-

---

[26] Caillé, 1998.

mo: as palavras, as saudações, os presentes, solenemente trocados e recebidos, e obrigatoriamente retribuídos sob o risco de guerra. O que são, senão símbolos? O que são, senão traduções individuais da presença do grupo, por um lado, e das necessidades diretas de cada um e de todos, de suas personalidades, de suas inter-relações, por outro?

Não há dádiva que não exceda, por sua dimensão simbólica, a dimensão utilitária e funcional dos bens e serviços. Símbolos e dádivas são co-extensivos. Assim Mauss coloca a imbricação entre o utilitário e o simbólico. "Nossas festas, explicam os caledônios, são o movimento da agulha que serve para ligar as partes do telhado de palha, para fazer um teto, uma só palavra."[27] Os fatos considerados realidades de ordem simbólica tornam-se totais porque são multidimensionais e porque criam os elos sociais, morais e políticos entre as pessoas, formando vasta tessitura social. Sendo assim, não devem ser considerados coisas, mas símbolos, porque é essa a sua natureza.

Para criar essa totalidade simbólica é preciso apostar na dádiva e aceitar livremente dar, receber e retribuir. Trata-se de uma obrigação de liberdade. Essa obrigação é constitutiva do fato social; entre o indivíduo e a sociedade não há mais uma ruptura, mas uma gradação.[28]

Adotar a concepção de Mauss da realidade social não pressupõe o abandono da contribuição de outros pensadores à teoria social. Caillé encontra afinidades entre as descobertas de Marcel Mauss e a produção teórica de Georg Simmel e Norbert Elias. Entre os autores contemporâneos, salienta aqueles que centram sua análise na utilização da noção de rede, com algumas restrições. Para estes, o que falta é reconhecer que essa aliança generalizada, que constitui as redes, só se cria a partir da aposta na dádiva e na confiança.

Reforçando essa afirmação, Caillé conclui que os círculos do dom e da rede social têm o mesmo significado. A primeira análise de "rede" já realizada pelas ciências sociais — e que ocupa lugar central no *Ensaio sobre a dádiva* — é a de Malinowski, ao descrever as dádivas de bens simbólicos preciosos, realizadas pelos nativos das ilhas Trobriand, por ocasião de suas famosas expedições do *kula*. Para fundamentar tal

---

[27] Mauss, 1974:72.

[28] Karsenti, 1994; e Caillé, 1998.

afirmação, recorre a Mauss: "Malinowski não dá a tradução da palavra [*kula*], que sem dúvida quer dizer círculo:

> (...) e, com efeito, é como se todas essas tribos, essas expedições marítimas, essas coisas preciosas e esses objetos de uso, esses alimentos e festas, esses serviços de toda espécie, rituais e sexuais, esses homens e mulheres estivessem presos a um círculo, e seguissem em torno desse círculo, no tempo e no espaço, um movimento circular.[29]

Mas o que é a dádiva? De modo negativo, entende-se por dádiva tudo o que circula na sociedade que não esteja ligado nem ao mercado (equivalência) nem ao Estado (redistribuição), nem à violência física. De modo mais positivo, é o que circula em prol do laço social.[30]

## O *Ensaio sobre a dádiva* e a noção de fato social total

Nos anos 1920, Mauss[31] efetuou cuidadoso estudo comparativo a respeito dos circuitos nos quais as dádivas mudavam de mãos nas sociedades primitivas ou arcaicas. Usando dados etnográficos provenientes de várias sociedades primitivas ou arcaicas, Mauss estabeleceu conclusões de natureza moral sobre alguns dos problemas com que nos deparamos em nossa atual crise econômica. É no *Ensaio* que apresenta a noção de "fato social total" — fundamental em sua obra —, que se refere aos fenômenos que têm a propriedade de acionar de maneira simultânea os diversos planos (religioso, econômico, jurídico, moral, estético e morfológico) de uma mesma sociedade. Os fatos sociais totais seriam mais que temas ou elementos de instituições; mais que instituições ou mesmo sistemas de instituições religiosas, jurídicas ou econômicas. Eles representariam o próprio sistema social em sua dinâmica de ligações entre pessoas, ou seja, expressariam o conjunto das relações sociais. Daí sua dimensão total.

---

[29] Caillé, 1998:74.

[30] Godbout, 1998.

[31] Ver Mauss, 1974.

Em várias sociedades primitivas da Polinésia, da Melanésia e do Noroeste americano, Mauss encontrou um conjunto de fatos complexos que chamou de "fatos sociais totais". Seus estudiosos consideram que é no *Ensaio sobre a dádiva* que esse conceito, central em toda a sua obra, opera da maneira mais plena e acabada. A riqueza dos dados etnográficos lá expostos conduz à conclusão de que os fatos sociais totais não são exclusivos das sociedades arcaicas; são, na verdade, encontrados em todas as sociedades. Os fatos, denominados fenômenos sociais totais,

> ...exprimem, ao mesmo tempo e de uma só vez, toda espécie de instituições: religiosas, jurídicas e morais — estas políticas e familiais ao mesmo tempo; econômicas — supondo formas particulares de produção e de consumo, ou antes, de prestação e de distribuição, sem contar as estéticas, nas quais desembocam tais fatos e os fenômenos morfológicos que manifestam essas instituições.[32]

Nessa obra, Mauss seleciona um único traço a ser examinado: o caráter voluntário, aparentemente livre e gratuito, e no entanto também imposto e interessado, das prestações e contraprestações. Estas quase sempre se revestiam da forma "presente oferecido generosamente", mesmo quando, no gesto que acompanhava a transação, não existia senão ficção, formalismo e mentira social, obrigação e interesse econômico. Ao buscar respostas que explicassem a obrigação de retribuir, Mauss formulou duas perguntas: qual é a regra de direito e de interesse que, nas sociedades de tipo atrasado ou arcaico, faz com que o presente recebido seja obrigatoriamente retribuído? Que força há na coisa dada que faz com que o donatário a retribua?

Foi na Polinésia que Mauss encontrou a razão moral e religiosa dessa coerção. A obrigação de retribuir o presente recebido, no âmbito da teoria do direito e da religião maoris, é explicada pelo *hau* — o espírito da coisa dada. Isso significa dizer que o bem doado não é inerte, está carregado de energia, o que obriga à retribuição. É o *hau* que faz com que a coisa dada circule; esse poder espiritual reúne pessoas e grupos, criando laços entre eles. O bem seria o mediador nessas relações, construindo assim a comunidade das relações primárias. Ao contrário

---

[32] Mauss, 1974:41.

do que pode parecer, não se trata de uma explicação mística da troca; Mauss se preocupa com uma questão, inconcebível no mundo moderno: a indissociação entre pessoas e coisas no direito primitivo.[33]

Nas economias e nos direitos anteriores aos "nossos" não existia uma troca simples de bens, de riquezas ou de produtos entre os indivíduos. Na verdade, eram coletividades, pessoas morais, que se obrigavam mutuamente, trocavam entre si. Nas trocas circulavam coisas economicamente úteis (bens e riquezas, móveis e imóveis), assim como gentilezas, banquetes, ritos, serviços, mulheres, crianças, danças, festas e feiras. Nesse contexto, o mercado era apenas um dos momentos em que a circulação de riquezas constituía apenas um termo de um contrato muito mais geral e muito mais permanente. Enfim, essas prestações e contraprestações eram feitas de forma sobretudo voluntária, ainda que rigorosamente obrigatórias, sob pena de guerra privada ou pública.

Essas trocas, embora se fizessem na forma de presentes, não representavam nem completa liberdade, pois deviam-se na realidade à obrigação de retribuir, nem puro desinteresse e pura generosidade. Nelas, os três momentos da reciprocidade — dar, receber e retribuir — formam uma unidade, possibilitada pelo caráter total do dom, em que liberdade e obrigação, generosidade e interesse estão presentes simultaneamente. Para Mauss, o *Ensaio sobre a dádiva* faz parte de um conjunto mais amplo de investigações sobre o regime de direito contratual e os sistemas de prestações econômicas entre as diversas seções e subgrupos de que se compõem aquelas sociedades.

É na obra *Argonautas do Pacífico ocidental*, publicada por Malinowski em 1922, que Mauss encontra reforço para a sua teoria da troca, permitindo-lhe mostrar o sistema de dons e a troca do *potlatch* — sistema de prestações totais do tipo agonístico que evidencia os aspectos negativos e ambivalentes do dom. Entre os nativos das ilhas trobriandesas, na Melanésia, encontra-se uma instituição — o *kula* —,

---

[33] O antropólogo Levi-Strauss, em *Introdução à sociologia e à antropologia*, coletânea de textos de Mauss publicada em 1950, critica o uso da noção maori para explicar a troca. Sigaud (1999) discute como o *Ensaio sobre o dom* foi sendo "maorizado" nos últimos 30 anos. Nesse texto, a autora pretende, através da análise do que sucedeu com o texto de Mauss, colocar em evidência mecanismos sociais que operam no processo de construção de teorias no âmbito da antropologia, na conformação de representações acerca de textos e na sua consagração.

sistema de comércio intertribal e intratribal que é uma espécie de grande *potlatch* que se estende por todas as ilhas Trobriand.[34]

Mauss narra que os habitantes dessas ilhas, que, antes da chegada dos europeus, eram ricos fabricantes de cerâmica, de moedas, machados de pedra e coisas preciosas, sempre foram bons comerciantes, ousados navegadores e generosos doadores de presentes. Por isso, Malinowski os chamou de "argonautas do Pacífico ocidental". O *kula* interessa indiretamente a todas as tribos e diretamente a algumas grandes tribos.[35] Tratava-se sem dúvida de um grande círculo, envolvendo todas as tribos nas expedições marítimas, doando-se bens preciosos, objetos de uso, alimentos e festas, serviços de toda espécie (rituais e sexuais), como se homens e mulheres passassem a formar elos num extenso movimento circular no tempo e no espaço.

Nas relações construídas e reforçadas por meio das trocas de bens simbólicos, o escambo das mercadorias necessárias à sobrevivência física era realizado em meio a cortesias que minoravam os efeitos de possíveis conflitos. Para os trobriandeses, a vida econômica, social e religiosa era indivisível, ou seja, o fato social era total.

Mauss constatou que o dom não era um fenômeno exclusivo do Noroeste americano, da Melanésia ou da Polinésia. Era uma forma de contrato primitivo cuja freqüência seria constatada à medida que se ampliassem os estudos sobre os sistemas de troca nas sociedades inferiores, o que o fez buscar evidências do mesmo tipo em outras sociedades.

O interesse pelo campo do social — aquele que difere do mercado e do Estado — tem como justificativa a preocupação dos teóricos da reciprocidade em retraçar os caminhos de reconstrução do laço social, apostando, assim, na possibilidade de construção de novas formas de convivência social. Nessa direção, este trabalho se propõe comparar dois sistemas de prestações totais: o *kula* dos trobriandeses e o samba dos cariocas — ambos sistemas sociais inteiros, dinâmicos, que mobilizam a coletividade e suas instituições.[36]

Tanto o *kula* quanto o samba são fatos sociais totais, ou seja, representariam o sistema social formado pela dinâmica do movimento

---

[34] Ver Mauss, 1974:72.

[35] Ibid., p. 72-73.

[36] Cabe esclarecer que essa comparação foi proposta anteriormente por Zaluar (1998).

circular das prestações e contraprestações que criam laços interpessoais. Outro aspecto decisivo na comparação dos dois sistemas é sua dimensão de obrigatoriedade. No caso do *kula*, todas as tribos, da mesma forma que cada ator social membro desses grupos sociais, fazem a aposta na dádiva, em situação de trocas cerimoniais, aceitando não só o que lhes é oferecido, mas também retribuindo com acréscimo o que recebem. O samba carioca — também um sistema de prestações e contraprestações que envolve pessoas, coisas, festas, rituais, presentes etc. e que circula nas favelas e bairros populares cariocas a serviço do laço social — permite também entender como setores populares desprestigiados pelo poder público conseguem resolver suas demandas e conflitos de maneira pacífica. O samba serviu de instrumento no processo civilizador e pacificador nas nossas favelas e bairros populares.

Ele, o samba, não pode apenas ser entendido como gênero musical. Com seu poder simbólico de promover circuitos, onde a obrigação (de dar) e a reciprocidade (receber e retribuir) são regras básicas num sistema de trocas não-utilitário, ele se torna motor das relações de pessoa a pessoa, criando, através delas, as associações carnavalescas. Esse poder articulador tem servido para fortalecer os laços vicinais das comunidades. São os blocos e escolas de samba que agregam famílias e vizinhança, deflagrando redes de sociabilidade e auxílio mútuo, bem como servindo de meio para resolução de demandas ou pendengas nessas localidades.

O samba, sistema de trocas onde se mesclam a amizade e rivalidade, pressupõe a incerteza quanto ao retorno; constitui o oposto das trocas utilitaristas baseadas no cálculo. O samba, um fato social total, possui a propriedade de unir pessoas em extensas redes de sociabilidade, mobilizando suas disposições internas e concretizando ações, simultaneamente, em diversos planos.[37]

As questões formuladas por Mauss têm lugar nas sociedades modernas? Qual será a regra de direito e de interesse que nas sociedades de tipo atrasado ou arcaico faz com que o presente recebido seja obrigatoriamente retribuído? Que força haverá na coisa que se dá que faz com que o donatário a retribua?[38] Parece que o samba é um bom exemplo da existência da dádiva nas sociedades contemporâneas.

---

[37] Zaluar, 1998:287.

[38] Mauss, 1974:42.

De acordo com os teóricos da reciprocidade moderna, a resposta é positiva. Então, como a dádiva se apresenta? As sociedades modernas se caracterizam pela separação de dois registros de sociabilidade que as outras se recusam a separar. De um lado, a sociabilidade primária, registro da família, do parentesco, da aliança, da amizade e da camaradagem, em que prevalecem as relações entre as pessoas, em detrimento dos papéis funcionais que elas possam desempenhar. Do outro, a sociabilidade secundária, onde o que vale é a funcionalidade dos atores sociais. As relações que se estabelecem no campo do interesse (do mercado, do Estado, da ciência e da lei) são irredutíveis ao âmbito das relações entre pessoas.

Afirmar que a dádiva existe em todas as sociedades nos conduz à seguinte indagação: a obrigação de dar, receber e retribuir só se manifesta na sociabilidade primária sob a forma de presentes, hospitalidade ou serviços, entre pessoas que já se conheciam — amigos, vizinhos, parentes —, ou ela se manifesta entre pessoas que não se conheciam anteriormente mas que, nas associações e círculos da dádiva, vêm a ter contato face a face? Para os teóricos da reciprocidade, a dádiva nas sociedades modernas é o cerne da sociabilidade primária e aparece também em uma forma bastante transformada — aquela que circula entre desconhecidos, como, por exemplo, os doadores de sangue, de órgãos ou em associações de diversos tipos. Nelas, o dom se baseia na generosidade com estranhos.

Godbout (Godbout & Caillé, 1999), ao procurar definir o espaço da reciprocidade moderna, afirma que, nesse espaço, os bens trocados têm sobretudo valor simbólico, valor de ligação, marcado pelas relações sociais que se projetam no futuro pela continuidade da retribuição. No mercado, as trocas se baseiam na equivalência: a relação se extingue no próprio ato da troca.

No Estado, a circulação de bens e serviços tem como princípio a eqüidade e a justiça num sistema baseado em relações impessoais e burocráticas. Nas comunidades domésticas, onde vigoram as relações pessoais, a reciprocidade é de natureza restrita e paroquial, pois exclui os desconhecidos. No quarto setor, o que está em pauta é o valor de ligação, que reúne pessoas desconhecidas entre si em relações duradouras. Por isso, trata-se da reciprocidade moderna, que tem vinculações estreitas com as concepções de justiça que vigoram no Estado, mas baseiam-se também na escolha ou na liberdade de cada um de participar desse jogo.[39] Nele, o dom seria baseado na generosidade com estranhos e adviria de um ato gratuito e livre do doador, que pode ser impessoal, nas não exclui totalmente o cálculo de um possível retorno por meio dos intermediários, que funcionam como agentes redistribuidores.

A relação de confiança, presente na esfera da dádiva, difere das relações que se estabelecem na esfera do mercado, pois não procura a equivalência. Ao contrário, não há preocupação com a imediata e equivalente retribuição. A demora no tempo e a dívida nunca inteiramente saldada nem completamente calculada criam o vínculo que se estende como teia de relações. O que circula é o valor do vínculo (valor simbólico que se junta à dádiva), não o valor de troca ou do uso.[40] Este é o valor que nos interessa, que permite o fortalecimento dos laços numa sociedade baseada nas relações de mercado e no individualismo atomizador.

Zaluar identifica algumas especificidades dessas associações baseadas na confiança e consideradas do quarto setor. Elas trocam bens e serviços que criam relações sociais entre parceiros, além de exigirem a participação ativa ou o engajamento responsável dos envolvidos nos objetivos coletivos. Nelas não se substituiria o caráter burocrático intermediário do Estado na redistribuição de bens por outra organização burocrática, pois também dependem de verbas para realizar seu trabalho de redistribuição. Os critérios locais de justiça social são redimensionados. E a autonomia local se rompe para formar cadeias de solidariedade entre estranhos. O que essas novas formas de reciprocidade buscam, em primeiro lugar, é a reconstrução do laço social. Trata-se da "repolitização dos laços sociais, de uma reaproximação entre o social e o político".[41]

## Escolas de samba: para além do carnaval

As escolas de samba podem ser entendidas como associações que inicialmente se restringiam a relações primárias, envolvendo pessoas que

---

[39] Caillé, 1998.

[40] Godbout & Caillé, 1999.

[41] Zaluar, 1997b:37.

se conheciam entre si. Ao longo do tempo, tornaram-se associações formadoras de redes sociais que incorporam estranhos, cujo objetivo final seria a distribuição de bens baseada em critérios amplos de justiça, ou seja, critérios que vão mais além dos locais, característicos das associações onde predominam os laços de amizade, vizinhança e parentesco.

As escolas de samba, associações carnavalescas originárias das redes que se formaram em torno do samba, foram plenamente aceitas. Incorporaram-se à vida da cidade, promovendo rodas de samba, atividades de lazer (jogos de futebol, almoços comunitários, bailes e festas). Também ingressaram no campo das ações sociais, desenvolvendo projetos sociais nas áreas da saúde, educação, cultura e preparação para o trabalho. Com seu trabalho social, pretendem responder às demandas sociais das comunidades em que estão incluídas. Inicialmente, restringiam sua ação a seus integrantes, pessoas que se conheciam entre si; posteriormente, estenderam-se para além da comunidade, envolvendo a favela como um todo e os bairros circunvizinhos.

A história dessas associações mostra que todas elas têm origem na esfera doméstica. São vizinhos, amigos e/ou parentes que se reúnem para o entretenimento. Essas reuniões estreitam relações e mobilizam seus integrantes a realizar outras atividades, sem nenhuma sistematização ou apoio externo. O cerne do trabalho social nelas desenvolvido é a ação voluntária da parte de alguns integrantes, que posteriormente se estende em redes, envolvendo estranhos.

Não há dúvida: é um sistema de dádiva. São organizações com traços tradicionais e modernos fundados na dádiva. Isso não quer dizer que se trata de um tipo ideal de sistema de dádiva. É claro que a análise de todo sistema social concreto apresenta uma mistura de diferentes modelos. No caso da Mangueira, a despeito de os projetos sociais receberem apoio do Estado e de empresas, o que é oferecido como contrapartida é a imagem positiva da localidade, o culto aos baluartes, a presença da velha-guarda, a valorização da tradição. O samba, nesse contexto, é o que alimenta e fortalece o vínculo social nesse tipo de associação.

Aqui, o termo "tradição" está sendo usado para se referir à capacidade de uma escola de samba de ser fiel ao samba e preservar as práticas e formas associativas vinculadas a ele. A meu ver, um dos fatores que coloca a Mangueira no patamar de uma escola tradicional é o fato de ela, além de preservar o samba, demonstrar sua capacidade de estabelecer relações de pessoa a pessoa, de transformar o indivíduo em pessoa. E é essa capacidade de unir as pessoas em redes que serve como antídoto à fragmentação social, fruto dos processos de globalização já mencionados. No panteão das escolas se samba cariocas, ela é uma das escolas mais antigas da cidade. Reconhecida como entidade representativa da comunidade, ela inspira confiança, o que a auxilia na captação de recursos humanos e materiais para seus projetos e no fortalecimento dos laços sociais na comunidade.

Conceber as políticas sociais sob a ótica da dádiva abre novas perspectivas de interpretação das ações sociais desenvolvidas por essa associação carnavalesca, na medida em que as relações entre as pessoas podem ser orientadas por outros interesses que não os puramente egoístas ou os que resultam simplesmente da coerção pública. A presença da dádiva em toda parte — na família, nas organizações ou nas empresas — significa que toda sociedade vive da dádiva e dela necessita, e é isso que mantém a vida em suas redes.

Desde a sua criação, as escolas de samba estabeleceram circuitos de relações sociais dos quais o samba foi o cimento. Essas redes conservam o espírito da dádiva, ou seja, as trocas e contratos feitos sob a forma de presentes teoricamente voluntários, na realidade compulsoriamente dados e retribuídos. Esses circuitos de trocas possibilitaram a consolidação dessa organização, transformaram um anônimo em "mangueirense", em uma pessoa pertencente a um grupo com uma identidade, incorporando, desse modo, "estranhos".

O que se quer provar é que a dádiva, assim como o mercado e o Estado, forma um sistema que serve para estabelecer relações sociais de novo tipo que pressupõem o dom entre estranhos. E que ela, a dádiva, é tão moderna e contemporânea quanto tradicional e arcaica; seu espírito foi a base sobre a qual a escola de samba foi criada e sobre a qual edificou suas políticas sociais.

## Samba e esporte: a Vila Olímpica e a dádiva entre estranhos

No Brasil, além do samba, o esporte tem inegável importância na pacificação dos costumes. É através deles que a rivalidade, que não exclui totalmente o conflito violento, se expressa na apoteose dos desfiles e concursos carnavalescos e nas competições esportivas.[42]

Dona Neuma, filha de Saturnino Gonçalves, um dos fundadores da Mangueira (escola de samba), relata como se deu a pacificação dos costumes por intermédio do samba.

> Meu pai, Saturnino Gonçalves, foi o fundador e o pacificador do samba. Porque no samba existia muita briga, muita polêmica. O Estácio era lugar de malandro, e a favela era lugar de marginal e vagabundo, gente que não prestava. Papai vivia no meio deles. E foi o pacificador. Fez a união. Fez um malandro dar a mão ao outro, se cumprimentar. Fez as mulheres se cumprimentarem, se beijarem — como agora se beija, de um lado e de outro —, se abraçarem em sinal de amizade. Isso tudo surgiu do samba. Se não fosse, ninguém aprendia isso, não. Porque era uma valentia... Um xingava o outro... Eles quebravam a navalha no meio, e um dava uma navalhada no outro. Aí fundaram as escolas de samba...[43]

"Valentes" — assim eram identificados os sambistas que resistiam às perseguições policiais e se enfrentavam nos desfiles carnavalescos, pois tanto o samba quanto as organizações que o celebravam eram proibidos. A fantasia de baiana, que hoje é presença marcante e obrigatória nos desfiles carnavalescos, era tida como fantasia adequada aos valentes, porque, sob suas saias, podiam ser escondidas com facilidade armas e navalhas.

O fim da repressão policial ao samba e às escolas de samba, a oficialização dos desfiles e a transformação do samba em símbolo da nacionalidade pouco a pouco integraram o samba ao cotidiano de todos os segmentos sociais e étnicos da cidade; e este se estendeu em redes, envolvendo cidades, estados e países.

As histórias da criação do que é hoje o G.R.E.S. Estação Primeira de Mangueira confirmam seu nascedouro na esfera doméstica. No decorrer deste trabalho veremos como surgiu a Mangueira, uma das mais antigas escolas cariocas. Seus fundadores contavam que a escola foi criada por um grupo de amigos e que não havia lugar para ensaios nem reuniões, tudo era improvisado. Com o passar do tempo, pequenos blocos se uniram, formando assim a atual Estação Primeira.

---

[42] Zaluar, 1997b: 37.

[43] Ibase, 1998, v. 4, p. 77.

Inspirada na perspectiva civilizadora do samba, pretendo analisar a importância do esporte para a socialização dos meninos das comunidades de favelas e bairros populares. A sociologia das configurações nos permite responder por que a opção pelo esporte foi a alternativa à situação de risco a que estão expostos esses meninos. A abordagem do esporte como um campo de estudos relevante para a sociologia é relativamente nova. A tradição sociológica clássica, centrada no mundo do trabalho, não o considerou um problema significativo. Na perspectiva da sociologia das configurações, o esporte é considerado lugar importante para a construção das maneiras de ser e das identidades sexuais, como um lugar de vida social no interior do qual e a respeito do qual se desenrolam atualmente numerosas lutas significativas, centradas no pertencimento social. Se essa área de estudos foi marginalizada, apesar de ser um espaço masculino, com relação às mulheres o problema assume maiores proporções.

Dunning e Maguire (1997) sugerem que o *status* periférico do esporte se explica por ele ser considerado um espaço fora do mundo cotidiano, um espaço periférico com relação ao que é considerado o lugar principal, onde é possível ter uma experiência de masculinidade nas sociedades contemporâneas — o mundo do trabalho. Ao adotar uma perspectiva não-economicista, esses autores pretendem pôr em dúvida a afirmação de que os processos econômicos são os únicos que se encontram no cerne dessa questão.

Norbert Elias (1994) se propôs realizar a análise da sociogênese do Estado e do processo de civilização mediante o exame histórico do caso da França (num período que se estende do século XII ao XVII). A Inglaterra e a Alemanha foram tratadas como variantes. Em sua obra *O processo civilizador*, localiza na Europa ocidental, entre o início da Idade Média e os tempos modernos, o período em que se processa o refinamento dos costumes e a intensificação do autocontrole dos indivíduos, a fim de que estes exerçam, por eles mesmos, um "domínio de si" estrito, uniforme, constante e moderado sobre suas emoções e seus comportamentos. Lá, esse processo conduziu ao processo de "cortesanização dos guerreiros" a que foram submetidos os membros das classes reinantes européias. A passagem de guerreiros medievais a cortesãos, o fechamento das fronteiras e a conseqüente formação do Estado, e a imposição de restrições à violência conduziram à pacificação sob o controle do Esta-

## A Vila Olímpica da Verde-e-Rosa

do. O etos ou hábito de civilidade decorrente do processo de pacificação dos costumes modificou a relação entre o Estado e a sociedade. Apesar de o processo civilizador europeu não poder ser generalizado, há similaridades entre ele e outros processos de longa duração.[44]

Os processos de civilização são processos de longo prazo, cegos ou não planejados, nos quais os grupos dominantes são responsáveis pela disseminação de seus *habitus* (ou maneiras de ser) para o restante da sociedade. No curso desses processos, produz-se um deslizamento do equilíbrio entre as restrições externas e a auto-restrição em favor da auto-restrição, da mesma forma que um aumento do *habitus* e da personalidade, da importância da consciência, no sentido do superego de Freud, enquanto regulador do comportamento.

Em outras palavras, durante os processos de civilização da Europa ocidental, as normas sociais acabaram sendo profundamente interiorizadas e intervindo não apenas de forma consciente, mas de forma ainda mais significativa, aquém do nível racional e do controle consciente — por exemplo, através do surgimento de sentimentos de angústia, de culpa e de vergonha.[45]

O processo civilizador traz em seu bojo a "feminização" da sociedade. Produziu ainda um maior cerceamento das normas de regulação da violência e da agressão, e o declínio, na maioria dos indivíduos, da tendência de sentir prazer em participar de atos violentos ou de testemunhar esses atos — uma atenuação da pulsão de atacar. Isso provocou a recusa das manifestações diretas de violência física e a interiorização de um tabu com relação à violência. Mas a civilização a longo prazo, no Ocidente, desenvolveu-se por acaso, ao mesmo tempo das lutas que deram origem aos novos Estados-nações na Europa. Longe de constituírem uma antítese, a violência e a civilização se caracterizam como formas específicas de interdependência.

Para Elias (1994), o monopólio da violência por parte do Estado facilita a manutenção do monopólio dos impostos e acarreta a pacificação interna e o crescimento econômico. A comparação dos jogos antigos com os modernos mostra o crescimento da repulsa à violência. Os jogos contemporâneos passam a significar um antídoto ao excesso de

---

[44] Dunning & Maguire, 1997.

[45] Ibid.

autocontrole e de tensão dos indivíduos, o local para a liberação das emoções.

Em "Ensaio sobre o desporto e a violência", Elias afirma que "a 'desportivização', em resumo, possui o caráter de um impulso civilizador comparável, em sua orientação global, à 'curialização' dos guerreiros, onde as minuciosas regras de etiqueta representam um papel significativo".[46] O esporte, então, é um fenômeno estratégico para o entendimento do processo histórico de longa duração, o processo civilizador. O esporte ofereceu a oportunidade de Elias voltar à sua teoria do processo de civilização, esclarecendo-a e aperfeiçoando-a, tomando outro caso como modelo — a Inglaterra no período posterior ao da França, entre meados do século XVIII e o século XIX.

Nesse período, na Inglaterra, Elias focaliza alguns elementos que interagiram entre si, derivando novas configurações. Por que a civilização dos jogos de competição e a limitação da violência — por meio de regras sociais que requerem uma grande capacidade de autocontrole — apareceram primeiro na Inglaterra? Elias encontra respostas para essas questões no sucesso da pacificação das classes dominantes inglesas durante o século XVIII, pacificação que se seguiu a um ciclo de violência iniciado em meados do século XVI. Foi durante esse período que se desenvolveu o jogo parlamentar (instituído no século XVII, a partir da revolução liberal de Cromwell). As lutas não mais eram feitas pela espada, mas pelo poder do argumento.

Do mesmo modo, as práticas esportivas tornaram-se uma representação simbólica da competição entre segmentos, facções e Estados-nações. A parlamentarização das classes dirigentes teve assim seu equivalente na "esportificação" dos seus passatempos. Por exemplo, a caça à raposa, um dos primeiros esportes, ao contrário das práticas iniciais que findavam com a morte do animal, passou a ser regida por regras bem específicas. Os caçadores não podiam usar armas e só matavam por procuração, delegando a seus cães a tarefa de fazê-lo. Um *gentleman* não caçava para consumo alimentar, mas por esporte.[47]

Na hierarquia e nos jogos políticos da corte, pode-se observar e compreender a conversão da violência física anterior em violência

---

[46] Elias, 1994:224.

[47] Zaluar, 1998:266; e Lopes, 1995:147.

simbólica nas disputas de poder.[48] Para Elias, no entanto, com a sociedade pacificada, o monopólio da violência é entregue ao Estado, e passa a vigorar o autocontrole das emoções e da violência física por parte dos cidadãos, na medida em que as disputas interpessoais são controladas por regras convencionadas. Desse modo, os conflitos deixam de ser resolvidos pela força física e passam a ser expressos em outro plano, o simbólico, onde permanece o "equilíbrio das tensões".

O surgimento do esporte na Inglaterra se deu entre meados do século XVIII e o século XIX. Elias o considera um fenômeno novo, diferente dos jogos gregos, astecas ou europeus da Idade Média. Ao contrário das explicações universalistas, de que todas as sociedades teriam atividades esportivas, ele insere essas novas práticas no processo civilizador, que caminha no sentido da crescente repulsa à violência física. Elias supõe que, com o processo civilizador plenamente realizado, o esporte se caracteriza como um antídoto ao excesso de autocontrole e de tensão dos indivíduos, fazendo-os liberar parcimoniosamente suas emoções.

O processo civilizador traz um deslizamento em direção à igualdade na "balança dos poderes" entre classes sociais, grupos etários e sexos. No que diz respeito às relações entre os sexos, esse processo provocou um aumento do poder das mulheres e um refinamento das formas de combate ou competição entre rivais, o que possibilitou a criação de espaços sociais destinados ao alívio de tensões, sem ameaça à integridade física.

Nas sociedades modernas, o esporte assume significações específicas. É nele que se dá a luta pela notoriedade, as disputas com liberação da agressividade, as competições e os confrontos sempre submetidos a regras explícitas que conduzem ao "equilíbrio das tensões". O esporte é também entendido como um lugar socialmente aceito para o ensino, a expressão e a perpetuação dos *habitus*, das identidades, do comportamento e dos ideais masculinos.

As sociedades modernas não estão a salvo de retrocessos no processo civilizatório. O campo esportivo pode ser usado como lugar da manifestação do "etos guerreiro", do ideal de macho, de maneira exacerbada, distorcida, sem controle nem por parte de seus praticantes nem

---

[48] Lopes, 1995.

do próprio Estado. Monteiro (2001:115), em estudo recente sobre uma torcida organizada de um time carioca, constata a permanência de uma cultura masculina agressiva entre seus integrantes, que, ao contrário do que a literatura a respeito da violência supunha, são jovens das classes média e alta da sociedade carioca.

A emergência dessas práticas não-civilizadas é explicada pela identificação de um processo em curso no país, sobretudo nos grandes centros urbanos, de dessensibilização da sociedade para questões referentes à vida humana e à violência. As razões seriam a fragilidade do monopólio estatal da força e o crescente poder do crime organizado, que impõe um ideal de masculinidade destruidor e desagregador.

O processo civilizador não é um contínuo onde evoluímos sempre para melhor, vivemos avanços e retrocessos.[49] Ele não atinge igualmente todas as sociedades, classes e pessoas. Nele, a possibilidade de retrocesso está sempre presente. O processo acelerado de transformações, no âmbito seja da cultura, seja da economia num mundo globalizado, tem provocado a difusão de novos estilos de vida. As grandes cidades sofrem os efeitos dessas transformações, das quais resultam a crescente individualização e a fragmentação social. As novas imagens das cidades não estão mais associadas à civilidade e à segurança. O aumento da violência e a quebra do equilíbrio das tensões em que se monta a paz social modificaram a dinâmica das cidades. Essa perspectiva pode explicar a violência crescente na cidade do Rio de Janeiro e justifica a necessidade de iniciativas que visem a afastar os jovens do mundo do crime.

> Nas sociedades nacionais, onde o Estado nacional é fraco no monopólio da violência, um prêmio é colocado nos papéis militares, o que termina na consolidação de uma classe militar. Onde os laços segmentais (familiares, étnicos, ou locais) são mais fortes, o que acontece em bairros populares e vizinhanças pobres mas também na própria organização espacial das cidades que confunde etnia e bairro, o orgulho e o sentimento de adesão ao grupo diminuem a pressão social para o controle das emoções e da violência física, resultando em baixos sentimentos de culpa no uso aberto da violência nos conflitos. (...) Assim, no Brasil, uma exacerbação dos localismos, seja de estados, cidades ou bairros, pode estar ajudando a criar as mesmas condições para o retrocesso da civilidade.[50]

---

[49] Elias, 1994.

[50] Zaluar, 1998:267.

Desse modo, tudo nos leva a crer que está em curso um verdadeiro retrocesso na civilidade nas favelas da cidade do Rio de Janeiro. A diminuição do controle das emoções e o aumento da violência física resultam num uso desregrado da violência nos conflitos. A fragilização das relações familiares e de vizinhança mina e enfraquece os laços sociais nessas localidades. Diante disso, a recuperação do etos ou hábito de civilidade decorrente da pacificação dos costumes parece ser o caminho para o fortalecimento das comunidades locais. "É preciso examinar com cuidado os padrões alterados de sociabilidade e de negociação de conflitos nesses locais onde as identidades parecem estar agora montadas rigidamente na lógica da guerra", adverte Zaluar. O crime organizado transformou-se num poder central nas favelas.[51]

## O projeto esportivo

Por iniciativa de dois mangueirenses, tia Alice e Agrinaldo Sant'Anna, nasceu o projeto esportivo da Mangueira. Inicialmente, as aulas de educação física e esportes para as crianças e adolescentes eram dadas embaixo do viaduto Cartola. Somente em 1987 a Mangueira conseguiu construir seu complexo esportivo — a Vila Olímpica — em uma área de 35 mil m² de um antigo depósito da Rede Ferroviária Federal, com o apoio da uma empresa privada, a Xerox. Em 1989, com o auxílio do governo estadual, foram inaugurados o ginásio polivalente e o posto de saúde. Em 1991, a pista de atletismo e o campo. Em 1996, foram feitas melhorias com recursos federais: a pista e a quadra de basquete foram revestidas com pisos sintéticos e o campo com grama sintética, ambos importados da Alemanha. Em 1997, 4 mil crianças participavam dos projetos esportivos e sociais e 30 mil já haviam passado pela vila ao longo de seus 10 anos. Estimou-se, então, o custo anual com sua manutenção em R$1 milhão. Nos anos seguintes o número de atendidos não parou de crescer.

---

[51] Zaluar, 1997a:39. Neste mesmo artigo, Zaluar argumenta que este "novo poder", referindo-se ao tráfico de drogas, nos países capitalistas está se exercendo no plano do imaginário, como um modelo, um mapa simbólico. O crime organizado pode ser considerado uma força importante, ao lado dos Estados nacionais, igrejas, partidos políticos, empresas multinacionais etc.

Desde a sua inauguração até os dias de hoje, a vila conta com a ajuda de vários patrocinadores, movimenta milhões de reais por ano e ramifica-se em diversos programas sociais. No momento, o projeto esportivo abrange atletismo, ginásticas rítmica e olímpica, futebol, futebol de salão, vôlei, basquete, handebol e natação. Recentemente, o programa social incorporou uma escola privada de ensino fundamental e médio e uma universidade privada que oferece cursos de graduação. O Programa Social da Mangueira, considerado "um modelo genuinamente brasileiro", tem se expandido para além dos 35 mil m². Há projetos que acontecem na própria sede da escola; outros, na praça Onze ou na praça Tiradentes; outros, ainda, em prédios localizados na rua onde está a sede da escola de samba. Anteriormente abandonados, devido à violência do tráfico de drogas, entre outros motivos, esses prédios estão sendo ocupados para o desenvolvimento de projetos educacionais. Tanto em publicações quanto nas entrevistas dadas pelos seus dirigentes, afirma-se que, graças ao seu programa social baseado nas parcerias com o poder público e as empresas, a Mangueira possui o maior índice de escolaridade e o menor de crianças infratoras entre todas as favelas da cidade do Rio de Janeiro.

O Projeto Vila Olímpica da Mangueira nasceu com o objetivo de promover atividades esportivas para os meninos da comunidade, a fim de neutralizar os efeitos perversos do tráfico de drogas e da desagregação social advinda do esgarçamento dos laços sociais. A iniciativa marcou o abandono de ações amadoras e atingiu um nível de sofisticação técnica no final da década de 1980.

Vários cientistas sociais, como Beck (1997) e Jacobs (1992), apontam a necessidade de se pensar novas formas de enfrentar a crise das instituições da sociedade moderna. Nesse debate não é mais possível pensar uma política para o enfrentamento das novas formas de privação (os impactos da crise da sociedade salarial, o desemprego em massa etc.) centradas unicamente na esfera do Estado. Novos espaços públicos e arenas decisórias, incorporando necessariamente um leque amplo de atores coletivos e interlocutores em direção a um novo perfil de gestão social, tornam-se fundamentais, alerta Magalhães (1999:105).

Nesse contexto, Godbout e Caillé (1999) realçam a importância das experiências associativas, que se diferenciam do modelo estatal de intervenção, principalmente por evitarem a "solidariedade delegada" ou

A VILA OLÍMPICA DA VERDE-E-ROSA

imposta. Em vez de clientelas definidas a partir de dados técnicos, como, por exemplo, nível de renda, as organizações participativas tendem a estabelecer laços e vínculos sociais. Por estarem baseadas na dádiva, essas organizações fazem a ligação pessoal e organizacional entre doadores e receptores, estreitando os vínculos entre eles e colocando-os em um circuito ininterrupto de trocas de diversos conteúdos e objetivos.

Unindo o bairro à favela, procurando assegurar à população pobre os direitos sociais básicos, criando novas formas de solidariedade, o Projeto Vila Olímpica da Mangueira tenta reconstruir o tecido social ameaçado pela fragmentação. Os projetos sociais dirigidos a bairros, etnias, gêneros ou até mesmo a nacionalidades, em lugar de classes, parecem ser uma tendência mundial. Sendo assim, a proposta da Vila Olímpica da Mangueira de certa maneira está de acordo com as tendências atuais de subtração das políticas classistas — com "a *new political culture* (NPC)".[52]

Nessa perspectiva, as políticas sociais que visam a integração dos setores excluídos de uma sociedade nacional não devem deixar de contemplar o quadro da heterogeneidade de seus grupos, marcados por diferenças de raça, gênero, região, nacionalidade etc. Beck reconhece uma transformação na categoria do político, sem mudanças de instituições e com elites de poder intactas, que não foram substituídas por novas. Trata-se de uma reinvenção do político, um renascimento de uma subjetividade política, dentro e fora das instituições. Estaríamos diante do que Beck (1997:34-5) chamou de subpolítica. Para ele, a subpolítica distingue-se da política porque, em primeiro lugar, permite-se que os agentes externos ao sistema político ou corporativo apareçam no cenário do planejamento social. Na subpolítica, grupos que até então não estavam envolvidos na tecnificação essencial e no processo de industrialização têm a oportunidade de ter voz e participar no arranjo da sociedade.

Por que o Projeto Vila Olímpica é um exemplo do quarto setor? A saída para "arrancar os jovens e crianças das garras do mal" — como afirmam os promotores dos projetos — está no esporte, que, como o samba, articula seus jovens em redes para além da comunidade. O reforço da identidade mangueirense é o principal antídoto à violência e o

---

[52] Jacobs, 1992.

grande alicerce dessa organização comunitária. O uso das figuras dos baluartes, dos idealizadores dos projetos sociais e lideranças locais como porta-vozes da comunidade/escola, personalidades paradigmáticas para a história do samba e referência positiva orientadora da trajetória das crianças e jovens atendidos pelos projetos sociais, faz com que a dádiva seja o elemento central dessas iniciativas.

Reconstruindo os laços sociais através da valorização do passado no presente, os projetos sociais da escola de samba criam um espaço de sociabilidade capaz de promover a revitalização da vida comunitária, além de inspirar sua "replicação" em outras comunidades que vivem os mesmos problemas.

Quem estabelece, onde e quando, os circuitos da dádiva na escola, os encontros e circuitos que envolvem todos os moradores pela Vila Olímpica e pela escola?

• Ele, o estranho, é encontrado em toda parte. A dádiva tende a fazer com que o desconhecido seja o menos estranho possível, diversamente dos sistemas estatais e mercantis, que tendem ao oposto.
• O projeto encontra aliados em toda a sociedade. As redes preservam a liberdade, na entrada e na saída. São redes formadas pelos integrantes da escola, dirigentes dos projetos, participantes, parceiros, amigos etc. Há ao mesmo tempo obrigação e liberdade, interesse e desinteresse.
• O caráter espontâneo das redes de solidariedade que se formam para responder às demandas sociais da comunidade.
• A dádiva está presente em toda a vida social dessa associação carnavalesca. Foi através dela que a associação se edificou; o samba foi o cimento que uniu as pessoas em redes e que mobilizou as pessoas a criarem a escola e todas as atividades nela desenvolvidas. Ao longo da existência da escola, através de suas práticas e de seus porta-vozes, o samba criou e consolidou redes de solidariedade e reciprocidade que representam a própria vida social dos mangueirenses.

Retomando a comparação do samba com o *kula*: "todo *kula* intertribal é apenas o caso exagerado, o mais solene, o mais dramático, de um sistema mais geral. Faz toda a tribo sair do estreito círculo das suas fronteiras, mas normalmente no interior, os clãs, as aldeias, estão liga-

---

[53] Mauss, 1974:85.

dos por laços do mesmo gênero".[53] Sistema de dádivas trocadas que engloba toda a vida econômica, tribal e moral dos trobriandeses, ela é impregnada por ele [o *kula*]. "É como que atravessada por uma corrente contínua e em todos os sentidos de dádivas dadas, recebidas, retribuídas, obrigatoriamente e por interesse, por grandeza e para serviços, em desafios e penhores."[54] Como o *kula* na vida dos trobriandeses, o samba impregna a vida dos mangueirenses. No Projeto Vila Olímpica é inegável a presença da dádiva; o samba (através da escola de samba) permanece como a referência positiva para os seus beneficiários, e o esporte cumpre a mesma função civilizadora do samba entre os jovens. O que prova a existência do retorno: a transformação dos meninos em "meninos da Mangueira".

Conceber as políticas sociais pela ótica da dádiva abre novas perspectivas sobre outras formas de participação política que visam a inclusão dos diferentes setores sociais à nação. Os teóricos da reciprocidade moderna pressupõem que as relações entre as pessoas podem ser orientadas por outros interesses que não apenas os puramente egoístas ou os que são fruto da coerção pública. O debate gira em torno da reaproximação do econômico e do social, da discussão acerca da reciprocidade e da solidariedade entre os homens em geral e entre pessoas concretas. Sendo assim, o que a eles interessa são as formas de participação ativa do cidadão. Para isso, admitem a existência de outras formas de circulação de bens e serviços nas comunidades que não se reduzem àquelas propostas pelo Estado, pelo mercado ou pela esfera doméstica.[55]

A existência de um quarto setor, a dádiva entre estranhos, recoloca em discussão a afirmação de que a dádiva existe em toda parte, em todas as sociedades, embora não seja sempre igual. Isso ocorre apesar de, na sociedade moderna, a dádiva se encontrar cindida entre duas potências — a do mercado e a do Estado —, como observa Godelier (1996:14).

Mas a circulação de bens e serviços não é uma exclusividade do circuito da dádiva, argumentam os utilitaristas. A resposta pode parecer estranha aos norteados pela lógica das relações mercantis atuais. Existe uma economia dominada pela troca de dádivas e uma economia

---

[54] Mauss, 1974: 86.

[55] Rosanvallon, 1995, apud Zaluar, 1998.

dominada pelo mercado. A primeira é orientada pelas trocas desequili-
bradas, onde as relações se baseiam na confiança. Cada dádiva supõe e
pressupõe outras dádivas, e estas se sucedem e se encadeiam num
movimento que parece ter em si mesmo a força motriz, sem começo
nem fim.[56]

---

[56] Godelier, 1996.

## CAPÍTULO 2

# O Rio de Janeiro de ontem e de hoje

> Rio de Janeiro/Cidade tradicional/Dos tempos das sinhás-moças/Mucamas e nobres damas/E da corte imperial/Seu panorama é suntuoso/Primoroso, sublime e vibrante/És a cidade modelo/O coração do Brasil. (...)
>
> *Rio de Janeiro de ontem e de hoje*,
> de Cícero e Pelado

A cidade do Rio de Janeiro, referência no processo de modernização do país, desempenhou papel central na história do Brasil como capital do Império e da República, ou como centro de atividade política e cultural. O Rio de Janeiro — de ontem e de hoje —, uma exaltação à cidade e a seus governantes, foi enredo da Mangueira no carnaval de 1954. Nele, a cidade é apresentada como paradigma da modernidade. O samba de Cícero e Pelado e outros que se seguiram reforçam determinadas imagens do Rio como cidade tradicional (sede da corte), e/ou como cidade moderna (símbolo do progresso do país), ou ainda como cidade da festa (lugar da alegria e do carnaval). Temos, por exemplo, o samba-enredo *Rio, carnaval dos carnavais*, de 1972. "(...) Para alegria geral, geral / Este é nosso carnaval / Em todo universo / Não existe outro igual / Só neste Rio tradicional." O samba de 1954, epígrafe deste capítulo, assim prossegue:

> (...) O Rio da nova era
> Prima por sua desenvoltura
> É tão soberbo
> O seu progresso

É um primor
Sua arquitetura
Apologia a Estácio de Sá
Que da cidade
Foi fundador
Prefeito Pereira Passos
Pioneiro remodelador
Paulo de Frontin
Hábil engenheiro
Símbolo de abnegação
Pedro Ernesto
E outros governantes
Deram ao Rio soberba evolução.

Apesar de sua posição privilegiada no cenário nacional, as imagens e representações da cidade, quando comparadas às metamorfoses ocorridas nas grandes cidades européias durante o processo de modernização, recorrem à fragmentação de sua vida social e à consciência reativa às instituições concernentes à modernidade capitalista.

A formação das cidades modernas é, na maioria dos casos, entendida como "lugar do mercado", do fortalecimento das relações impessoais e do anonimato.[57] Porém, nossa modernização não produziu modificações radicais na estrutura da sociedade, a ponto de serem totalmente abandonados os valores e práticas que não têm a lógica do mercado como princípio fundador. Por isso, durante muito tempo as cidades ibero-americanas foram tratadas como não-modernas ou prémodernas.

As interpretações mais recentes partem do pressuposto de que existem e existiram vários modelos de modernidade circulantes, o que permite pensar as especificidades do modelo carioca. Isso modifica substancialmente o ponto de partida. Em vez de se pensar no que falta à cidade para ser considerada moderna, seria melhor indagar que problemas a cidade resolve a seu modo e por que precisou adotar essas respostas e não outras. Dessa maneira, torna-se possível encontrar pistas para compreender as formas cariocas de participação popular. Há que se entender quais foram essas formas preeminentes de representar a modernização no contexto carioca, as especificidades das cidades

---

[57] Weber, 1967; e Simmel, 1967.

A VILA OLÍMPICA DA VERDE-E-ROSA

ibero-americanas, tendo em vista que, aqui, circularam diferentes concepções de cidade e de progresso.

Durante muito tempo, porém, predominou nas ciências sociais um diagnóstico pessimista sobre a participação dos populares na política do país e da cidade do Rio de Janeiro, ou seja, que os populares se recusavam a participar das instituições modernas. A preeminência de associações comunitárias, desde a Colônia, e a forte adesão a elas têm sido interpretadas como um dos indicadores que demonstram resistência ao ingresso na modernidade.

Alguns historiadores encontram explicações nas tentativas de modernização da cidade realizadas pelas elites de 1870 até a década de 1920. Para eles, as elites fracassaram no que diz respeito à incorporação das massas à vida política da cidade. Aqui, o ingresso numa nova ordem, a republicana, não significou o rompimento com o regime anterior. A nova ordem nasceu comprometida com os interesses das velhas elites remanescentes do Império. As novas elites, compromissadas com a tradição, não conseguiram integrar as massas ao novo projeto social. As reformas urbanas e de costumes ocorreram sem que o individualismo da matriz utilitarista inscrevesse fortemente os símbolos da autonomia, da racionalidade instrumental e da ética do trabalho entre os habitantes da capital republicana.

Parece que os estudos sobre as cidades brasileiras são unânimes em localizar as raízes do nosso estilo de fazer política em nossa história colonial. Aqui, a economia nasceu atrelada ao capitalismo mercantil. O trabalho escravo era a forma de produzir excedente, separando, desde o início, produtores e meios de produção. As atividades agrárias monocultoras pressupunham a exclusão de qualquer outra forma de divisão social do trabalho que não fosse a do trabalho escravo. As cidades refletem essa articulação impressa nas relações de produção. Elas não eram a sede do processo de produção e, sim, a sede da circulação e das transações mercantis — cidades sem cidadãos.

De acordo com um levantamento sobre as organizações existentes na cidade do Rio de Janeiro, realizado em 1912, havia 438 associações de auxílio mútuo, envolvendo 282.937 associados. Estes representavam aproximadamente 50% da população com mais de 21 anos. A grande maioria das associações baseava-se em grupos comunitários e de pertencimento.[58] Esse levantamento mostra o alto grau de aceitação das associações religiosas e de auxílio mútuo e indica também que a vida política popular se dava fora dos canais modernos de participação — partidos e sindicatos. Os dados sobre associativismo na cidade, nas décadas finais do século XX, demonstram que a preferência popular pouco se alterou, ou seja, que as associações comunitaristas se mantêm vivas no gosto popular.

Como se deu a transição do tradicional para o moderno e quais as formas de associativismo dominantes na sociedade brasileira? Os cientistas sociais muito têm produzido a respeito do traçado de retratos do Brasil e da cidade do Rio de Janeiro. Nesses estudos, a cidade do Rio de Janeiro assume papel de destaque, pelo fato de ter sido centro político e cultural e modelo difusor da modernidade para todo o país. Freyre, pensando um Brasil rural, investiga as matrizes de nossa cultura no cotidiano de *Casa-grande & senzala*. A construção de uma cultura nacional híbrida estabelece contribuições diferenciadas para os três grupos considerados formadores da nação.

> Foi o negro quem animou a vida doméstica do brasileiro de maior alegria. O português, já de si melancólico, deu ao Brasil um ar sorumbático, tristonho; e do caboclo nem se fala: calado, desconfiado, quase um doente de tristeza. Seu contato só fez acentuar a melancolia portuguesa.[59]

Durante a Colônia, nos engenhos — tanto nas plantações quanto dentro de casa — e nas cidades, os negros trabalhavam cantando. Sua alegria imprimiu, sim, o gosto pela festa em nossa sociedade. A quem cabia o trabalho cabia também a festa. A alegria do negro contaminou os festivais populares do país. Ele deu alegria aos são-joões de enge-

---

[58] Sobre as associações baseadas em grupos comunitários de pertencimento, Carvalho (1991:144) comenta que as associações religiosas eram fundadas em irmandades e paróquias; as estrangeiras, em grupos étnicos; as estaduais, em local de origem; quase a metade das organizações operárias baseava-se em fábricas ou empresas; as dos empregados públicos e operários do Estado, na maior parte, definiam-se por fábrica, ministério, setor de trabalho ou repartição. Mesmo entre as associações classificadas como "outras" e que, em sua maioria, não se limitavam a um setor da população, havia as que tinham por base bairros da cidade.

[59] Freyre, 1987:462.

nho; animou os bumbas-meu-boi, os cavalos-marinhos, os carnavais, as festas de Reis. Nos carnavais do Rio de Janeiro e de Pernambuco, em ranchos totêmicos, os negros se exibiam felizes, contentes, dançando atrás dos estandartes, alguns riquíssimos, bordados a ouro, com emblemas de vaga reminiscência sindicalista misturando-se aos totêmicos.

A hibridização da cultura nacional proposta por Freyre não deixou de ser celebrada pelas escolas de samba. A Mangueira, no carnaval de 1962, teve como enredo *Casa-grande e senzala*, desfilando com um samba de mesmo nome de autoria de Leleo, Zagaia e Cumprido.

> Pretos, escravos e senhores
> Pelo mesmo ideal irmanados
> A desbravar
> Os vastos rincões
> Não conquistados
> Procurando evoluir
> Para unidos conseguir
> A sua emancipação
> Trabalhando nos canaviais
> Mineração e cafezais.
> Antes do amanhecer
> Já estavam de pé
> Nos engenhos de açúcar
> Ou peneirando café
> Nos campos e nas fazendas
> Lutaram com galhardia
> Consolidando a sua soberania.
> E esses bravos
> Com ternura e amor
> Esqueciam as lutas da vida
> Em festas de raro esplendor
> Nos salões elegantes
> Dançavam sinhás
> donas e senhores
> E nas senzalas os escravos
> Dançavam batucando os seus tambores
> Louvor
> A este povo varonil
> que ajudou a construir
> a riqueza de nosso Brasil.

O fato de o trabalho ser concebido como castigo tem raízes nas formas de colonização do país.[60] O sistema brasileiro está fortemente marcado pelas relações de trabalho escravocratas, nas quais as relações entre patrões e empregados ficaram definitivamente confundidas. Num sistema escravocrata, o patrão é mais que um explorador do trabalho, sendo dono e até mesmo responsável moral pelo escravo. Essas relações, que se estendiam do econômico ao moral, mostraram-se difíceis de ser mantidas no nível produtivo e atingiram todas as camadas sociais. Até hoje misturamos uma relação puramente econômica com laços pessoais de simpatia e amizade. Mantém-se entre nós a tradição católica romana e não a tradição reformadora de Calvino, que transformou o trabalho como castigo numa ação destinada à salvação.[61]

José Murilo de Carvalho chama a atenção para o total desinteresse dos populares em participar de reformas políticas do Estado e dos canais de participação considerados próprios e legítimos das associações modernas. Ao analisar a cultura política carioca na proclamação da República no Rio de Janeiro, constata que o desmoronamento da antiga ordem escravista e colonial se deu sem a consolidação de uma nova ordem burguesa. O citadino não era cidadão. Os mecanismos informais de relação entre as camadas populares e o Estado fortaleceram um tipo de relação que não se modificou até os dias atuais. Porém, a apatia e o cinismo da população para com o poder não eram características apenas da cidade do Rio de Janeiro, já que a participação era também muito reduzida em outras cidades latino-americanas. Referindo-se à convivência da ordem com a desordem, à desmoralização das normas e da hierarquia e à construção de um mundo alternativo de relacionamento e valores na cidade, o autor conclui que "o que marcava e marca o Rio é antes a carnavalização do poder como, de resto, de outras relações sociais".[62]

Para José Murilo de Carvalho a tendência à "carnavalização do poder" é um "traço" da cidade do Rio de Janeiro que não pode ser explicado nem por suas características ibéricas nem pelos traços da cidade

---

[60] É o que discute DaMatta, 1986.

[61] A palavra "trabalho" deriva do latim *tripaliare*, que significa castigar com o *tripaliu*, instrumento que, na Roma antiga, era objeto de tortura, consistindo numa espécie de canga para supliciar os escravos (DaMatta, 1986:31).

[62] Carvalho, 1991:158.

A VILA OLÍMPICA DA VERDE-E-ROSA

antiga que encontramos no Rio. "Ele não é mesmo um traço comum a outras cidades brasileiras, exceto talvez Salvador, por mais que se tente hoje generalizá-lo para o Brasil como um todo."[63]

Interessado no ingresso do país na modernidade, ou seja, na preeminência das relações racionais e burocráticas no cotidiano da vida pública nacional, Sergio Buarque de Holanda, em *Raízes do Brasil*, renega a teoria do brasileiro como "o homem cordial", pois com sua sociabilidade apenas aparente não exerce efeito positivo na estruturação de uma ordem coletiva. O predomínio das relações orientadas por um difuso emocionalismo, a frouxidão das instituições, o apego à ordem tradicional, a urbanização atrasada, a falta de coesão social, entre outros fatores herdados da colonização ibérica, afastam o país das práticas que conduzem à organização da sociedade dentro dos padrões modernos.

Por meio de uma metodologia de contrários, de pares opostos — trabalho e aventura, rural e urbano, impessoal e afetivo, burocracia e caudilhismo, método e capricho —, oferece uma interpretação da estrutura social e política do Brasil e dos brasileiros. Sem a adoção de procedimentos ligados à efetiva modernização das relações de produção e das instituições políticas da sociedade brasileira, seria impossível a transição para o moderno. Mesmo assim, o historiador, otimista com relação ao futuro do país, não acredita na incompatibilidade absoluta dos brasileiros com os ideais liberais democráticos. Para ele, é possível modificar o ditado que corria na Europa durante o final do século XVII: "a crença de que, aquém da linha do Equador, não existia nenhum pecado".[64] Em carta endereçada a Cassiano Ricardo, reitera suas expectativas. "O homem cordial se acha fadado provavelmente a desaparecer, onde ainda não desapareceu de todo. E às vezes receio sinceramente que já tenha gasto muita cera com esse pobre defunto."[65]

Hannerz (1980) procura explicar a cidade do Rio de Janeiro tomando um dos tipos weberianos de cidade — "a cidade de principado". Segundo Weber, pode-se fundar uma cidade desde que exista

---

[63] Carvalho, 1991:158.

[64] Barlaeus, que menciona o ditado, comenta-o dizendo: "Como se a linha que divide o mundo em dois hemisférios também separasse a virtude do vício" (Holanda, 1994:33).

[65] Carta a Cassiano Ricardo publicada no número 3 da revista *Colégio*, em São Paulo, em setembro de 1948 (Holanda, 1994:146).

(...) previamente algum domínio territorial ou, sobretudo, uma sede de principado como centro de um lugar em que exista uma indústria em regime de especialização, para satisfazer suas necessidades econômicas ou políticas, e onde, por isso, se comerciem mercadorias. (...) É normal que a cidade tão logo se apresente com uma estrutura diferente do campo, seja por sua vez sede de um senhor, ou de um príncipe, e lugar de mercado, ou possua centros econômicos de ambas as espécies — *oikos* e mercado — e também é freqüente que tenham lugar periodicamente na localidade, além do mercado local regular, feiras de comerciantes em trânsito.[66]

Adotando as interpretações de Leeds[67] sobre o Rio, Hannerz conclui que as elites cariocas ocupam posições que requerem validações simbólicas contínuas para manterem o poder e o prestígio. São elas que determinam o ritmo de vida da cidade e sua vocação para as festividades. Não é a ausência do etos do trabalho nas classes populares que explica a adesão à festividade. É a elite patrimonial, que não tendo no trabalho a justificativa para sua riqueza e prosperidade, apela para o exibicionismo e a interação ritual em festividades, como meio de se legitimar socialmente. As elites influenciam, assim, todos os setores da comunidade carioca, imprimindo à cidade um estilo recreacional — o ambiente de balneário, do carnaval, das praias. O "*etos* do Rio" é o "*etos* da cidade de principado", contrastando com o "*etos* de cidade comercial e industrial" desenvolvido pela cidade de São Paulo.

Como explicar a preferência pela participação em organizações lúdicas? A entrada das escolas de samba nas políticas públicas constitui uma nova maneira de fazer política ou se inscreve na tradição política da cidade, que no final do século XX assumiu uma certa atualidade? As formas contemporâneas de se fazer política na cidade reconhecem outras formas de associativismo — raça/etnia, gênero, bairro ou nacionalidade — como legítimas, e não apenas aquelas centradas unicamente na classe?

As imagens difundidas das principais cidades brasileiras, correntes desde o século XIX, podem ser reveladoras de determinadas concepções de vida social. A imagem do Rio como "ponta estratégica do

---

[66] Weber, 1967:74-5.

[67] Leeds, 1986:37-8, apud Hannerz, 1980.

A VILA OLÍMPICA DA VERDE-E-ROSA

processo de modernização e centro incontestável da atividade política e cultural do país"[68] parece ser exemplar para se pensar a questão. O Rio de Janeiro se faz representar pelo discurso da fragmentação de sua vida social, sendo recorrente a imagem do carioca "malandro", "boêmio" e "preguiçoso", aquele que recusa o trabalho industrial e as formas modernas de organização social.

Essas imagens transformaram-se em ícones tanto da vida social da cidade quanto do Brasil. Na primeira metade do século XX, converteram-se em ícones nacionais a figura do Macunaíma de Mario de Andrade, ou então o personagem do Zé Carioca, criado por Walt Disney em 1942.[69] A construção da imagem do malandro — aquele que transita pelas esferas da ordem e da desordem — forneceu uma determinada compreensão da cultura política carioca e nacional, da qual me valho para representar a relação entre o Estado e a sociedade civil no Brasil, ou seja, a crença de que desenvolvemos uma "consciência reativa às instituições concernentes à modernidade capitalista".[70]

Como entender o discurso do popular que se diz "trabalhador", apesar de não estar claramente inserido no sistema produtivo? São camelôs, biscateiros, os trabalhadores autônomos em geral. A dinâmica da organização dos desfiles de carnaval, que envolve trabalhadores de origens socioculturais diferentes, é um bom exemplo de algo que foge às clássicas relações de trabalho, formando uma rede de relações que envolve o artista, o destaque da alta sociedade, o trabalhador do barracão, o estudante, o bandido — todos trabalhando juntos na produção do evento. Cada ingresso nesse processo anual supõe uma adesão tácita: há um enredo a ser apresentado. O desfile pode ser considerado um circuito em forma de espiral; não tem fim. O ano carnavalesco está sempre um ano à frente do calendário corrente. A confecção de um desfile começa mal finda o carnaval do ano anterior — o enredo seguinte é escolhido e o trabalho de montagem do novo desfile tem início. Esse ciclo anual move-se numa temporalidade própria, regida pelas datas do carnaval ao qual

---

[68] Carvalho, 1994.

[69] O Zé Carioca foi criado para o filme *Alô, amigos*, no qual o papagaio e o pato Donald estão em terras brasileiras. Tal foi seu sucesso que, em 1945, foi lançado o desenho *Você já foi à Bahia?* Dessa vez, Zé Carioca apresentava o país aos norte-americanos, juntamente com Carmem Miranda (Schwarcz, 1995).

[70] Carvalho, 1994; Schwarcz, 1995; e Gregori, 1997.

todo o ciclo se dirige. Como os preparativos se iniciam num ano e o carnaval se realiza no ano seguinte, desde o momento em que o processo se põe em marcha já se está no carnaval do ano seguinte.

A relação de um desfile com o tempo é obsessiva.[71] Quanto mais se aproxima a data de sua realização, mais intenso se torna o trabalho, que não é medido pelo relógio, mas pela execução de uma série de tarefas. O trabalho deve estar necessariamente pronto para o desfile.[72] O barracão imprime uma rotina própria; trabalha-se noite e dia na confecção das alegorias, adereços e tudo o mais que envolve um desfile. É um trabalho complexo, que alinha sucessivas etapas de confecção — ferragem, marcenaria, escultura e moldagem etc. O desfile propriamente dito chega a gerar um "trabalho invisível" — o daquele trabalhador/folião/membro da escola que desfila no interior dos carros, sem ser visto. No final do desfile, ele está exausto, pois sua força é a máquina que movimenta o carro; chora de emoção; declara amor incondicional a sua escola e crê que ela será a campeã. No ano seguinte, a história se repete.

Estão em disputa pelo menos duas concepções distintas de vida social e de trabalho, ambas igualmente modernas. Uma baseada na racionalidade, nas relações impessoais, na consolidação de instituições concernentes à ordem industrial capitalista, predominando uma ética individualista e uma ética do trabalho inspirada nas relações utilitárias do mercado. E outra que não privilegia a separação marcante entre trabalho e vida, dominante nas relações industriais de produção. Uma concepção de trabalho que justifica e fez prosperar associações de estilo comunitário — irmandades religiosas, associações beneficentes, associações lúdicas etc.

A lógica que permeia nossa vida social desenvolveu uma cultura local de participação política e uma ética do trabalho baseada também nessa segunda concepção de trabalho. Circula nos setores populares um etos do trabalho que associa o trabalho à vida, o que permite que se constate a circulação na cidade de diferentes formas de representar a modernidade. Além disso, certas imagens congeladas do Rio e de seus habitantes são inadequadas para se pensar uma sociedade em transformação, não representando o que se passa aqui.

---

[71] Ver Cavalcanti, 1994:75.

[72] Ver a respeito Thompson, 1991; e Gonçalves, 1990.

A dissociação do utilitário e do gratuito, ou seja, a separação entre o mercado e os vínculos afetivos, eis a utopia da modernidade, a ilusão onipresente do espírito moderno. O que caracteriza a modernidade não é tanto a negação dos vínculos, e sim a tentação constante de reduzi-los praticamente ao universo mercantil ou então de pensar os vínculos e o mercado de maneira isolada, como dois mundos impermeáveis. Alain Touraine afirma:

> a modernidade não se confunde com a racionalidade, porém está mais próxima de uma imagem cada vez mais complexa e completa da pessoa humana, que é simultaneamente razão e sentimento, individualidade e comunidade, passado e futuro, e que, em face de um Ocidente obcecado por interesses e prazeres (...) a América Latina vive, com mais força e imaginação do que qualquer outra parte do mundo, a busca de um nova modernidade.[73]

Apesar de o mercado e a comunidade não serem concorrentes, o próprio processo de industrialização tende a rechaçar os vínculos comunitários. No caso brasileiro, o tardio processo de industrialização nasceu nas cidades — ao contrário da industrialização clássica, que surgiu no campo —, sem a destruição das antigas formas de produção urbanas, sobrevivendo assim às tradicionais formas de associação. Somente na década de 1950, com o avanço da industrialização, as atividades não-agrícolas passaram a superar as agrícolas; mesmo assim, apenas em algumas cidades, como São Paulo, que se transformou em uma das maiores do mundo.

Levando em conta as tendências atuais de transformação das grandes cidades globais, Ribeiro e Preteceille (1999) compararam duas metrópoles nos anos 1980 — Rio de Janeiro e Paris. Ao contrário das expectativas, nas duas cidades não se verificaram transformações substanciais. As transformações ocorridas se deram mais em virtude de transformações na base produtiva e no mercado de trabalho, geradas pela emer-

---

[73] Touraine, 1988:157-8, apud Godbout & Caillé, 1999:189. Apesar de Caillé e Godbout concordarem com as afirmações de Touraine, deixam claro que discordam de suas conclusões. Para eles, "enquanto a América Latina permanecer uma sociedade tradicional, onde a aparência importa mais do que o fazer, e as relações pessoais mais do que o cálculo racional, (...) ela não terá outra opção que não o subdesenvolvimento global ou uma crescente dualização" (p. 189).

gência de uma economia de serviços, do que por impactos da globalização financeira.

No que diz respeito à estrutura social, o Rio de Janeiro é fortemente marcado pela presença de categorias populares — trabalhadores dos setores de comércio e de serviços e operários. Paris, por sua vez, o é pelas categorias intermediárias e superiores.[74] As que mais aumentam no Rio são a pequena burguesia e as menos qualificadas, de ambulantes e biscateiros. Diferentemente de Paris, aqui há uma certa dualização da estrutura social.[75] O incremento das categorias superiores é menor do que o esperado e o da pequena burguesia é totalmente inesperado. De qualquer forma, as mudanças não são significativas a ponto de modificar de maneira substantiva o quadro da distribuição ocupacional na cidade.

O associativismo no estado do Rio de Janeiro acompanha o quadro nacional.[76] Segundo Ribeiro e Santos Junior, apenas uma parcela da população de 18 anos ou mais do estado do Rio de Janeiro (13%) encontrava-se, em 1988, efetivamente vinculada à sociedade civil organizada — sindicatos ou associações de empregados, ou seja, aos que integram a economia formal e possuem maior escolaridade e rendimentos mais elevados. Essa característica poliárquica do associativismo corporativo não se repete no associativismo comunitário, do qual também participam pessoas que estão fora da economia formal, como pobres e favelados (12% da população do estado vinculam-se a entidades comunitárias — religiosas, culturais, associações de bairro, esportivas etc.).

Na área metropolitana, os sindicatos obtêm maior nível de adesão da população de 18 anos ou mais (10%). Esse fato pode ser em parte

---

[74] Os autores fazem uso das CSPs francesas (*catégorie socioprofissionnelle*) para comparar as tendências de mudanças da estrutura socioespacial das duas metrópoles. A escolha metodológica implicou a necessidade de construir categorias ocupacionais comparáveis às CSPs, em razão da sua inexistência no sistema estatístico utilizado pela Fundação Instituto Brasileiro de Geografia e Estatística. Nos censos são utilizadas as variáveis ocupação, grupo ocupacional, setor de atividade e posição na ocupação, sem contudo se fornecer um sistema classificatório unificado (Ribeiro & Preteceille, 1999:144-5).

[75] O modelo "cidades globais" pressupõe o crescimento das categorias superiores e populares e a diminuição das categorias médias, mas, antes de tudo, um deslizamento do conjunto em direção às categorias mais qualificadas e à terceirização da estrutura produtiva (Ribeiro & Preteceille, 1999:149).

[76] Dados da Pnad, de 1988, e do IBGE, de 1990, apud Ribeiro & Santos Junior, 1996.

A VILA OLÍMPICA DA VERDE-E-ROSA

explicado pela força da estrutura sindical, imposta pela legislação oficial pós-Estado Novo. Os partidos políticos são as entidades que menos atraem a população, totalizando apenas 2%.

Examinando-se os indicadores de participação na Região Metropolitana do Rio de Janeiro, distingue-se uma dimensão corporativa e uma dimensão comunitária do fenômeno participativo. A adesão e a participação das entidades corporativas dão-se principalmente por causa dos serviços por elas oferecidos — assistência médica, jurídica, odontológica — e pelas atividades esportivas e culturais do que pela prática sindicalista em si. A adesão às associações comunitárias obedece a outros critérios não-compulsórios.

### Tabela 1
*Taxa de filiação de pessoas de 18 anos ou mais a entidades diversas Região Metropolitana do Rio de Janeiro — 1988*

| Entidade | Taxa |
|---|---|
| Associações esportivas/culturais | 5,6 |
| Associações religiosas | 3,0 |
| Associações de moradores | 3,9 |
| Partidos políticos | 2,1 |
| Sindicatos | 9,9 |
| Associações profissionais | 4,1 |

Fonte: Suplemento Pnad, 1988 (Ribeiro & Santos Junior, 1996).

Quando se consideram a escolarização e o rendimento da população da Região Metropolitana do Rio de Janeiro, os mais altos índices de adesão às entidades sindicais, profissionais, esportivas e culturais correspondem às populações que possuem maior escolarização e rendimento e são residentes nas áreas correspondentes à Zona Sul, à Zona Norte e ao município de Niterói. Os menores índices de participação em entidades corporativas estão nas áreas periféricas próximas ao núcleo, e os mais reduzidos, na periferia distante.

Em sentido inverso, os níveis de filiação a entidades religiosas e comunitárias são significativos em áreas periféricas, incorporando predominantemente segmentos populacionais de diferentes municípios da Baixada Fluminense e da Zona Oeste carioca. Esse quadro indica que as variantes escolaridade e renda são importantes para a interpretação dos índices de adesão aos diferentes tipos de associação. Porém, para Ribeiro e Santos Junior, vem ocorrendo uma reconfiguração no tecido organizativo do município do Rio de Janeiro: as formas clássicas de organização e participação popular estão sendo substituídas por redes de novas entidades e de atores, como entidades filantrópicas, organizações não-governamentais e instituições religiosas. As entidades estão assim distribuídas pela cidade:

> (...) na Zona Oeste, encontra-se a maior parte das associações de moradores e dos templos evangélicos; na Zona Norte, das entidades filantrópicas e assistenciais, das igrejas evangélicas, dos centros espíritas e das escolas de samba; na Zona Sul, das entidades desportivas e de lazer; na Zona Subúrbio da Central, das associações de favelas. As ONGs, os sindicatos e as cooperativas não se organizam em base geográfica definida.[77]

## As escolas de samba da cidade

Dados recentes fornecidos pela Liga Independente das Escolas de Samba do Rio de Janeiro (Liesa) mostram a atual distribuição espacial das escolas de samba na cidade e ratificam a preferência popular por esse tipo de associação. As escolas se concentram na Zona Norte, em seguida nos subúrbios da Central e da Leopoldina e, em menor número, nas zonas Sul e Oeste. Essa distribuição se justifica pelo fato de as escolas de samba manterem estreita relação com as áreas de favelas e bairros populares da cidade.

As escolas de samba revelaram-se uma das formas de associativismo preferido e duradouro da cidade. Criadas na década de 1920, tornaram-se forte canal de expressão social e política dos segmentos populares.

---

[77] Ribeiro & Santos Junior, 1996:108.

## Tabela 2
### Escolas de samba por área e região administrativa da cidade do Rio de Janeiro, 1995

| RAS — Zona Sul | Ocorrências |
|---|---|
| IV — Botafogo | 4 |
| V — Copacabana | 2 |
| XXVII — Rocinha | 1 |
| Total | 7 |
| **RAS — Zona Norte** | |
| III — Rio Comprido | 2 |
| IX — Vila Isabel | 3 |
| VIII — Tijuca | 1 |
| XIII — Méier | 7 |
| XX — Ilha do Governador | 3 |
| Total | 16 |
| **RAS — Subúrbios da Leopoldina** | |
| I — Portuária | 1 |
| VII — São Cristóvão | 2 |
| X — Ramos | 2 |
| XI — Penha | 5 |
| XII — Inhaúma | 2 |
| XXVIII — Jacarezinho | 1 |
| XIV — Irajá | 1 |
| Total | 14 |
| **RAS — Subúrbios da Central** | |
| XV — Madureira | 10 |
| XVI — Jacarepaguá* | 3 |
| XXV — Pavuna | 2 |
| Total | 15 |
| **RAS — Zona Oeste** | |
| XIX — Santa Cruz | 1 |
| XVII — Bangu | 4 |
| Total | 5 |
| Total geral | 57 |

Fonte: Liesa, 1995, apud Ribeiro & Santos Junior, 1996.
* Ribeiro e Santos Jr. (1996:47) consideram, arbitrariamente, a região administrativa de Jacarepaguá subúrbio da Central, e não da Zona Oeste, como é normalmente conhecida.

No Rio de Janeiro, como na maioria das cidades latino-americanas, as medidas de modernização não fizeram desaparecer de todo os vínculos comunitários. Se as cidades têm estilos, algumas associações podem ser consideradas exemplares para simbolizar o estilo do Rio. Nesse sentido, as escolas de samba, como instituições populares desde o final da década de 1920, podem ser tomadas como exemplo para simbolizar o estilo da cidade.

A cidade do Rio de Janeiro pode ser interpretada como "palco do povo",[78] onde os atores sociais apresentam múltiplas representações da modernidade e onde, através da música (o samba), seus habitantes rompem com o isolamento, a atomização da vida moderna, formando redes de cooperação e de conflitos que integram os diferentes grupos sociais. Vejamos, então, a importância do samba e das associações carnavalescas para os setores populares da cidade.

## Samba, festa de um povo

> (...) Foi assim, com sedução e fantasia/Que despontou o nosso samba/Com grande euforia (Bis)/ Foi na Praça Onze/Das famosas batucadas/Que o samba teve sua glória...[79]

Do ponto de vista econômico, a cidade do Rio de Janeiro tornou-se um centro comercial e político importante no mundo colonial português, ligando a metrópole, a colônia da América, o rio da Prata e a África. A cidade foi-se constituindo como predominantemente consumidora e de forte tradição escravista. Sede da administração colonial, acolheu em 1808 a corte portuguesa, que trouxe para a cidade parte da burocracia metropolitana. Nesse mesmo ano, a abertura dos portos às nações amigas fez aumentar a circulação de europeus.

Nos diferentes contextos econômicos e políticos, o Rio nunca deixou de ser uma cidade cosmopolita. Todavia, os ideais liberais que ori-

---

[78] Zaluar, 1997a.

[79] *Samba, festa de um povo*, de Darci, Hélio Turco, Luiz, Batista e Dico, samba-enredo de 1968 do G.R.E.S. Estação Primeira de Mangueira.

A VILA OLÍMPICA DA VERDE-E-ROSA

entaram as transformações ocorridas no final do século XIX — a abolição da escravatura e a proclamação da República — não chegaram a modificar totalmente a tradição associativista comunitária carioca. No campo da cultura, uma metrópole moderna aos poucos se formava, nela circulando culturas trazidas pelos que chegavam de outras partes do país e do mundo.

Nos anos que antecederam a abolição da escravatura, a população da cidade compunha-se basicamente de comerciantes e burocratas, escravos de ganho e trabalhadores livres em ocupações mal definidas (em geral ex-escravos e imigrantes). Em ondas migratórias, ex-escravos e imigrantes estrangeiros chegavam à cidade, atraídos pelas possibilidades oferecidas pela metrópole. O censo de 1906 mostra uma população ocupada principalmente com comércio, transporte, administração e serviços domésticos — uma população três vezes maior do que a ocupada na indústria.[80]

A circulação de idéias e pessoas propiciou as condições necessárias para a construção de uma cultura negra urbana carioca. O samba, a capoeira, as religiões, enfim, vários itens culturais identificados como pertencentes à cultura negra tomaram corpo e atraíram vários grupos de outras origens étnicas. O encontro de diferentes populações e a mestiçagem das culturas fomentaram o aparecimento, no Rio de Janeiro, desde a segunda metade do século XX, dos traços de uma música urbana brasileira. Apesar de suas características — fusão de diferentes influências culturais —, essa música, especialmente o samba, fermentava-se no seio da população negra, sobretudo depois da abolição, quando os negros procuravam se adaptar às mudanças decorrentes de sua nova condição social.

É claro que, nessa época, o samba era mais um acontecimento do que um gênero musical. Por causa dele esses segmentos populares se reuniam em locais que se tornaram consagrados posteriormente como nascedouros do samba: os bares do Centro da cidade, o bairro da Saúde, a praça Onze e, mais tarde, os morros cariocas, que eram lugares onde se podia encontrar sambistas. Muitas são as versões que explicam a presença do samba na cidade. Uma delas diz que as reuniões dos sambistas aconteciam na Pequena África, como definiu Heitor dos Prazeres, zona

---

[80] Carvalho, 1991.

que se estendia do porto até a Cidade Nova. Lá se concentravam os ex-escravos e seus descendentes, ciganos, imigrantes europeus, uma diversidade de segmentos populares reunidos em torno do samba.

Um dos núcleos identificados como produtor do samba foi a comunidade negra baiana que se formou na Saúde. Segundo Moura (1983), ela cumpriu a função de ser o alicerce material, moral e espiritual que servia de apoio aos negros recém-chegados à cidade em busca de postos de trabalho. Lá havia candomblé e aconteciam rodas de samba. Esses pagodes reuniam sambistas como Pixinguinha e João da Bahiana. Esse e outros espaços proporcionavam a integração de seus freqüentadores e a construção de uma cultura negra urbana carioca.

Como veremos a seguir, as origens do samba têm sido objeto de polêmicas tanto no meio musical quanto no acadêmico. O que este livro pretende realçar é o fato de que esse gênero musical encontrou solo fértil para se difundir na cidade, tornando-se uma das manifestações culturais de maior visibilidade no país. Muitos sambas se inspirariam na ambientação da praça Onze, nos primeiros sambistas, nos bailes de carnaval realizados no Teatro Municipal — fatos e situações que acabaram por pertencer à história do samba e da cultura negra urbana carioca.

O samba-enredo da Mangueira de 1944 é um bom exemplo. Naquele carnaval a escola conseguiu sagrar-se vice-campeã, com *Glória ao samba*, de Castelo.[81]

> Samba, melodia divina
> Tu és mais empolgante
> Girando vem da colina
> Samba, original e verdadeiro
> Orgulho do folclore brasileiro
> O teu linear de vitórias
> Foi na Praça Onze de outrora
> as lindas fantasias
> Que cenário modificou
> As batucadas
> Do saudoso Sinhô (Bis)
> Oh que reinado de orgia
> Onde o samba imperava
> Matizando alegria.

---

[81] Vieira, 1998. O autor apresenta outra versão para o samba da Mangueira de 1944: "Rei como és, escolas de samba / Deram mais esplendor ao nosso carnaval / O samba fascinante penetrava no Municipal / Suas platéias deslumbrantes / Atingem terras bem distantes / Não encontrando porteiras / O samba conquistou / Platéias estrangeiras".

As mesmas imagens do samba e sua história reaparecem no samba de 1960 — *Carnaval de todos os tempos*.[82]

## O dilema da música negra

O *semba* veio de Angola, dizem alguns. Ao mesmo tempo, cariocas e baianos disputam sua autoria. A produção mais recente aponta para a multiplicidade de influências culturais e para o diálogo entre intelectuais e setores populares, unidos na produção do samba. O samba tem acompanhado a evolução da cidade do Rio de Janeiro desde o final do século XIX e durante todo o século XX. Mas as origens desse gênero musical têm dado margem a muitos debates. Filiação ou inovação? Música popular ou música negra? Musicólogos, antropólogos, jornalistas e populares procuram explicar como surgiu e por que esse gênero floresceu na cidade.

A busca das origens na África une abordagens teóricas de diferentes tendências — desde essencialistas até culturalistas. Pesquisam-se a origem do vocábulo, a localidade africana onde surgiu esse gênero musical ou até mesmo indícios da continuidade das culturas africanas na diáspora negra. Muitos dicionários definem o samba como um vocábulo do quimbundo, *semba*, dança cantada de origem africana, de compasso binário e acompanhamento obrigatoriamente sincopado. Um "encontrão, dado geralmente com o umbigo mas também com a perna, serviria para caracterizar esse rito de dança e batuque".[83] Uma linha de evolução é traçada, ainda, a partir de uma suposta origem africana — samba, gênero musical que vem do batuque de Angola e do Congo e evoluiu até chegar ao partido-alto. Nessa evolução encontram-se o

---

[82] Ver Vieira, 1998. *Carnaval de todos os tempos*, de Hélio Turco, Pelado e Cícero: "Samba, melodia divina / Tu és mais empolgante / Quando vens da colina / Samba original, és verdadeiro / Orgulho do folclore brasileiro / O teu limiar de vitórias / Foi na Praça XI de outrora / Das lindas fantasias / Que cenário multicor / Das velhas batucadas / E do saudoso Sinhô (Bis) / Oh! Que reinado de orgia / Onde o samba imperava / Matizando alegrias / Rei Momo e as escolas de samba / Deram mais esplendor / Ao nosso carnaval / E o samba fascinante / Ingressava no Municipal / Sua epopéia triunfante / Atingiu terras bem distantes (Bis) / Não encontrando fronteiras / O samba conquistou / Platéias estrangeiras".

[83] Sodré (1998) diz que a palavra samba tem outras possibilidades etimológicas, como a apresentada pelo pesquisador Baptista Siqueira. Para ele, o termo é autóctone, pois viria do dialeto kiriri, falado por indígenas do sertão nordestino brasileiro.

lundu, os sambas rurais baianos e paulistas e outras manifestações musicais. Todas confluíram para o que chamamos de samba amaxixado da Pequena África da praça Onze, que deu origem ao samba de morro.

Finalmente, esse samba de morro se dicotomizou em samba urbano, próprio para ser dançado e cantado em cortejo, e partido-alto, para ser cantado em roda.[84] Sem descartar seu caráter híbrido, mas preocupando-se com a continuidade e a resistência, o samba acontecia nos quilombos, nos engenhos, nas plantações, nas cidades. Havia samba onde estava o negro, como uma inequívoca demonstração de resistência ao imperativo social (escravista) de redução do corpo negro a uma máquina produtiva e como uma afirmação da continuidade do universo cultural africano.[85]

Há ainda um movimento de redescoberta da África no Brasil, por parte de músicos tanto internacionais quanto nacionais. Combatendo ou não o hibridismo na música, a música "negra" nacional é reposicionada como música do mundo. Esses movimentos têm rejeitado, por exemplo, as inovações introduzidas no samba, inaugurando uma categoria — o samba de raiz, símbolo da pureza e da tradição.

A redescoberta da música brasileira e de suas raízes africanas inspira a produção de filmes e alimenta a indústria musical. Descobertas pelo mercado e classificadas como representantes da *world music*, as velhas-guardas das escolas de samba vêm participando do circuito internacional de música. Recentemente marcaram sua presença no *Grammy* Latino, prêmio de música concedido nos Estados Unidos.[86]

Os estudos culturalistas de Gilberto Freyre, realizados nas primeiras décadas do século XX, produzem um novo bloco de interpretações a respeito do negro que superam os estudos iniciados por Nina Rodrigues, em fins do século XIX, nos quais os traços da cultura dos negros eram interpretados como "sobrevivências" dentro de um conjunto mais amplo. Segundo Freyre (1987), formou-se na América tropical uma so-

---

[84] Lopes, 1992, apud Vianna, 1995.

[85] Sodré, 1998.

[86] Inspirado no filme do alemão Wim Wenders, *Buena Vista Social Club* — um registro da história de veteranos músicos cubanos, descobertos pelo guitarrista Ry Cooder depois de anos de ostracismo —, a Velha-Guarda da Mangueira também foi objeto de um documentário. No ano de 2000, a velha-guarda das escolas de samba Mangueira e Portela participaram da premiação do *Grammy* Latino (*Jornal do Brasil*, 10 setembro 2000, p. 10).

ciedade agrária na estrutura, escravocrata na técnica de exploração econômica, híbrida de índio — e mais tarde de negro — na composição.

A idéia de que aqui se formou uma cultura híbrida foi de grande importância para a compreensão da produção cultural no Novo Mundo. As músicas e danças africanas se modificaram com o contato com outras culturas. A cultura produzida aqui era diferente, miscigenada, *creoula*. Parece que essa versão da hibridização da cultura, se por um lado nos possibilita localizar geograficamente um determinado item cultural, por outro pressupõe o isolamento continental e subordina as culturas ao projeto homogeneizante da cultura nacional.

Nessa ótica, a construção da identidade da nação com uma cultura, uma língua, um povo homogêneo é prioritária em detrimento das identidades étnicas. O samba fez parte da construção do projeto do Estado de construção da nação. A posição do Rio de Janeiro no cenário nacional, seu papel de difusor do projeto nacional foram determinantes na escolha desse gênero para representar o gosto nacional — o que acontecia no Rio era referência para o país.

Atualmente, o tema do hibridismo foi retomado a partir de uma nova perspectiva. Há que se entendê-lo de forma contínua, não-acabada, circulante — um novo bloco de interpretações que tomam o Atlântico como objeto de estudos, centrando suas análises nas relações intercontinentais. Isso significa a inclusão da África como participante ativa na economia do Atlântico. Como a comunicação entre europeus e africanos teria tido início no próprio continente africano, o processo de hibridização das culturas, que também se instalou, não começou no Novo Mundo.

Essa comunicação não se interrompeu, continuou durante todo o período do tráfico de escravos. Por isso, a cultura afro-atlântica tornou-se mais homogênea do que as várias culturas africanas que para aqui vieram. Como as culturas são dinâmicas, é impossível concebê-las como transplantadas da África ou de qualquer outro lugar. Esses pesquisadores abandonam a noção de isolamento continental e trabalham com a noção de comunicação, inovação, fusão e difusão das culturas em redes transnacionais de comunicação que deram origem a novas culturas centradas nas vivências do africano e seus descendentes no Novo Mundo. O tráfico transatlântico é redimensionado e incluído num projeto mais amplo, do qual fizeram parte a África, a Europa e a Ásia: a modernidade.[87] Daí a construção de uma cultura negra transatlântica reinventada nas Américas.

O Rio de Janeiro, cidade importante no mundo colonial e na modernização do país, desde sempre desempenhou papel de transmissor e receptor nos fluxos culturais ao longo do Atlântico negro. Essas redes transatlânticas nos fazem entender o samba, o *jazz* e outros gêneros musicais que aqui surgiram como transnacionais, sem contudo eliminarmos suas identidades locais. Todos eles percorreram um longo caminho antes de se tornarem símbolos de identidades nacionais. Passaram por processos de fusões e inovações e só vieram a se constituir realmente como gêneros musicais urbanos, representantes das culturas de suas respectivas nações, nas primeiras décadas do século XX.

Na realidade, esses gêneros musicais não são expressões contemporâneas das culturas tradicionais africanas. O *jazz* parece ser o resultado de um encontro de várias linguagens musicais originárias de diferentes partes dos Estados Unidos. Ele não é originário somente de Nova Orleans. Na verdade foi fruto da unificação de diferentes influências culturais — unificação que, na década de 1920, deu origem ao *jazz* contemporâneo.[88]

Trajetória similar percorreu o samba. Vianna (1995) narra como se deram as negociações entre os vários grupos que contribuíram para a construção do samba como gênero musical e sua elevação à posição de música nacional. O autor, no entanto, ao realçar a transnacionalidade do gênero, deixa de vê-lo como um traço da cultura negra urbana carioca. Sandroni (2001:116) destaca uma afirmação de Vianna que contradiz seu esforço para abandonar a concepção do samba como exclusivamente negro.

> O samba não é apenas a criação de grupos de negros. (...). Outros grupos, de outras classes e outras raças e outras nações, participaram desse processo, pelo menos como ativos espectadores e incentivadores das *performances* musicais. Por isso serão privilegiadas aqui as relações exteriores ao mundo do samba.[89]

---

[87] Thornton, 1998; e Gilroy, 2001.

[88] Hobsbawm, 1991; e Martin, 1991.

[89] Sandroni, 2001:119.

A VILA OLÍMPICA DA VERDE-E-ROSA

O caminho para a superação do dilema da origem da música afro-americana está na adoção das duas hipóteses — filiação e inovação — e não apenas de uma delas. As opiniões acerca da destruição ou da sobrevivência da herança africana nas Américas estão sendo superadas pelas pesquisas recentes, que sugerem haver mais inovação que herança nas culturas criadas no Novo Mundo. Não se trata de descartar a filiação, mas de colocar a inovação no centro da cena. O que ocorreu nas Américas foi uma fusão de culturas originárias da África, da Europa, da Ásia e das culturas indígenas, criando-se assim verdadeiras "áreas superpostas".

Tudo leva a crer que não há fronteiras claras separando os gêneros de origem africana dos outros que aqui se desenvolveram. A dificuldade de se localizar a origem deve-se, por um lado, à pluralidade de culturas, línguas, músicas que circulavam na época do tráfico e, por outro, à similaridade entre elas, que tornou possível sua interação. As pesquisas atuais mostram que existiam mais similaridades que diferenças entre as culturas das áreas de onde vieram os africanos escravizados. Na música, esse processo de inovações criou condições para a emergência de vários gêneros musicais em diferentes partes das Américas.[90]

As músicas mudam, acompanhando a dinâmica das culturas. O contato dos africanos com outras culturas já se havia iniciado na África e permaneceu durante todo o período do tráfico e nas formas contemporâneas de interação, gerando inovações permanentes e ainda desconhecidas. Apesar das semelhanças culturais, os negros originários de diferentes áreas trouxeram uma herança cultural diversificada: línguas, músicas, costumes etc. Nas Américas, as culturas, em contato com negros e outros grupos étnicos, serviram de base para as inovações que deram origem à chamada música afro-americana. Daí a dificuldade de se localizar a origem, pois não há fronteiras claras que separem os gêneros de origem africana dos de origem européia, por exemplo.

A necessidade de uma cultura que lhes desse humanização, uma identidade e que servisse de referência para a luta contra a opressão da escravidão fez surgir em diferentes contextos americanos a chamada cultura negra, híbrida, fruto da circulação de pessoas, idéias, símbolos e desejos ao longo do Atlântico. A música, um dos primeiros itens a serem trocados, servia a esses propósitos. Povos escravizados, vindos de

---

[90] Ver Martin, 1991.

diferentes regiões e distantes de suas culturas de origem, criaram uma nova forma de expressar suas necessidades e aspirações, não obstante a ambivalência e a complexidade que ela (cultura negra) possa ter.

Essas músicas afro-americanas assumiram significados diferentes conforme os contextos locais, apesar de fazerem parte de uma cultura transatlântica. Retomando a questão do samba, seus significados e origem, cabe salientar seus significados para o Rio — ao mesmo tempo ícone da cultura negra e popular da cidade —, para o Brasil — como gênero musical símbolo de nossa identidade nacional — e para o mundo — como gênero musical pertencente à cultura negra e classificada como música do mundo.

O fato de a criação do samba ter tido a participação de várias etnias e segmentos sociais, e de esses mesmos grupos e outros novos continuarem a participar do mundo do samba, colocando-o numa posição de símbolo da cultura nacional, não implica porém sua desconexão com a cultura negra brasileira e transatlântica. Vários trabalhos realçam o poder integrador do samba. Em torno dele, visando à celebração do carnaval, reúnem-se pobres e ricos, brancos e negros, ou seja, uma sociedade profundamente hierarquizada se democratiza por intermédio da festa do carnaval.[91] Tanto na produção, quanto no momento do próprio desfile, o samba envolve toda a cidade: as camadas populares e médias, o poder público e o jogo do bicho, a Zona Norte e a Zona Sul.[92]

O acelerado processo da mundialização da economia e da globalização das culturas intensificou a circulação da cultura negra no mundo. É forte a mercantilização da cultura negra no que diz respeito à música; e gêneros como o *funk*, o *jazz*, o *reggae* etc. circulam mundo afora com mais intensidade ao norte que ao sul do Equador. A difusão dos símbolos da cultura negra no mundo se dá em intensidade variada e as cidades têm papéis diferentes no processo de difusão da cultura. Nesse vai-e-vem transatlântico, algumas cidades desempenham papéis centrais e, outras, papel periférico. São receptoras e transmissoras nos fluxos culturais ao longo do "Atlântico negro" no mundo. Londres, Nova York, Paris, Amsterdã e Kingston são núcleos difusores centrais.

---

[91] DaMatta, 1982.

[92] Leopoldi, 1978; e Cavalcanti, 1994.

A VILA OLÍMPICA DA VERDE-E-ROSA

Nessa divisão de atribuições, as cidades periféricas alimentam, em nível internacional, o mercado da "música do mundo". Os sons e símbolos partem das periferias para serem editados em um dos centros. Porém, a posição subalterna desses núcleos periféricos pode mudar; os centros podem não ser necessariamente os mesmos e a posição de algumas cidades do Terceiro Mundo pode crescer. A difusão e o acesso a esse "capital subcultural" não são diferenciados. A indústria musical visa primeiramente os mercados mais prósperos, aqueles dos países mais ricos, e secundariamente os países mais pobres. Portanto, a aquisição dessas mercadorias é inevitavelmente mais cara e seletiva para a periferia do que para o centro.

Um fenômeno curioso acontece com o chamado "samba de raiz". Encontrando dificuldades de inclusão no mercado fonográfico, alguns CDs são lançados primeiro no mercado europeu e asiático e só depois de muito tempo no Brasil, como é o caso de Wilson Moreira, Guilherme de Brito, Nelson Sargento etc. Com isso, certas gravações ficam restritas ao mercado internacional. As dificuldades encontradas por compositores, como Noca da Portela e Walter Alfaiate, para gravar seus discos têm provocado encontros e comparações com a história dos músicos cubanos do Buena Vista Social Club, ou seja, alijados do mercado fonográfico, precisam exercer outras profissões para sobreviver. Mesmo assim, os sambistas acreditam que há interesse do público em sua arte.[93]

A mercantilização dessa cultura negra tem fomentado o desejo de inclusão do consumo desses itens. Como o consumo pode ser um marcador étnico e uma forma de expressão da cidadania, vem cada vez mais adquirindo importância na determinação do *status*, principalmente entre os jovens negros.[94]

Apesar de seu papel periférico na difusão da cultura negra mundial, a cidade do Rio de Janeiro desempenha a função de centro produtor de música afro-brasileira e tem alimentado o mercado da música com seus sambistas, atualmente com as velhas-guardas das escolas de samba. Nas representações mundiais sobre os núcleos produtores da cultura negra, a cidade é considerada um manancial cultural, onde se

---

[93] Walter Alfaiate encontra Compay Segundo: trajetos similares nas velhas-guardas do Brasil e de Cuba. Ver Pimentel, 2000.

[94] Sansone, 2000; Sansone & Santos, 1998.

pode encontrar a genuína música negra. A participação dos negros na festa do carnaval e na produção do samba talvez explique essa imagem internacional da cidade.

Levando-se em conta a perspectiva local, a cidade assume uma significação diferente. Ela é vista como moderna, centro cultural do país, produtora de uma cultura híbrida em relação às outras cidades brasileiras. Relacionada ao Rio de Janeiro, a cidade de Salvador é considerada foco irradiador da tradicional cultura negra, assim como a cidade de São Luiz do Maranhão — um foco emergente — é considerada o berço do *reggae*.

Ao samba se atribui uma origem negra e litúrgica. Os sambistas relatam que, nos espaços onde havia candomblé, havia também o samba. Nessas reuniões profanas, que se seguiam às sagradas, foram criados os primeiros sambas. A despeito da repressão policial, o samba, nessa época, reunia os populares em torno de pagodes, festas e blocos. A Festa da Penha também era considerada um lugar de reunião e para a celebração do samba. Soihet (1998) destaca a presença do bloco de sujos de tia Ciata — O Macaco é o Outro — na Festa da Penha, que de maneira jocosa fazia sua crítica à discriminação racial.

Em 1916, o *Jornal do Brasil* noticiou a presença do bloco nessa festa, na qual os integrantes usavam máscaras de macaco e roupas de cor marrom, imitando os símios. Eram negros que percorriam as ruas do Rio durante a festa e o carnaval, dizendo baixinho: "nós somos gente", e bem alto o grito de guerra "o macaco é o outro".

Somente em 1917 foi gravado o samba *Pelo telefone*, e até hoje se estende a polêmica em torno de seus verdadeiros compositores. A entrada da indústria fonográfica, com as leis de mercado, no circuito interfere mas não acaba com os laços sociais construídos em torno do samba. Nas décadas de 1920/30, identificadas pelos historiadores como o período de construção da identidade nacional brasileira, o samba se torna um dos nossos símbolos identitários.

Retornando às imagens da "malandragem", Zaluar (1998) pondera que há conotações do termo "malandro", encontradas nas biografias de sambistas, que foram muito pouco exploradas e que demonstram o erro de generalizar a sua definição. O termo "malandro" servia para designar tanto o boêmio quanto o fora-da-lei. O malandro boêmio, ao contrário do fora-da-lei, possuía preocupações morais, amava seu trabalho porque não tinha rotina, nem obrigação, nem horário, e porque era o centro de um vasto circuito de reciprocidade (músicas feitas em con-

A VILA OLÍMPICA DA VERDE-E-ROSA

junto que circulavam na vizinhança, no bairro e na cidade), no qual se constituía a sociabilidade sociável na cidade. Desse modo, o boêmio/ sambista estava mais próximo de um "macunaíma" do que de um fora-da-lei. O que pode significar transitar, sem conseqüências danosas, pelas esferas da ordem e da desordem.[95]

Personagem mais ambíguo que bipolar, o boêmio/sambista circulava entre a cultura da casa e a cultura da rua. Freqüentava tanto as casas das "tias", esfera doméstica, da sociabilidade primária, quanto os bares e cafés, espaço da impessoalidade, do anonimato, da rua. Mesmo avesso ao trabalho industrial, esse malandro/sambista parecia atento aos acontecimentos da cidade, como revela a escolha do tema do primeiro samba gravado — o uso do telefone e a crítica às autoridades locais no que diz respeito à campanha contra o jogo na cidade.[96]

A possibilidade de uma situação liminar entre as esferas da ordem e da desordem talvez explique a polêmica em torno da autoria do primeiro samba gravado. Como a produção de *Pelo telefone* era coletiva, todos cantavam, compunham, havendo assim várias letras para o mesmo samba. A indústria exigia um autor, por isso Donga registrou uma das versões do samba e a rixa se instalou. O próprio Donga, anos mais tarde, reconheceu que não era "o autor" da canção, ou seja, admitiu que a letra gravada em 1917 não era a única versão existente.[97]

Acredito que não se tratou de apropriação indevida, pois Donga deve ter participado da composição de diversos sambas nos pagodes que aconteciam na casa de tia Ciata, nos bares e em tantos outros pontos de encontro dos amantes do samba. A polêmica prosseguiu, seus parceiros procuraram uma desforra festiva, e enviaram uma nota ao *Jornal do Brasil* informando a apresentação do verdadeiro *Pelo telefone* na avenida Rio Branco. Como de praxe, escolheram um espaço público para resolver a pendenga.

---

[95] Gregori, 1997:184.

[96] A origem da letra desse samba estaria ligada à forte campanha contra o jogo, desencadeada pelo semanário *A Noite*, contra o chefe de polícia Belisário Távora, que seria o responsável pelo conchavo entre a polícia e os mentores da jogatina (Soihet, 1998). O próprio telefone, em 1916, apesar de não ser uma novidade do Rio de Janeiro, ainda era algo restrito às camadas mais prósperas da cidade. Assim, ordenar uma apreensão pelo telefone parece uma forma de amortecê-la; quando feitas nas casas dos pobres, as buscas e apreensões dispensavam essas formalidades (Sandroni, 2001).

[97] Sandroni, 2001:120.

Nessa ocasião, foi apresentada uma nova letra para o samba, ratificando o caráter coletivo da produção daquele e de outros tantos sambas e criticando a atitude do companheiro. Esse fato indica não só que as novas leis de mercado não conseguiram acabar com as redes de solidariedade e conflito que caracterizavam o universo da produção desse gênero musical, como também que era possível resolver desavenças num espaço público e por meio de um samba. O samba mostrava seu caráter civilizador.

## As escolas de samba

Na década de 1920 surgiu no Rio de Janeiro a primeira escola de samba — a Deixa Falar. Sucessivamente, outras escolas foram sendo criadas, seguindo o mesmo modelo, nos bairros e nas favelas cariocas. Em 1928 foi fundada a escola de samba da Mangueira, que, como a maioria das escolas, surgiu da união de blocos da localidade.

As associações carnavalescas populares do início do século XX representavam bairros populares, favelas e, às vezes, até trabalhadores fabris. Tinham como função, além da diversão, solucionar conflitos entre essas localidades, fazendo por vezes uso da violência. Onde havia samba criavam-se agremiações que se divertiam e se enfrentavam no carnaval. Foi do bloco Os Arengueiros que se originou a escola de samba Estação Primeira de Mangueira.

Os blocos carnavalescos e as escolas de samba proliferaram, juntamente com as favelas e os bairros populares. Eram espaços de lazer e veículos de expressão da rivalidade e da cooperação entre essas comunidades. As ações — ora de rivalidade, ora de cooperação — se materializavam por intermédio dos desfiles, de concursos e de conflitos, por vezes violentos. Essas associações atuavam como espaços tanto para a liberação de energias contidas, quanto de sociabilidade, nesses bairros pobres e nas favelas.

Em 1978, com o enredo "Dos carroceiros do imperador ao palácio do samba", a Mangueira comemorou seus 50 anos, revivendo sua história com um samba-enredo de Rubens da Mangueira e Jurandir:[98]

---

[98] Ver Vieira, 1998.

(...) Trago para este carnaval
Um passado de grande valor
Quem descreve este tema
É o carroceiro do imperador
Quantas saudades do famoso Marcelino
Foi o grande mestre-sala
Desde os tempos de menino
(Refrão)
Brigão e arruaceiro
Era o grande destaque
Do bloco dos arengueiros, oi
Não posso esquecer
Buraco Quente, Santo Antônio e Chalé
E o ponto alto da escola
Mestre Candinho, tia Tomásia e
Cartola (...)

As escolas de samba foram incorporadas ao calendário oficial da cidade em 1935, ano em que foi oficializado o desfile carnavalesco. Os blocos e as escolas se transformaram paulatinamente em canais de expressão popular. Neles, os integrantes encontravam espaço para a resolução de demandas e conflitos, formando verdadeiras redes de reciprocidade e solidariedade. Assim surgiu um dos aspectos distintivos da cidade do Rio de Janeiro — as escolas de samba —, que com o tempo se estenderam a todo o país, chegando a ultrapassar as fronteiras nacionais. Hoje se tem notícia de escolas de samba no Japão, em Portugal, nos Estados Unidos etc.

O samba, como atividade civilizadora, conectou os morros e os bairros cariocas, através das disputas verificadas nos desfiles carnavalescos, e promoveu a sociabilidade e a cooperação entre eles.[99] A rivalidade entre as associações carnavalescas, regulada pelos desfiles, não impediu que se formasse uma rede de solidariedade e reciprocidade entre elas. Até hoje circulam entre essas associações fantasias, integrantes, carnavalescos, carros alegóricos, danças, festas etc.

O mercado determinou o fim da produção coletiva de sambas, e a regulação dos desfiles marcou a entrada do Estado. Esses dois fatos, porém, não impediram a continuidade do circuito de trocas promovi-

---

[99] Zaluar, 1998.

do pelo samba. Nos bairros e favelas, seus habitantes continuaram a se reunir em blocos e escolas de samba, onde é possível viver seus conflitos, fazer amizades, viver a afetividade. Portanto, o samba é um daqueles fenômenos que podem ser tratados como um fato social total; é um fenômeno com múltiplas dimensões jurídicas, psíquicas e sociais que articulam os indivíduos em redes de solidariedade e reciprocidade.

Criadas para fazer samba, com o tempo as escolas de samba começaram a atender às demandas sociais das comunidades que as abrigavam. Firmaram-se como um dos poucos espaços de sociabilidade existentes nessas localidades. É nelas que os populares paulatinamente encontram lugar para o desenvolvimento de projetos preventivos, comunitários e eqüitativos nos campos da cultura, educação e saúde.

Na década de 1950, Costa Pinto realizou uma vasta investigação sobre o negro no Rio de Janeiro, sob o patrocínio da Unesco.[100] Na segunda parte de *O negro no Rio de Janeiro*, há um capítulo destinado às "associações tradicionais" e outro àquelas denominadas "associações de novo tipo".[101] Entre as primeiras — resultantes de relações tradicionais entre negros e brancos — estão as escolas de samba, "associações populares especificamente recreativas e tradicionalmente ligadas ao negro que foram, se não no sentido político, ao menos no sentido sociológico, a matriz original do que neste país se chama povo".[102]

As "associações de um novo tipo" resultam de alterações no quadro tradicional das relações de raça, e tendem e pretendem imprimir uma nova direção a essa questão. As associações tradicionais são negras no sentido de que são populares, ou seja, são mais populares do que negras. Já as do segundo tipo são associações de grupos de negros, social e culturalmente "evoluídos". Esses movimentos, de caráter reivindicativo, refletem as novas situações de tensão social surgidas no Brasil a partir dos anos 1940, em decorrência de mudanças nas formas de organização produtiva. Contribuíram, com isso, para a emergência

---

[100] A imagem do Brasil como paraíso das interações raciais foi o principal pré-requisito para que o país passasse a ser objeto de interesse e de pesquisa da Unesco.

[101] Pinto (1998) apresenta como exemplo de "associações tradicionais" as irmandades religiosas, as associações religiosas e recreativas. Entre as "associações de um novo tipo" está o Teatro Experimental do Negro (TEN), que nasceu como um grupo teatral, em 1944, e se transformou em movimento contra o racismo.

[102] Pinto, 1998:224.

de uma "elite negra" e de movimentos sociais que visam sua inclusão nesse novo contexto.

Nas organizações de tipo tradicional, como as escolas de samba, nada existe de especificamente negro, segundo Costa Pinto. Elas são um produto genuinamente urbano, sujeito a um "sincretismo avassalador". Nelas pode-se identificar traços visíveis e marcantes da influência trazida pelos africanos — na música, na coreografia, no folclore. O que há de negro é a presença majoritária de brasileiros pobres, o que se explica pelo fato de a maioria de seus integrantes pertencer às classes pobres, onde se concentra a população negra. "Neste sentido, como divertimento de pobre, é que as escolas de samba são, no mais autêntico e peculiar significado brasileiro da expressão, divertimento de negro".[103]

Costa Pinto descreve a estrutura das escolas nos anos 1950 e conclui que todo o produto dessas associações resulta do esforço de poucos. O poder e a organização associativa da escola de samba são, em geral, precários. O que atrai os associados é o carnaval. Durante todo o ano elas se mantêm à custa de um reduzido número de dedicados associados. Ele reconhece que, em algumas delas, há a preocupação de criar focos de interesse permanente, além das atividades ligadas ao carnaval, como competições esportivas, grupos teatrais, escolas de capoeira etc. Entende as escolas como associações lúdicas, um divertimento de pobres, de negros porque pobres, com uma participação restrita ao período do carnaval. E, apesar de reconhecer o esforço de algumas em desenvolver outras atividades, considera-as invariavelmente despolitizadas.

O que parece ter escapado às observações apuradas de Costa Pinto foi o fato de, já na década de 1950, as escolas de samba esboçarem, ainda que timidamente, interesse por atividades sociais, culturais e educativas, fora do espaço carnavalesco. Comparadas às associações "de um novo tipo", onde os objetivos de combate às desigualdades sociais eram objetivamente explicitados, as escolas de samba acabam sendo classificadas como "associações tradicionais". Nesse sentido, as iniciativas no campo social tornam-se quase invisíveis. Infelizmente, Costa Pinto não chega a investigar quem são os usuários dessas atividades, nem com que freqüência elas acontecem.

---

[103] Pinto, 1998: 230.

As escolas de samba têm-se mostrado um tipo de organização duradouro na cidade. Elas cresceram e se multiplicaram. A cada carnaval revelam-se mais criativas. Através do enredo e dos sambas demonstram preocupação em denunciar as desigualdades sociais. É comum a polêmica em torno dos temas dos desfiles, das fantasias, das novas formas usadas para denunciar situações de injustiça social. Alguns temas são recorrentes, como a saga dos negros durante a escravidão. São vários os enredos da Mangueira sobre o próprio samba, a favela e o negro.

A própria Vila Olímpica e seu diretor já foram enredo de uma escola de samba carioca no carnaval de 2001. Segundo o diretor dessa agremiação carnavalesca, a escolha poderia tanto gerar apoios para os dirigentes dos projetos sociais de sua coirmã, a Mangueira, quanto sensibilizar a opinião pública sobre a necessidade de uma vila olímpica em sua comunidade. Para as escolas, são múltiplos os usos que fazem dos enredos. Seria, portanto, uma simplificação reduzi-los a puro entretenimento, ou seja, à parte de um acontecimento — os desfiles das escolas de samba.

Os intelectuais brasileiros referem-se ainda hoje a uma certa carência cultural nacional, criticando nossas formas de associativismo e nossa incapacidade de lutar por uma cidadania plena, o que nos afirmaria enquanto nação. Esse sentimento negativo que temos em relação à maneira de nos relacionarmos com a realidade fez com que se interpretassem as associações carnavalescas ora como parte de nossa identidade, ora como associações de menor valor, por tratarem somente do entretenimento. Tal constatação não reconhece as singularidades locais dessas associações, ou seja, o fato de que elas podem ser reveladoras tanto de práticas já consagradas e estabelecidas como de outras a serem instituídas.

Algumas escolas de samba desapareceram com o correr do tempo, outras se fundiram, dando origem a grandes escolas, e, nesse processo, as que se mantiveram ao longo do século XX são vistas como tradicionais. Elas materializam a própria história dos desfiles carnavalescos. Os desfiles oficiais deram às escolas de samba projeção nacional e internacional e, com o passar do tempo, estabeleceram uma hierarquização para elas.

Devido ao número de agremiações e a sua complexidade, o concurso passou a exigir a criação de uma série de grupos, que desfilam em dias separados. Isso deu origem a uma disputa feroz entre as escolas, objetivando a permanência no grupo das grandes escolas, o que lhes dá prestígio entre as demais. Nesse jogo, as escolas mais antigas assumiram o papel de escolas tradicionais. O G.R.E.S. Estação Primeira de Mangueira é uma delas. Seu desempenho no desfile é ansiosamente esperado pelos amantes do carnaval.

As escolas mudaram. Há quem procure incessantemente encontrar nas escolas atuais uma estrutura congelada, a mesma das primeiras escolas. Elas se modernizaram e incorporaram regras do mercado, apresentam uma estrutura complexa, uma divisão de trabalho elaborada, mas ainda conservam práticas tradicionais. Conjugam características das associações primárias e secundárias.

O G.R.E.S Estação Primeira de Mangueira, como tantas outras escolas de samba cariocas, teve inúmeras sedes antes de construir o Palácio do Samba. Além de ter sido a primeira escola de samba a ter sede própria, também foi a primeira a se valer de créditos levantados em agências oficiais e privadas e a contratar uma empresa especializada para construir sua sede. Durante a década de 1970, a construção da sede foi considerada um "símbolo de riqueza", assim como um indicativo de ingresso na "era empresarial", sendo por isso um marco da complexidade adquirida, através dos tempos, por essa organização.[104]

> O Palácio do Samba é o marco comparativo dessa nova escala de grandeza; diante do volume de capitais nele investidos, seu movimento contábil, sua rede de financiadores e fornecedores, da demanda de seus freqüentadores e do próprio porte da sede e seus custos de manutenção, todas as realizações anteriores na escola assemelham-se a empreendimentos bastante modestos e fáceis de gerir.[105]

As escolas, ao mesmo tempo em que assumem ares de associações secundárias, com departamentos, diretores, assessores etc., também exaltam figuras que voluntariamente as construíram. Por essa razão, há quem tenha decretado o fim das escolas como manifestação popular, e até mesmo negado a participação marcante da população

---

[104] Goldwasser, 1975:40, 42 e 133.

[105] Ibid., p. 132-3.

negra. Qual seria, então, o lugar dessas escolas nas favelas e bairros populares?

Nessas localidades, o convívio comunitário se dá somente em poucos momentos especiais, como na quadra, nas igrejas, nos preparativos para o carnaval e em encontros para jogar futebol ou realizar outras atividades em terrenos baldios ou pequenos espaços desocupados. A existência de espaços que possibilitem o fortalecimento dos laços de solidariedade entre os moradores tem sido importante para o desenvolvimento da sociabilidade. Além disso, a carência de espaços públicos (como as quadras) tem reforçado o reconhecimento, por parte do poder público, da importância das escolas de samba.

É nas escolas que são recebidos os políticos, são desenvolvidas campanhas de saúde pública, bailes populares etc. Muitas vezes ocorrem verdadeiras linhas cruzadas: quando se fala de uma escola de samba, por extensão se fala da comunidade em que esta está inserida. Algumas lideranças da Mangueira sentem-se incomodadas com isso, alegando que, quando se procura a comunidade para auxiliá-la, o auxílio vem através da escola, das velhas lideranças. Reivindicam o reconhecimento dos novos líderes, que não são conhecidos do público externo e que nem sempre estão na escola de samba. Um desses novos líderes da comunidade relata:

> acho importante frisar que o morro da Mangueira é uma coisa, e a escola de samba Estação Primeira de Mangueira, outra coisa. (...) qualquer entidade, quando chega à Mangueira querendo ajudar de alguma forma a comunidade, vai via escola de samba, e é isso o que atrapalha, que atravanca as coisas. (...) Sabe aquele filme, *De volta para o futuro*... É isso, a volta para o futuro da Mangueira: valorizar os novos talentos que a Mangueira tem...[106]

Atualmente, através das escolas de samba, o samba faz circular pessoas e coisas — fantasias, carros alegóricos, passistas, carnavalescos etc. Cavalcanti chama a atenção para as redes de relações que se tecem para a realização de um desfile carnavalesco no qual o enredo é o seu vetor. Como os colares e braceletes descritos por Malinowski e

---

[106] Casé, 1996:94.

Mauss, o enredo de uma escola de samba "é ao mesmo tempo aquilo que permite a troca, aquilo que se troca e, sobretudo, o vetor de uma troca mais ampla: aquilo por meio do que valores se trocam".[107] Sem enredo não há desfile.

Da perspectiva da dádiva, Zaluar propõe tratar o samba com um fato social total, recorrendo aos estudos etnográficos sobre o *kula* dos trobriandeses, desenvolvidos por Malinowski e Mauss. Nesse sentido, o samba tem a propriedade de ligar as pessoas em extensos anéis de reciprocidade, mobilizando suas disposições internas e concretizando ações simultaneamente em diversos planos: econômico, religioso, psicológico, político.[108]

A autora salienta o papel civilizador do samba. As regras criadas promovem a sociabilidade e a resolução dos conflitos. O samba circula nos bairros e favelas, cria associações, reúne pessoas por toda a cidade, e exerce seu poder de interiorização de um etos civilizado entre seus amantes. A partir do Rio de Janeiro, torneios, competições e desfiles carnavalescos se espalharam por todo o país. As desavenças podiam ser resolvidas em locais públicos, no confronto entre associações carnavalescas. Como fomentador de associações vicinais (blocos e escolas de samba), o samba serve para manter coesa essas comunidades, é um daqueles fenômenos que têm a propriedade de reunir pessoas em extensas redes de solidariedade e reciprocidade.

Todas as culturas escolhem determinados símbolos para representá-las, e a música parece ser um dos mais visíveis. No Rio de Janeiro, o samba cumpriu sua função cultural, além de reforçar o associativismo comunitário, na medida em que incentivou a proliferação de associações carnavalescas por toda a cidade.

Ao longo do século XX, as escolas de samba proliferaram nas favelas e bairros populares e estabeleceram amplas redes de reciprocidade e conflito, que se estenderam pela cidade. É evidente que essas escolas apresentam uma mistura variável de diferentes esferas — a social, a do mercado, a do Estado.[109]

---

[107] Cavalcanti, 1994:77.

[108] Zaluar, 1998:287.

[109] Godbout, 1998; Caillé, 1998; e Sigaud, 1999.

A teoria da reciprocidade moderna nos permite perceber que a dádiva existe nas sociedades modernas, ou seja, perceber que, hoje, os laços sociais estendem-se para além da esfera primária, ultrapassando os limites da vizinhança, como forma de combater a impessoalidade, o interesse — enfim, de combater o utilitarismo. É essa possibilidade que nos permite entender as iniciativas que deram ensejo à ampliação das atividades das escolas de samba para além do carnaval e seu reconhecimento como atores de políticas sociais.

Entender as escolas de samba como promotoras de políticas sociais e reconhecê-las como produção cultural dos setores populares, com uma evidente participação dos grupos negros, nos dá a oportunidade de fortalecer a identidade destes e de politizar a cultura da cidade.

CAPÍTULO 3

# Mangueira, teu cenário é uma beleza

> Mangueira teu cenário é uma beleza/Que a natureza criou/O morro com seus barracões de zinco/Quando amanhece/Que esplendor/Todo mundo te conhece ao longe/Pelo som de teus tamborins/E o rufar de teu tambor/Chegou, ô, ô, ô, a Mangueira chegou, ô, ô.
>
> *Exaltação à Mangueira*,
> de Enéas Silva e Aluísio Costa

## A Mangueira conta a sua história

A partir de relatos contidos em documentos produzidos pela própria escola — revistas, livros, portal da Internet etc. —, os vários momentos que pontuam a trajetória da Mangueira foram divididos em atos, começando com a ocupação do morro que deu origem à Mangueira, passando pela criação da escola, até a concretização de seu programa social, que atinge diferentes faixas etárias e segmentos sociais. Como num palco, onde os atores permanentemente constroem e reconstroem o enredo do espetáculo, de forma metafórica e por vezes romanceada, essa comunidade conta a sua história, criando sua "tradição".

Por ser pensada como "nação", a escola pode ser interpretada como uma "comunidade imaginada".[110] Assim sendo, seus integrantes cons-

---

[110] Ver Anderson, 1989.

troem um passado mítico associado ao samba. A valorização dessa tradição transforma a escola na "mais tradicional e mais querida da população". Parece que essa "tradição inventada",[111] além de manter o grupo unido, serve de garantia, de contrapartida para a obtenção de recursos humanos e/ou materiais para o desenvolvimento de projetos sociais. A seguir, a história da Mangueira contada, em atos, por ela mesma.

> *Primeiro ato:* no começo era apenas um terreno bonito, cheio de árvores frutíferas, principalmente mangueiras. Era justamente neste ponto que algumas pessoas pediam para o trem parar, dizendo: "Vou descer nas mangueiras".
> Em maio de 1861, foi estabelecido o Serviço de Transporte Público no Rio de Janeiro e, somente em 1889, foi inaugurada a Estação da Mangueira. Em 1908, o prefeito resolveu urbanizar a Quinta da Boa Vista, onde se localizava também a Infantaria do Exército. Para isso, foi preciso demolir as casas e, com a permissão dos militares, algumas pessoas ocuparam o antigo morro dos Telégrafos. Seus primeiros moradores foram ex-escravos e seus descendentes, portugueses, famílias vindas de outros estados, empregados domésticos, desempregados — era a "Petrópolis dos pobres".[112]
> *Segundo ato:* em 1928, no Buraco Quente, mais precisamente na travessa Saião Lobato, 21, foi fundada a escola de samba da Mangueira. São sete os fundadores oficiais: Euclides Roberto dos Santos, Saturnino Gonçalves, Marcelino José Claudino (Maçu), Agenor de Oliveira (Cartola), José Gomes da Costa (Zé Espinguela), Pedro Caim (Pedro Paquetá) e Abelardo da Bolinha. Mesmo não constando em ata, o compositor Carlos Moreira de Castro, o Carlos Cachaça, é também considerado um dos fundadores da escola. Cartola resolve chamar a escola de "Estação Primeira", porque era a primeira estação de trem, a partir da Central do Brasil, onde havia samba. As cores verde e rosa foram uma homenagem a um rancho de Laranjeiras de funcionários da fábrica Aliança — o Arrepiados — do qual seu pai participava. A reunião de dois fortes cordões, Guerreiros da Montanha e Triunfos da Mangueira, deu origem ao Bloco dos Arengueiros, o núcleo da atual escola de samba.[113]
> *Terceiro ato:* de início, o trabalho na escola era voluntário, depois evoluiu para os departamentos e, em seguida, vieram os técnicos. Em mea-

---

[111] Hobsbawm, 1998.

[112] http://www.mangueira.com.br

[113] *Mangueira 70 anos,* 1998:4.

dos de 1960, foi criado o Departamento Esportivo; considerado o embrião do trabalho comunitário, desenvolveu várias atividades esportivas, participou de competições, como os Jogos da Primavera. Seus idealizadores, preocupados em ampliar as oportunidades das crianças e adolescentes da comunidade, diversificaram as atividades para além do simples jogo de futebol. Destacam-se nesse primeiro momento as figuras de tia Alice (atleta), como também do seu Agrinaldo (primeiro diretor do Departamento de Esportes).

Tia Alice conta que: "minha mãe não tinha condições de criar a mim e a meus irmãos. Nasci e cresci solta no mundo, sem perspectivas de ser alguém na vida, sem ninguém que me indicasse o melhor caminho e aconselhasse. A minha única alternativa, e eu não sabia disso, era me dedicar ao esporte".[114]

Esse trabalho inicial abriu espaço para a chegada dos técnicos, do Estado e das empresas, que passaram a financiar os projetos sociais da escola.

*Quarto ato:* "um dia, Dória (ex-diretor da escola) e eu tivemos a idéia de aproveitar um terreno pertencente à Rede Ferroviária Federal, localizado em frente à escola, para construir o complexo social. Era um terreno baldio, cheio de entulho. Então, arregaçamos as mangas todos os dias, buscando concretizar o sonho. Era muito grande a vontade de arrancar da miséria a nossa gente", comenta Sant'Anna. Em 1989, inauguraram o ginásio de esportes e o posto de saúde. A pista de atletismo e o campo, em 1991. "Desejo que jamais teria sido realizado sem o apoio das empresas abnegadas que acreditaram na nossa visão e a ajuda do poder público, que alavancaram o programa social da Mangueira." Passamos do "lixo para o luxo", relata Agrinaldo de Sant'Anna, um dos fundadores do Departamento Esportivo.[115]

*Epílogo:* pensando-se como nação, a escola encomendou uma pesquisa de opinião, em 1996, com o objetivo de saber seu nível de popularidade e quais as vantagens de as empresas participarem como patrocinadoras dos projetos das escolas de samba. Os resultados da pesquisa, confirmando as expectativas de seus dirigentes, revelam que:

1. As empresas deveriam pensar em patrocinar escolas de samba, pois a maioria dos entrevistados considera que uma empresa se beneficia quando as patrocina. Para elas, as vantagens seriam: maior visibilidade, melhor imagem e maior volume de vendas.

---

[114] A ex-atleta é considerada a idealizadora do Camp Mangueira, projeto que faz parte da Vila Olímpica e tem como objetivo preparar o jovem para o mercado de trabalho. O depoimento citado está na publicação *Mangueira 10 anos de programa social*, 1997:8.

[115] Depoimento de Sant'Anna, em *Mangueira 10 anos de programa social*, 1997:5.

2. No *ranking* das mais queridas, a Mangueira está em 1º lugar. É considerada a mais tradicional e a que mais representa o carnaval do Rio.

3. Se uma empresa fosse patrocinar uma escola, deveria procurar a Mangueira em primeiro lugar.[116]

Essa pesquisa de opinião coloca a Mangueira numa posição de liderança. É a preferida do público e apresenta um grande potencial para captação de recursos para o desenvolvimento de projetos sociais.

## A Mangueira e a Estação Primeira

O Complexo da Mangueira é formado por um conjunto de favelas. Fragmenta-se em diferentes localidades, chamadas Buraco Quente, Chalé e Farias, Candelária e Telégrafo. Após o término das obras do metrô, os alojamentos dos operários e as construções que restaram foram ocupados por populares, formando a Favela do Metrô e a Favelinha, ambas se percebendo como parte integrante desse complexo em expansão. O controle do crescimento da favela e o adensamento da ocupação dos espaços também são problemas para o mangueirenses.

Atualmente, um dos fatores que contêm a expansão do complexo são áreas circunvizinhas ocupadas pelo Exército, que exerce permanente fiscalização; porém, os raros espaços vazios vão sendo pouco a pouco ocupados. Apesar de existirem na favela áreas de completo abandono, a Mangueira não está entre as áreas mais pobres da cidade.

O complexo tem vários acessos, ruelas e becos, que nos conduzem às diferentes localidades, todas com associações de moradores ativas e em comunicação permanente. Na rua Visconde de Niterói está a quadra da escola de samba. Nas proximidades da Quinta da Boa Vista encontram-se os coloridos prédios construídos pelo programa Favela-Bairro. Na rua Ana Neri há um ponto de transportes alternativos que conduzem às diversas ruas da favela. Nelas encontra-se um comércio variado, quadras de esporte, associações de moradores — enfim, uma diversidade de serviços e prédios de alvenaria bem estruturados e com laje (o que possibilita sua ampliação).

"Do alto do morro vê-se uma cidade realmente maravilhosa: o Maracanã, o Pão de Açúcar, o Cristo Redentor, a ponte Rio-Niterói, a

---

[116] *Mangueira 10 anos de programa social*, 1997:24.

baía de Guanabara e a Quinta da Boa Vista", assim Casé (1996:38) descreve a bela vista que de lá se vê. No asfalto, nas cercanias do complexo, há um comércio diversificado, hospitais, escolas e uma grande área de lazer — a Quinta da Boa Vista. O Complexo da Mangueira faz limite com bairros da Zona Norte contemplados com boa infra-estrutura: São Cristóvão, Benfica, Maracanã, Vila Isabel e São Francisco Xavier. Ainda que de forma não totalmente satisfatória, a Mangueira é uma das favelas cariocas que têm sido objeto de interesse do poder público e, devido à sua localização, seus moradores contam com os recursos dos bairros que a circundam.

A Mangueira não é mais aquela pequena comunidade do início do século, com casas feitas com sucatas de demolições; não tem mais os barracões de madeira com telhados de zinco. Como todas as favelas, ainda carece de infra-estrutura (saneamento, policiamento etc.), porém as demandas das localidades são diferenciadas. Longe de ser um espaço homogêneo, no Complexo da Mangueira encontram-se áreas onde as condições de moradia são mais precárias do que em outras, apresentando inclusive alto risco geológico. A travessa Sayão Lobato, por exemplo, principal via da favela, pavimentada, termina numa área degradada. Atalhos, trilhas, ruelas ou escadas, conectados, formam o chamado Complexo da Mangueira.

Cada localidade possui sua representação — as associações de moradores —, havendo uma clara definição de limites territoriais. Tais contrastes não inibem a presença de autoridades do governo na favela ou na escola de samba, promovendo festas, eventos, visitas de autoridades nacionais e estrangeiras à quadra da escola de samba ou às casas das principais lideranças da escola.

Devido à sua importância cultural para a cidade do Rio de Janeiro, o poder público e a iniciativa privada não têm deixado de contemplar a comunidade, atendendo, se não sua totalidade, pelo menos parte dela com políticas sociais e recursos que visam a melhoria das condições de vida do mangueirense. Atualmente, parte do complexo está sendo beneficiada por um programa da prefeitura — o Favela-Bairro.

A Mangueira, uma das favelas mais antigas da cidade, cresceu junto com o G.R.E.S. Estação Primeira de Mangueira. Daí ser quase impossível falar sobre a história da favela sem falar na história da escola, pois elas se entrelaçam. Seus interlocutores — o Estado e as entidades da sociedade civil —, quando querem se dirigir à comunidade, utilizam a escola. Dona Neuma, uma das damas da escola de samba, conta como a comunidade conseguiu seu primeiro telefone e uma escola para as crianças. Certa vez, o prefeito Pedro Ernesto, em uma de suas visitas à comunidade e à escola de samba, precisou telefonar. Como não havia telefone no local, ele prometeu e instalou um aparelho na casa dela. Este foi, durante muito tempo, o único telefone da Mangueira, e passou a ter um "uso comunitário" na favela. O mesmo prefeito fundou uma escola tempos depois. Esse episódio, como tantos outros, marca a antiga relação entre a comunidade e a escola.

Pouco a pouco, os acontecimentos que marcaram a trajetória da escola e da favela foram contribuindo para a consolidação da relação entre elas. Muitos projetos voltados para a comunidade partem da própria escola, e em nome dela muitos recursos são captados para os projetos que beneficiam a localidade. Essa integração escola/comunidade não se deu somente com a Estação Primeira de Mangueira e a Mangueira; estendeu-se por todas as comunidades onde existem escolas de samba. O que constitui uma vantagem para a escola é o fato de ser uma das mais antigas da cidade, o que a faz ser reconhecida como uma das mantenedoras do samba autêntico.

Essa autenticidade é permanentemente alimentada e produzida pelos sambistas, e parece ser um divisor de águas entre escolas consideradas tradicionais e as que incorporam inovações com maior intensidade. Quando convocados a falar do passado do samba, os sambistas se referem a vários momentos e situações. Na verdade, o samba, como todo gênero musical, incorporou mudanças ao longo de sua existência. Os sambistas e a própria indústria fonográfica estão constantemente criando novas versões. Desde o samba amaxixado, são muitas as inovações. Os vários gêneros musicais circulantes na cidade têm dado ao samba fôlego para sua permanente atualização e adaptação aos interesses e gostos dos diferentes segmentos sociais, como a bossa-nova, criação dos segmentos médios; o samba de raiz, que os amantes do samba acreditam estar mais próximo de sua configuração inicial; o samba *rock*; o samba *reggae* e outros arranjos que surgiram na cidade.

Sandroni (2001:218), ao comparar as transformações do samba do Rio de Janeiro desde a sua primeira gravação em 1917 até os anos 1930, constata que houve uma mudança de estilo. Essas mudanças são ilustradas pelo sambista Ismael Silva em entrevista ao jornalista Sérgio Cabral:

> Cabral: — Vocês do Estácio tinham consciência de que estavam lançando um novo tipo de samba?
> Ismael Silva: — ...O samba era assim: tan tantan tan tantan. Não dava. (...) Aí, a gente começou a fazer um samba assim: bum bum paticumbumpragurundum.

A capacidade que o samba tem de incorporar inovações nos faz concluir que a chamada autenticidade é sempre negociada. Na disputa pela autenticidade, os grupos que conseguem seu monopólio estabelecem as regras do jogo, definindo o que é autêntico, tradicional, e o que é inovação. Assim se definem quem produz o verdadeiro samba, qual a escola tradicional, como ser autêntico etc. Os próprios sambas das escolas têm-se modificado através dos tempos, sendo o mais recente exemplo a introdução da paradinha *funk* pelas baterias.


## A nação mangueirense

A quadra da escola de samba Estação Primeira de Mangueira foi recentemente reformada. Nela há um centro de memória, uma butique, cabeleireiro, cursos profissionalizantes para moradores da favela, lanchonetes etc. Todo o espaço é colorido de verde e rosa. Sua longevidade a converteu em "nação mangueirense".

Várias declarações de amor são feitas à Mangueira em músicas e poemas. "Quando piso em folhas secas, caídas de uma mangueira, penso na minha escola e nos poetas da minha Estação Primeira", dizem os versos de uma das composições de Cartola.

Além de inspirar poetas e compositores populares, o orgulho do pertencimento à escola sempre esteve presente entre seus membros ou simpatizantes. Chico Buarque e Hermínio Belo de Carvalho recentemente compuseram:

> Me sinto pisando
> Um chão de esmeraldas
> Quando levo meu coração

À Mangueira
Sob uma chuva de rosas
Meu sangue jorra das veias
E tinge um tapete
Pra ela sambar.
É a realeza dos bambas
Que quer se mostrar
Soberba, garbosa
Minha escola é um catavento a girar
É verde e rosa
Oh, abre alas para a Mangueira passar

Como explicar esse sentimento para com a Mangueira? No Brasil, diferentemente do que ocorre em outros países, associações como escolas de samba e times de futebol promovem identidades diretas, personalizadas. Dizer "eu sou Mangueira" significa perceber-se como parte da escola. Essas identidades com espaços urbanos — bairros, associações recreativas, templos ou até associações profissionais e de assistência — rompem com o anonimato das cidades, construindo singularidades. Afinal, o que é ser verde-e-rosa? Trata-se de uma escola que se vê como nação, tal qual um time de futebol carioca — o Flamengo.

Cabe ilustrar essa questão com as seguintes observações sobre duas escolas públicas que receberam o nome das duas "nações": a mangueirense e a rubro-negra. Essas escolas — centros integrados de educação pública — foram criadas durante o governo estadual de Leonel Brizola, nos anos 1980. O Ciep da Vila Olímpica chama-se Nação Mangueirense, e o Ciep próximo da sede do Clube de Regatas do Flamengo, na Gávea, chama-se Nação Rubro-Negra. É curioso observar que, até agora, somente essas duas associações populares — o Flamengo e a Mangueira — são consideradas "nações". Talvez esse governo estadual, ao procurar se aproximar dos setores populares, tenha homenageado essas associações reforçando a idéia de "nação", a noção de pertencimento às associações, tão ao gosto dos populares.

Para Kottak (1990), celebrações públicas como o carnaval conectam domínios normalmente separados, como a casa (privado) e a rua (público), no universo social brasileiro. Assim como o carnaval, o futebol também promove identidades sociais além do espaço privado. A conexão entre esses dois domínios pode ser observada quando o brasileiro se identifica com um grupo que não faz parte da casa (família) — quando diz "eu sou Flamengo" ou "eu sou Mangueira".

No Brasil, primado da casa, das relações informais, as associações não-familiares são em menor número. Quando elas existem, no entender de Kottak, são mais preciosas. Isso provavelmente explica por que a identificação com uma associação de entretenimento ou um time de futebol é mais direta, pessoal e intensa no Brasil do que, por exemplo, nos Estados Unidos.

Mario Filho descreve, em uma de suas crônicas, como é o amor dedicado a um time de futebol — "um amor como de lua-de-mel, violento, absorvente, exaustivo".

> Ninguém discute que o Flamengo seja o clube mais popular do Brasil. Quem é Flamengo prefere dizer o mais querido. Está certo. Escolhe-se um clube como se escolhe uma mulher. Para toda a vida ou até que Deus separe. É mais difícil deixar de amar um clube do que uma mulher. (...) Geralmente se ama sem saber direito por quê. Tantos caminhos levam ao amor que é quase impossível apontar um como a rota dos descobridores. Isto é verdadeiro, tanto em relação a uma mulher, como a um clube. E mais em relação a um clube do que a uma mulher, já que nenhuma mulher é tão variadamente amada como um clube. Nem mesmo uma Brigitte Bardot, mais desejada que amada.[117]

Ao que parece, como todas as nações, a escola de samba criou seu mito de origem. Ela é uma das escolas mais antigas e mais amadas. Diferentemente das escolas mais novas, é considerada uma escola tradicional, que mantém a crença de que não se dobra às inovações. Por ser uma das detentoras da tradição e, em função disso, se colocar numa posição de destaque, torna-se quase impossível para as emergentes galgarem essa posição. Declarando seu amor pela escola, um jovem freqüentador da Vila Olímpica — Armando, de 15 anos — declarou:

> Eu amo a Mangueira. Desfilei em 2001 na bateria. Vamos supor, a Imperatriz só ganha roubando (escola vencedora do Carnaval de 2001). A Mangueira não. Ela ganha honestamente. Às vezes a Mangueira vem pra ganhar e eles roubam.

---

[117] Apud Maron Filho & Ferreira, 1987:50.

Quase todos os jovens freqüentadores da vila declararam preferir a Mangueira a alguma outra escola. Dois jovens — Antônio e José, ambos de 14 anos — assim se referem à escola:

> — A Mangueira tem tradição, tem honra, é uma escola de classe, tem um ritmo diferente, "eu amo a Mangueira" — é desta forma que os jovens se referem à escola.
> P: — Por que vocês acham a Mangueira diferente das outras escolas?
> R 1 (Antônio): — Ela tem amor à cultura.
> R 2 (José): — Ela tem o ritmo. O ritmo é diferente. O ritmo da Mangueira é de segunda e o das outras escolas é de terceira. A Mangueira só é "tum, tum", só, direto. As outras escolas é "tum dum, tum dum, tum dum", é outro ritmo. Só a Mangueira tem esse ritmo. No ritmo da Mangueira, não tem como introduzir o *funk*. Esse ano a Mangueira só fez o "levanta peça" [o entrevistado refere-se a uma atitude da bateria durante o desfile das campeãs do carnaval de 2001].

## Morro, és importante no cenário

Entre os muitos significados adquiridos durante os mais de 100 anos de existência das favelas cariocas, destaco dois: local onde se produz o samba e local onde se localiza a pobreza na cidade. Fonte de inspiração de muitos sambistas, os morros são celebrados tanto por sua imagem poética quanto pelas desigualdades sociais que representam. O samba *Encanto de paisagem*, de Nelson Sargento, é exemplar para ilustrar essas questões: "Morro és um encanto na paisagem / Suntuoso personagem de rudimentar beleza / Morro, progresso lento e primário / (...) / Morro és lindo quando o sol desponta / E as mazelas vão por conta do / desajuste social".

### Favela e pobreza

Os morros cariocas, desde a Colônia, serviram de abrigo e refúgio para os negros escravizados. Cobertos por florestas, forneciam aos fugitivos comida e água. Havia quilombos na Tijuca, em Santa Tereza (morro do Desterro), no Corcovado e na ilha do Governador. A Tijuca era uma área montanhosa, coberta de matas, com cavernas e riachos, e foi uma das áreas que abrigou os maiores e mais importantes quilombos.[118] Somente na virada do século XIX iniciou-se sua ocupação nos termos que hoje chamamos de favela, ou seja, local de moradia de gente pobre.

A ocupação deu-se simultaneamente com permissão "oficial" e por deliberação das populações sem moradia. No decorrer do século XX, a ocupação dos morros da cidade, em alguns casos com a autorização do poder público, ocorreu de forma desordenada. Tornando-se uma opção de moradia para as camadas pobres, alguns morros se transformaram em favelas. Dessa forma, morro e favela passaram a ser sinônimos. Com o tempo, a permanência e a disseminação, as favelas constituíram-se num problema para a cidade, inconciliável com seus projetos de modernização. Inauguraram-se assim as dicotomias moderno/tradicional e cidade/periferia, presentes até hoje no pensamento urbano sobre a cidade do Rio de Janeiro — polaridades interpretadas como problemáticas, pois a favela representava um obstáculo para a modernização.

A superação dessa dicotomia é proposta pelos críticos da noção de "cidade dual". Interpretando a favela como integrada à cidade, e não como um espaço estranho e alheio à sua dinâmica, concebem-na como "cidade fraturada", onde a dualidade está presente em todos os espaços. Nessa perspectiva, a favela é vista como parte da cidade, não como sua negação.[119]

Somente em 1940 adotaram-se políticas voltadas especificamente para as favelas, políticas que oscilavam entre a remoção e a erradicação. A cidade possui hoje cerca de 600 favelas de tamanhos e infra-estruturas diferentes, localizadas em toda a sua extensão. Somente no final do século XX surgiu a proposta de integrar as favelas à cidade, transformando-as em bairros com a mesma infra-estrutura presente nos locais urbanizados da cidade.

Com o programa Favela-Bairro, a Prefeitura do Rio de Janeiro pretende mudar a idéia de que as favelas não fazem parte da arquitetura da cidade. Apesar de a Mangueira ser uma das escolhidas pelo projeto,

---

[118] Karasch, 2000:408-11. A autora realizou estudos sobre a vida dos escravos no Rio de Janeiro na primeira metade do século XIX. Segundo ela, ninguém sabe ao certo quando se formaram os primeiros quilombos da Tijuca, mas já existiam quando a corte portuguesa chegou, em 1808. Apesar da tentativa de destruí-los, ainda estavam lá, cada vez mais fortes e com gente nova na década de 1820.

[119] Castells & Mollenkopf, 1992; Sassen, 1991; e Zaluar, 1998.

este não atinge todo o complexo. Outras iniciativas dirigidas às favelas estão sendo adotadas pela prefeitura. Preocupada em acabar com as pequenas favelas que se formam nos bairros e com a criação de áreas de lazer e de comércio nesses locais, a prefeitura está revitalizando a idéia de remoção. Os moradores da Favela do Metrô, por exemplo, podem ser removidos para os prédios comerciais próximos à Mangueira, abandonados em virtude da violência no local.

O projeto ainda não foi concretizado, mas esbarra na resistência das famílias e moradores dessa favela: "Se os prédios foram desocupados, por que a gente vai ter que ir para lá? Há marca de tiros por todos os lados. Aqui onde estamos é muito mais tranqüilo", disse um morador. "Não temos como manter nosso pessoal. A saída vai ser a demissão em massa", diz um comerciante.[120]

Mesmo antes de a prefeitura anunciar seu projeto de reurbanização, uma ex-diretora da associação de moradores dessa favela salientou que o problema da comunidade era a ameaça de remoção. Temiam, além da prefeitura, a Universidade do Estado do Rio de Janeiro, pois, segundo ela, havia interesse, da parte das duas instituições, de transformar a área em estacionamento.

Local de moradia de pobres, a favela tem sido identificada como lugar da ausência — carente de infra-estrutura básica e de civilidade. Porém, imagina-se que lá, apesar da pobreza, se produz o autêntico samba carioca, sendo seus moradores legítimos produtores do samba e criadores das organizações mais importantes do carnaval — as escolas de samba. No imaginário da cidade, na favela há carência e poesia, pobreza e samba. A meu ver, deve-se substituir as idéias de pobreza por desigualdades sociais e de berço do samba (no singular) por sambas (no plural).

As reformas urbanísticas do início do século XX, promovidas pelo prefeito Pereira Passos, deslocaram os populares que residiam na área central da cidade para outros locais da cidade. Com isso, uns transferiram-se para bairros do subúrbio e outros ocuparam os morros. Pouco a pouco, na divisão espacial da cidade, as favelas se consagraram como o local pobre onde vivem os pobres.

A associação direta entre pobreza e favela é contestada por pesquisas recentes sobre a pobreza na cidade. Essas pesquisas indicam que

---

[120] *O Globo*, 15 agosto 2001.

as favelas constituem um universo heterogêneo — diferem em tamanho, no sistema de infra-estrutura básica etc. — e, portanto, não há como compará-las, por exemplo, com os conjuntos habitacionais destinados às populações pobres. Esses conjuntos e os loteamentos, em sua maioria localizados na periferia da cidade, são mais carentes que a maioria das favelas cariocas.

As favelas se diferenciam dos locais de moradia populares nas áreas periféricas e são favorecidas por sua situação de proximidade geográfica com bairros superiores e por serem contempladas com maior freqüência com políticas sociais voltadas para o atendimento de suas demandas. As favelas cariocas são como verdadeiros "enclaves socioespaciais" dentro das áreas de maior prestígio social da cidade — o núcleo metropolitano formado pela área litorânea e seu entorno próximo —, com fronteiras bem marcadas. Permanecem nesses locais, apesar das distâncias sociais, em razão dos altos custos sociais e políticos implicados em sua remoção e das dificuldades de integração desses espaços ao mercado empresarial de moradias.[121]

O termo "pobreza" tem tido vários usos e significados, por vezes divergentes. Quando aplicado às favelas, seu significado refere-se tanto ao espaço carente de infra-estrutura urbana quanto a sua população economicamente desprivilegiada. Ali é o local da carência, da precariedade, da ausência de recursos materiais — um lugar de pobre.

A pobreza, entretanto, é um conceito comparativo, relacional, não havendo critérios universais e rígidos para mensurá-la. Além disso, não há como determinar quer a quantidade quer a qualidade dessa carência. Os elevados níveis de pobreza do país encontram seu principal determinante na perversa desigualdade de distribuição da renda e das oportunidades de inclusão econômica e social.[122]

Estudos atuais admitem que a renda, de forma isolada, é insuficiente para mensurar a pobreza em suas múltiplas dimensões. Também apontam para a dificuldade de se estabelecer um valor para a linha da pobreza que separa os pobres dos não-pobres no país.[123] No

---

[121] Ribeiro & Preteceille, 1999.

[122] Barros, Henriques & Mendonça, 2000.

[123] Lessa e outros (1997) destacam dois grandes problemas para a mensuração da pobreza a partir da renda. Primeiro, que variável de renda utilizar. Por exemplo, a renda familiar *per*

entanto, a única e exclusiva medida empregada para avaliar a pobreza durante os anos 1990 no país foi a renda, o que conduz a conclusões limitadas.

A superação da pobreza é uma tarefa complexa, que não se resolve somente com políticas de elevação da renda. Na formulação das políticas de combate à pobreza, há que se considerar a precariedade de inserção dos pobres em um ou mais dos seguintes circuitos: produção, consumo, acesso/fruição de bens simbólicos e cidadania.[124]

Mesmo considerando apenas a renda para se identificar as áreas pobres da cidade do Rio de Janeiro, constata-se que ela não se restringe apenas às favelas. A população considerada pobre está distribuída em diferentes áreas da cidade: nos loteamentos e conjuntos habitacionais da periferia, nas favelas e nos bairros populares.

Não há dúvida de que a desigualdade, e não a pobreza, é o aspecto distintivo da sociedade brasileira. O paradoxo dessa questão reside no fato de que o Brasil não é um país pobre, mas um país com muitos pobres. Possui recursos para combater a pobreza, porém é extremamente injusto e desigual. Para combatê-la, faz-se necessário reduzir a desigualdade. Embora para amplas camadas da população a questão da sobrevivência material seja dramaticamente vivida, a questão da desigualdade ultrapassa os critérios exclusivamente materiais.

O local de moradia ou a cor do postulante a um emprego podem ser considerados critérios construtores de desigualdades. "Para a polícia todo favelado é potencialmente suspeito", relata um morador de favela. "Ser favelado" pode ser considerado uma identidade negativa para a polícia, para o mercado de trabalho e para outros espaços da cidade.

Os limites teóricos na adoção de "favelas" e "favelados" como emblemáticos da situação de pobreza e objeto de políticas restritivas para seus habitantes implicam a perpetuação da dicotomia favela/asfalto, assim como um reforço à segregação dessas populações, colocando-as

---

*capita*, que leva em conta todos os rendimentos dos membros da família, o tamanho da família e seu papel como unidade redistributiva. As variações no tamanho da família e a inclusão de novos membros no mercado de trabalho, por exemplo, não são levadas em conta. Segundo, a definição do valor da linha de pobreza que separa os pobres dos não-pobres. Estabelecido o valor da linha divisória, resta saber o que ela efetivamente representa em "potencial de consumo" dos pobres.

[124] Lessa, Salm, Soares & Dain, 1997.

na situação de "gueto", apartadas da vida social da cidade. Ao se associar a questão da pobreza somente com a situação das favelas, está-se igualando as mais de 600 favelas cariocas, além de potencializar uma característica que afeta igualmente ou em intensidade variada outras localidades da cidade, como os bairros populares, loteamentos e conjuntos habitacionais da periferia.

O significado da favela como lugar da pobreza, como lugar da ausência, foi construído e reforçado ao longo do século XX, entrando no século XXI um pouco enfraquecido devido a críticas por parte da academia, dos técnicos (planejadores urbanos) e dos movimentos sociais. A tendência desses diferentes campos sociais é romper o isolamento da favela, ou seja, pensá-la integrada à cidade.

As favelas são tão heterogêneas quanto os bairros populares. Tal qual esses bairros, nelas há diferentes níveis de pobreza, diferentes carências e demandas. Apesar da heterogeneidade, em ambos as desigualdades sociais são visíveis: pode-se encontrar uma população jovem carente de políticas sociais que ampliem suas oportunidades de inserção social. O que falta a elas pode faltar a alguns bairros populares. Infelizmente, carência e demanda por serviços de infra-estrutura básica ou por políticas sociais não são monopólio das favelas da cidade. Por isso, a proposta de aliança entre a favela e bairros populares, pretendida pelos projetos sociais da escola de samba da Mangueira, comunga com essa tendência de se integrar bairro e favela.

### Favela e samba

A despeito da defesa de alguns musicólogos, sambistas e intelectuais, o samba autêntico de morro não nasceu no morro. Vianna faz essa curiosa constatação sobre o samba: "o interessante é que o 'autêntico' nasce do 'impuro', e não o contrário, mas no momento posterior o 'autêntico' passa a posar de primeiro e original, ou pelo menos de mais próximo das 'raízes'".[125]

Para ele, este é o "mistério do samba". Parece que esse mito nasceu no início do século XX, com o deslocamento das classes populares do centro da cidade para as favelas e subúrbios cariocas, provocado pelas

---

[125] Vianna, 1995:122.

medidas de modernização implementadas pelo prefeito Pereira Passos. Inevitavelmente, os tradicionais locais de reunião dos sambistas deslocaram-se para outros espaços da cidade. Como até hoje se observa, os pagodes, escolas de samba, blocos e outras atividades ou entidades que celebram o samba se concentram nas favelas, nos bairros da Zona Norte ou na periferia da cidade.

Mesmo com a consolidação do mito do samba de morro, com o fim da repressão policial ao samba, com a incorporação das escolas de samba ao calendário oficial da cidade e com a crescente participação dos seus produtores na vida cultural do Rio de Janeiro, esses fatos não modificaram a realidade das favelas. O estado de precariedade permaneceu e a favela atravessou o século sendo objeto de políticas sociais pontuais.

Nas décadas de 1920/30, o samba tornou-se símbolo de identidade nacional. Os vários segmentos sociais envolvidos nesse processo de criação foram responsáveis pela visibilidade do morro, pelo menos na esfera da cultura. Nessa mesma época, vários Estados-nações americanos passaram pelo mesmo processo; possíveis símbolos de identidades éticas foram transformados em símbolos de identidade nacional, como a rumba, a salsa, o merengue, o tango, o *jazz* e o mambo. Ulloa (1998), procurando uma analogia entre o que se passou com esses diferentes gêneros musicais, afirma que todos possuem uma origem religiosa, nasceram em comunidades negras, sofreram influências de outras culturas em circulação nas Américas e se transformaram em símbolos de identidade das nações.

"Lá em Mangueira aprendi a sapatear / Lá em Mangueira é que o samba tem seu lugar."[126] No final da década de 1920, Sinhô já apontava a preponderância do morro na produção do samba. Paulatinamente, a importância da Cidade Nova como lugar do samba foi cedendo lugar aos morros.[127] A presença da Mangueira no cenário do samba é antiga, ultrapassa os limites da favela e constitui interesse nacional.

Durante seus mais de 70 anos de existência, a comunidade da Mangueira tem atraído o interesse de políticos, artistas, intelectuais, celebridades nacionais e internacionais. Tudo indica que a escola de samba

---

[126] Heitor dos Prazeres e Herivelto Martins.

[127] Oliveira & Macier, 1998.

## A Vila Olímpica da Verde-e-Rosa

seja a grande responsável por essa projeção. Logo após a fundação da Estação Primeira, seus compositores passaram a ter fama fora do morro. Na década de 1930, o compositor Cartola vivia exclusivamente para a escola e para as suas composições. Em 1936, época do projeto nacionalista de Vargas, um samba da escola foi incluído na edição especial da *Hora do Brasil*, transmitida diretamente para a Alemanha nazista. Na década de 1940, no âmbito da chamada Política da Boa Vizinhança promovida pelos Estados Unidos, o maestro Villa-Lobos foi encarregado de reunir os músicos e cantores brasileiros, contando com a ajuda de Ernesto dos Santos, o Donga. Assim, vários integrantes da Estação Primeira e outros artistas brasileiros apresentaram-se para o maestro Leopold Stokowski, na praça Mauá, a bordo do navio *Uruguai*. Segue o relato de Donga ao *Correio da Manhã*, de 23/24 de novembro de 1969:

> Villa-Lobos foi procurar-me, quando aqui esteve o regente Leopold Stokowski, apresentando-me a ele a bordo do navio Uruguai, em 1940. Disse-lhe que eu estava incumbido de convidar o pessoal indicado por ele, Villa-Lobos, para uma audição de música brasileira ao maestro. Procurei em seguida José Espinguela, babalaô do terreiro de macumba em Irajá, e que foi para a exibição com seu grupo e mais um cordão de velhos, que Villa-Lobos lhe pedira para organizar e que mantinha para reviver as tradições carnavalescas do Rio. Procurei Pixinguinha, João da Baiana, Cartola, que foi com o coro da Escola de Samba da Mangueira; Paulo da Portela, o clarinetista Luís Americano, o cantor e compositor José Gonçalves, o Zé com Fome ou o Zé da Zilda (que gravou a bordo *Pelo telefone*). Foram também Mauro César, Janir Martins, Jararaca e Ratinho, só faltando Ataulfo Alves, que quase chorou depois, por deixar de comparecer. As 16 das inúmeras gravações feitas por Stokowski estão nos álbuns Colúmbia C-83 e C-84.

As décadas de 1960/70 foram marcadas pela ampla participação de estudantes universitários, intelectuais e artistas, preocupados com a valorização da chamada "cultura popular". Entre os freqüentadores da Mangueira, está o artista plástico Hélio Oiticica, criador dos "parangolés". Suas obras de arte contribuíram para a projeção da favela da Mangueira no exterior. Os mangueirenses tiveram uma participação efetiva nas exposições nacionais e internacionais do artista e na composição dos parangolés. Nesse período, a escola recebeu a adesão de vários setores da sociedade, inclusive o Estado.

Cartola entrou na década de 70 como mito, adotado pelos estudantes que iam escutá-lo no *show* Cartola Convida, que era realizado no prédio da UNE (União Nacional dos Estudantes), na praia do Flamengo. Mesma época em que recebe do então governador Negrão de Lima um terreno para construir sua casa na Mangueira, na Visconde de Niterói.[128]

O samba — como símbolo de identidade nacional — e a escola de samba Mangueira — como uma das associações carnavalescas mais antigas da cidade do Rio de Janeiro — representaram em diferentes momentos a cultura nacional. Tal posição deu prestígio e reconhecimento nacional a essa associação. O "ser mangueirense" passou a significar gostar de samba. Sendo assim, essa identidade ultrapassa os limites da comunidade, estendendo-se a qualquer brasileiro. É essa posição que é negociada quando se pensa em financiar os projetos sociais que atendem à comunidade da Mangueira e à Estação Primeira de Mangueira.

Conectar favela, pobreza e samba ajuda a entender a importância e o significado da escola de samba para a comunidade da Mangueira, assim como os motivos do comprometimento dessa associação com as questões sociais da comunidade na qual está inclusa e que de certa forma representa.

---

[128] *Mangueira 70 anos*, 1998:8.

CAPÍTULO 4

# Chega de demanda

> Chega de demanda, chega/Com esse time temos
> que ganhar/Somos a estação primeira/Salve o
> morro da Mangueira
>
> *Chega de demanda*,
> de Cartola e Carlos Cachaça

## A política social dos anos 1990

O primeiro enredo da Mangueira (1929) foi *Chega de demanda*. A escola desfilou na praça Onze cantando cinco sambas. Cartola — Agenor de Oliveira — compôs três deles, sendo um em parceria com Carlos Cachaça — Carlos Moreira de Castro.[129] A letra desse samba soa apropriada para representar os propósitos dos pioneiros dos projetos sociais da escola de samba: mudar o destino dos meninos da Mangueira.

Apesar do contexto diverso do atual, a letra do samba parece refletir o espírito que norteia o programa social da Mangueira — a decisão de intervir na realidade, ampliando as oportunidades e modificando, assim, o destino de suas crianças e jovens. Agir, em vez de esperar pelo que será oferecido no futuro. Vale lembrar que o Projeto Vila Olímpica surgiu no contexto da chamada política de ajuste econômico, que implicou restrições às políticas sociais. Foi nesse momento de descenso do investimento público no combate à pobreza que as lideranças da Mangueira resolveram tomar a si a responsabilidade da iniciativa.

---

[129] Vieira, 1998.

Como se sabe, a difusão do projeto neoliberal teve início nos anos 1980, mas o Brasil só aderiu a ele no começo da década seguinte. Fiori esclarece que quase todos os analistas concordam com a afirmação de que a pré-história do processo de globalização financeira situa-se na década de 1960, a partir da decisão política do governo inglês de autorizar um mercado interbancário paralelo e autônomo com relação aos sistemas financeiros nacionais (o euromercado de dólares). Para esse autor, foi nos anos 1980 que se deu o salto de qualidade responsável pela transformação da globalização financeira no carro-chefe das mudanças capitalistas.

> Seu impulso inicial, mais um vez, foi dado por uma série de decisões estatais, onde se destacam a revalorização do dólar decidida pelo banco central norte-americano em 1979, o fim do controle do movimento de capitais decidido, quase junto com a liberação das taxas de juros, pelos governos inglês e norte americano. (...) Nesta mesma década, uma outra decisão foi absolutamente decisiva: a liberação dos mercados de ações (o *big bang*) decidida pelo governo inglês em 1986 e seguida imediatamente pelos demais países industrializados. Por fim, é possível identificar uma quarta etapa neste movimento de internacionalização: o período pós-1990, em que são incorporados ao mundo das finanças desreguladas e globalizadas os "mercados emergentes" do ex-mundo socialista e da América Latina. É a hora em que se universaliza a revolução neoliberal (...).[130]

A universalização dessa política promoveu a desregulação e a abertura das economias nacionais, permitindo que a globalização financeira incorporasse inclusive os Estados menos industrializados. Uma das marcas dessa política foi a retração dos investimentos estatais em políticas sociais. As novas orientações, que circunscrevem a questão da pobreza e da política social ao lugar de origem, ou ao espaço nacional, não contribuiu para a diminuição das desigualdades entre as nações. O impacto dessas novas orientações atingiu as políticas sociais tanto dos países ricos quanto do restante do mundo, afetando também, de maneira dramática, os países pobres e agravando ainda mais a situação de desigualdade e pobreza. Os críticos das políticas neoliberais apontam a deterioração das políticas sociais como um dos efeitos das políticas de

---

[130] Fiori, 1997:91.

A Vila Olímpica da Verde-e-Rosa

ajuste, nas quais o corte do gasto social, a focalização, a descentralização e a privatização são precondições para a sua implantação.

A tendência mundial de tratar o bem-estar como pertencente ao âmbito privado vem modificando o quadro das políticas sociais no Brasil. Os críticos do "pensamento único" do país apontam as iniciativas implementadas para minimizar a ação do Estado na esfera do social como integrantes do desmonte do projeto de seguridade social iniciado a partir do governo Collor. Os programas foram vítimas de sucessivas mudanças na institucionalização do setor: sendo descentralizadas e parcas de recursos, as já insuficientes políticas universalistas tendem a desaparecer.

Inegavelmente, a Constituição de 1988 alargou o conceito de proteção social no país. Houve conquistas, como a universalização do acesso aos serviços de saúde, a elevação das aposentadorias dos trabalhadores rurais, a garantia de fontes de financiamento para o seguro-desemprego etc. Porém, a efetiva implementação do orçamento da seguridade proposto por essa Constituição não ocorreu. Nesse quadro, as agências e programas federais de caráter assistencial foram substituídos por organizações não-governamentais, por ações localizadas de governos municipais e por "inovações gerenciais", que, por definição, não têm expressão orçamentária, como é o caso da Comunidade Solidária.[131]

Segundo o Conselho da Comunidade Solidária, entidade governamental instituída no governo de Fernando Henrique Cardoso, não se estava diante de uma singularidade. Essas mesmas orientações eram compartilhadas com outros setores, governamentais e não-governamentais, dentro e fora do país. Também vinham gerando reflexões por parte de estudiosos de ciências sociais de fama mundial, como Manuel Castells, Anthony Giddens, Amartya Sen, Bernardo Kliksberg e Robert Putnam, entre tantos outros. O conselho se considerava um novo instrumento de diálogo político e de promoção de parcerias entre o Estado e a sociedade para o enfrentamento da pobreza e da exclusão. A partir de suas experiências, foi possível configurar "um novo referencial para a ação social", alicerçado na participação dos cidadãos e de suas comunidades e organizações, na parceria entre múltiplos atores, na articulação inter e intragovernamental, na descentralização, na convergên-

---

[131] Lessa, Salm, Soares & Dain, 1997.

cia e na integração das ações. As tendências da política social nacional da época estão claramente expostas nas *Sete lições da experiência da Comunidade Solidária*,[132] a saber:

*1. Não há contradição entre dever do Estado e responsabilidade do cidadão.*

Atualmente, além do Estado e do mercado, existe um terceiro setor, não-lucrativo e não-governamental, cujo crescente protagonismo enriquece a dinâmica social, gerando formas inéditas de articulação com o Estado e o mercado. O interesse público é não apenas dever do Estado, mas também responsabilidade de todos os cidadãos. Sendo assim, as parcerias que envolvem múltiplos atores são vistas como pré-requisito para a execução com eficiência e eqüidade das políticas sociais.

*2. Não há contradição entre políticas públicas e dinâmicas comunitárias, entre oferta de serviços e fortalecimento do capital social local.*

Na verdade, iniciativas governamentais podem contribuir para valorizar e fortalecer o capital social local (formas de sociabilidade e redes de conexão integradas por indivíduos que compartilham sentimentos e atitudes comuns de confiança mútua, solidariedade e reciprocidade, de ser parte da comunidade). O desafio para os responsáveis pelas políticas públicas consiste em articular a oferta de programas e serviços públicos com a identificação e a mobilização desse capital social local, de modo que os destinatários e beneficiários participem da implementação das ações propostas. Os resultados positivos das ações baseadas no fortalecimento dos vínculos de reciprocidade ampliam a confiança da comunidade em si mesma e no governo.

*3. Não há contradição entre políticas de alcance universal e políticas focalizadas.*

As políticas universais serão sempre indispensáveis. No entanto, faz-se necessário adotar também políticas capazes de corrigir as desigualdades, focalizadas em áreas e setores de maior concentração de po-

---

[132] Cardoso et al., 2000. O Conselho da Comunidade Solidária, criado em 1995, tinha como objetivo incentivar, promover e apoiar iniciativas que promovessem a participação dos cidadãos e incentivassem formas inovadoras de mobilização e parceria entre múltiplos atores, com vistas a gerar solidariedade social e processos sustentáveis de desenvolvimento humano e social.

breza. Tratar igualmente desiguais pode agravar a desigualdade, em vez de reduzi-la. Por vezes, em nome da eqüidade, é indispensável tratar desigualmente os desiguais. São as chamadas políticas de "discriminação positiva" ou "ação afirmativa", voltadas para a superação das desvantagens decorrentes de condicionantes de natureza regional, racial, de gênero, etários etc. A contraposição entre universalização e focalização é uma farsa. É possível e necessário combinar e articular as duas coisas.

*4. Não há contradição entre políticas assistenciais e políticas de indução ao desenvolvimento.*

Políticas de indução ao desenvolvimento, voltadas para áreas e setores onde se concentram vulneráveis e excluídos, devem ser adotadas simultaneamente com políticas emancipatórias de assistência social. As duas coisas não se contrapõem, mas, sim, se complementam. Políticas assistencialistas dirigidas a grupos sociais em situação de risco e vulnerabilidade (crianças, idosos, portadores de necessidades especiais etc.) não se contrapõem à adoção de políticas ditas "estruturais", de longo prazo, voltadas para a mudança de determinantes e condicionantes de vulnerabilidade e da exclusão social.

*5. Não deve haver contradição entre política econômica e política social.*

Apesar de o país figurar entre as 10 maiores economias do mundo, ele mantém uma das mais altas taxas de desigualdade. Portanto, superar a desigualdade é o grande desafio. O ambiente macroeconômico favorável é condição indispensável ao adequado enfrentamento da questão social. Investimentos maciços em capital humano, como, por exemplo, em saúde e educação, dão, comprovadamente, retorno econômico a longo prazo e devem ser priorizados. Mas é necessário investir também no capital social.

*6. Não há caminho único nem receita infalível para superar a pobreza.*

Dada a complexidade da realidade brasileira, não há como reduzir a um único plano as estratégias de enfrentamento da pobreza. Quando universalizados ou adotados indistintamente em áreas e setores diferenciados, os planos e programas tendem a perder sua eficácia. Propostas centralizadas, baseadas na transferência direta de recursos, tendem a perpetuar a pobreza ou aumentar sempre o número de beneficiários, além de transformá-los em clientes passivos e permanentes de atividades assistenciais. Faz-se necessário, portanto, lançar mão de um arranjo mais complexo de políticas que envolvam a articulação dos três níveis de governo em parceria com a sociedade.

*7. Compartilhar com a sociedade as tarefas de formulação e implementação de uma estratégia de desenvolvimento social não é apenas uma possibilidade, mas uma necessidade, na sociedade contemporânea.*

O documento afirma que o combate à pobreza e à exclusão social implica transformar pessoas e comunidades em beneficiários ativos dos programas sociais. Isso significa fortalecer as capacidades de pessoas e comunidades para satisfazer necessidades, resolver problemas e melhorar sua qualidade de vida. É nesse contexto de incentivo a projetos que compartilhem desses mesmos princípios de flexibilidade e parcerias que se consolidam programas como o do G.R.E.S. Estação Primeira de Mangueira.

O abandono, por parte do Estado, do papel de principal formulador das políticas sociais e a opção pelo incentivo a essas políticas possibilitaram a entrada das organizações não-governamentais no cenário político. Quem são esses novos parceiros? Consideram-se ONGs as organizações de direito privado, sem fins lucrativos, não-corporativas e não-partidárias, que realizam objetivos variados. Desde a sua chegada, durante a década de 1970, seu sentido se alterou. Inicialmente estruturadas em torno de atividades de apoio a movimentos sociais democráticos de oposição à ditadura militar, passaram progressivamente a definir outros espaços de atuação.

Landim (1988) identificou a existência de 1.208 ONGs nos anos 1980, espalhadas por todo o território nacional e atuando em diversas frentes. Durante os anos 1990, as ONGs redefiniram sua natureza, encontrando um novo sentido no contexto das políticas liberais, e voltaram-se para o campo social. Estimuladas pelo processo de democratização, pelas conquistas no âmbito legal, pela experiência internacional e, ao mesmo tempo, afetadas pela crise financeira, essas organizações foram obrigadas a redefinir objetivos e prioridades de ação.[133]

---

[133] Heringer, 2000:344.

Abandonando temas mais amplos como a luta pela democratização ou pela ampliação da cidadania, essas organizações passaram a se dedicar a outros temas, como violência, educação ambiental, minorias étnicas etc., que visam o desenvolvimento e a promoção social desses grupos. Suas ações são financiadas com recursos externos ou oriundos do próprio Estado. Com alto grau de autonomia, elaboram projetos, recrutam técnicos, dispõem dos recursos sem qualquer controle por parte do Estado ou da própria comunidade, enfim, deliberam o que é melhor para seu público-alvo.

O direito de decidir sobre as prioridades do público a ser atingido sai do âmbito do Estado, das associações de moradores e de outras entidades representativas e passa para essas organizações. Sem a possibilidade de avaliar e controlar as práticas empregadas por elas, nem a aplicação dos recursos, o Estado e as comunidades encontram-se subordinados a interesses alheios a eles. Sendo assim, essas organizações têm desenvolvido projetos sociais que nem sempre representam todos os cidadãos ou atendem às prioridades da população-alvo, o que gera, em algumas comunidades, conflitos de interesses. Essa postura impossibilita a participação comunitária na tarefa de formular e implementar estratégias de desenvolvimento de projetos de promoção social.

## A Estação Primeira e as políticas sociais

Desde sua criação, a escola de samba vem alimentando um estreito diálogo com a sociedade civil e com o Estado. Partindo das duas representações da favela como lugar da pobreza e como lugar da inspiração e produção do verdadeiro samba, vê-se que, por um lado, o despertar do interesse das escolas de samba em participar do campo social nasceu da necessidade de as próprias escolas atenderem às demandas da comunidade, e, por outro, que as recentes orientações da política social brasileira são um convite a "iniciativas espontâneas" de ONGs, fundações empresariais, entidades filantrópicas, clubes de serviços, centros de voluntariado, grupos informais de apoio e auto-ajuda, que dão visibilidade e apoio às ações implementadas pelas escolas de samba, transformando o cenário político da cidade.

Respaldada no fato de ter sido aceita como integrante do cenário cultural da cidade e até mesmo do país, a Mangueira ampliou seus projetos de combate às desigualdades sociais, valorizando sua cultura — o principal e único valor circulante que serve de contrapartida a seus projetos sociais. A ampliação de suas atribuições para além do carnaval se formalizou com a incorporação de atribuições culturais e sociais em seu Estatuto de 1981. Segundo esse Estatuto, cabe à agremiação:

• pesquisar e enriquecer o folclore, através do desenvolvimento cultural e artístico da música popular brasileira — "o samba";
• prestar serviços beneficentes, de natureza filantrópica: promoção de recreativismo, festas e reuniões educativas, visando ao incentivo e aperfeiçoamento moral e intelectual dos associados, por meios próprios e outros convênios com repartições estaduais, municipais e particulares.

Observa-se que a escola incorporou, como objetivos, ações sociais que não dizem respeito às atividades carnavalescas. Ainda que de forma precária, as organizações carnavalescas sempre desenvolveram atividades culturais, de lazer e até mesmo educativas. A Mangueira aponta como um marco de suas iniciativas no campo social ações que tiveram início na década de 1960 e cujo pleno desenvolvimento e reconhecimento se deram no final dos anos 1980.

Em 1987, foram fundadas a escola mirim — a Mangueira do Amanhã — e a Vila Olímpica. Desmentindo a crença de que os pobres são incapazes de se organizar politicamente, como propagava a "cultura da pobreza",[134] as escolas de samba revelam-se atores de peso no campo da política carioca.

Foi durante os anos 1980 que se esboçou a ampliação do poder político das escolas de samba, através de projetos mais elaborados. Escolas como a Mangueira, a Mocidade Independente de Padre Miguel e a Beija-Flor voltaram-se concretamente para os problemas sociais que atingem as comunidades a que se vinculam, intensificando o desenvolvimento de projetos para atender suas carências, como atividades

---

[134] Segundo a "cultura da pobreza" (cf. Lewis, 1961), existe um sistema de normas e valores que diferencia o pobre do restante da sociedade. Tal subcultura é composta, entre outras coisas, pela falta de interesse na política, pela ausência de cultura de classe e pela falta de interesse de integração às instituições da sociedade mais ampla.

esportivas, creches, escolas etc. Mas esse fenômeno não é novo: há bastante tempo as escolas, com suas iniciativas sociais, marcaram sua passagem dos limites do período carnavalesco. Zaluar (1985) nos mostra que as agremiações carnavalescas, inclusive os blocos, eram muito mais do que meras associações recreativas — desempenhavam importantes funções culturais, políticas, organizacionais etc. nas favelas e bairros pobres do Rio de Janeiro. Queiroz (1992) as considerou as primeiras organizações legais dos habitantes das favelas e dos subúrbios.

Zaluar (1994a) avalia os resultados da política social dos anos 1980 destinada à criança e ao adolescente pobre. Para tanto, analisa três programas desenvolvidos em várias cidades brasileiras, entre elas o Rio de Janeiro. Durante o período de vigência desses programas, que foram montados visando complementar o período escolar e preparar essa população para o trabalho, a comunidade da Mangueira foi uma das beneficiadas. Os efeitos combinados da crise econômica, do fracasso da política social, do aumento da criminalidade e da violência, inclusive entre os jovens pobres, é que fizeram surgir e proliferar projetos alternativos fundamentados na educação para o trabalho.[135] Tanto os problemas que serviram de justificativas para o desenvolvimento desses programas quanto as soluções criadas para resolvê-los continuam em vigor até hoje.

Um aspecto positivo dessas experiências destacado por Zaluar é a escolha do esporte, que oferece ao jovem uma série de possibilidades, inclusive a profissionalização, o que o torna um complemento da escola. Ademais, o esporte serve a fins rituais de representação e de comunicação do social, tendo funções mnemônicas importantes, além da própria atividade física, que é prazerosa e saudável.[136] Mas a autora também faz críticas a essas experiências, sendo uma das principais a dissociação entre o trabalho e a cidadania. A ética do trabalho circulante restringe-se à esfera privada da economia e da moral domésticas. Dessa forma, "não é mais possível discutir, hoje, o trabalho desvinculado da

---

[135] Uma das causas da disseminação do uso de drogas e do aumento da violência na cidade do Rio de Janeiro durante a década de 1980 foi o incremento da produção de cocaína a partir de 1982, que chegou a dobrar entre 1985 e 1988. Essa droga passou a ser oferecida em boa parte do mundo a preço baixo. Em 1984, "nevou" no Rio de Janeiro, afirmaram alguns entrevistados, referindo-se à ampla oferta da droga (Zaluar, 1998:257).

[136] Zaluar, 1994a:197.

cidadania, pois os trabalhadores participam dos sistemas culturais e políticos da sociedade e estes interferem no mercado de trabalho".[137] Sugere, então, a fim de conjugar a formação profissional com uma nova cultura política e cívica, que se prepare os jovens para o exercício de uma cidadania plena, responsável e participativa.

Chinelli (1992 e 1995) fornece elementos para se pensar a evolução das ações sociais nas escolas de samba, desde a assistência até as políticas sociais, investigando especialmente o caso da Mangueira. Seguindo ritmos próprios, as ações sociais dessas organizações se consolidaram na década de 1980, quando passaram a ser denominadas "trabalho comunitário" ou "projeto comunitário" tanto pela imprensa quanto pelos agentes nelas envolvidos. A entrada do jogo do bicho no cotidiano de algumas escolas explica em parte essa nova postura. Os banqueiros-patronos passaram a garantir tanto o processo de construção do carnaval quanto a satisfação de algumas necessidades características de comunidades carentes: reforma e construção de casas, creches, pagamento de enterros etc.

Esse relacionamento de patronagem entre o jogo do bicho e as escolas de samba gradativamente se despersonalizou, tornando-se em alguns casos apenas indireto. Mas nem todas as escolas se submeteram aos mandos e desmandos do bicho. A autora ressalta a especificidade da Mangueira com relação a esse padrão, afirmando que o jogo do bicho nunca teve uma presença muito importante ou estabeleceu com a escola uma relação de dependência financeira continuada, nem intermediou de forma sistemática a relação da escola com a comunidade mangueirense.

A criação da Liga Independente das Escolas de Samba, em 1984, ratificou a hegemonia dos bicheiros, mas assegurou parte dos recursos para o financiamento do desfile, o que permitiu a algumas das grandes escolas a ampliação de suas funções e o desenvolvimento de um trabalho comunitário mais contínuo e eficaz. Desse modo, cada vez mais os programas sociais das escolas de samba complementam o poder público na sua função de redistribuir recursos públicos e privados aplicados nas políticas sociais.

A reorientação das políticas sociais no país, devido ao processo de redemocratização em curso em fins da década de 1980, por sua vez, fez

---

[137] Zaluar, 1994a:202.

# A Vila Olímpica da Verde-e-Rosa

surgir um novo modelo, que associava as agências governamentais às organizações da sociedade civil. O próprio Estado passou a estimular o empresariado nacional a se comprometer com o social. A doação em dinheiro começou a ser a principal forma de as entidades participarem no desenvolvimento de atividades sociais. A Mangueira abandonou a "fase amadora" de programas sociais desenvolvidos pelo Departamento Esportivo da escola e pela liderança local, criados na década de 1960, e se profissionalizou, com a chegada de técnicos ligados às agências governamentais, na elaboração de projetos nas áreas da saúde, esporte e educação. Os antigos dirigentes dos projetos comunitários perderam a autoridade que tinham e passaram a cooperar com os novos profissionais e a exercer um tipo de autoridade moral conferida pelo pioneirismo.

Tal fato permitiu que tivessem sobre os jovens um controle disciplinar que as pessoas de fora da escola e da comunidade mangueirense dificilmente conseguiam ter. Foi nessa época que o então presidente da Mangueira conseguiu agrupar as atividades esportivas num local próximo à escola, pertencente à Rede Ferroviária Federal, inaugurando em 1989 a Vila Olímpica da Mangueira. Afinada com o modelo de política social proposto pelo governo, a Vila Olímpica nasceu e se mantém até hoje com o apoio do poder público, através de suas agências, de empresas privadas e de organizações não-governamentais.

Chinelli constata que o projeto de assistência comunitária da Mangueira também se apresenta como uma alternativa ao mundo do crime. O projeto é "um mecanismo de construção de dignidade de classe, que faz emergir o pólo dominado como agente atuante".[138] A autora aponta, como um dos trunfos do projeto mangueirense, o fato de este — calcado na tradição cultural de sua clientela — ser capaz de produzir modelos de identificação fortemente positivos, encarnados em personagens muito próximos, que podem contribuir de forma decisiva para a consecução de seus objetivos. São figuras oriundas das camadas populares, ligadas à tradição do samba e do carnaval carioca. A partir de tradições culturais populares — o samba e o carnaval — e de um modo específico de entender a conjuntura atual, o projeto mangueirense cria condições políticas, institucionais e simbólicas que podem levar as crianças e os adolescentes a participar como agentes do processo de

---

[138] Chinelli, 1992:113.

construção da cidadania. A Mangueira tenta produzir cidadãos com um "jeitinho" muito especial.

É precipitado concluir que o programa social da Mangueira tenha conseguido instaurar práticas que conduzam a uma cidadania completa ou integrada, mas não se pode negar a existência de um movimento em direção à conquista dos direitos dos cidadãos. Trata-se de uma tentativa de minimizar os efeitos das desigualdades sociais que merece de fato atenção. Se não erradica totalmente essas desigualdades, desempenha importante papel na ampliação das oportunidades de inserção dos jovens na vida social, na medida em que permite uma socialização positiva através do esporte.

Com fortes bases culturais, o Projeto Vila Olímpica tem a necessária flexibilidade para incorporar novas experiências, mas sua identidade está atrelada à escola. Ratificar toda a história da comunidade e da escola, exaltar seus fundadores e reforçar a identidade "verde-e-rosa" conferem credibilidade ao projeto e referendam seu trabalho. Amplia-se assim a base social da escola e, conseqüentemente, seu poder político junto à comunidade e fora dela. Além disso, o trabalho comunitário tem proporcionado projeção externa a alguns de seus dirigentes. Dessa maneira, a escola se consagra como porta-voz de sua base social, e através do trabalho social amplia sua rede de relações, influenciando outras localidades da cidade e do país.

## A flexibilidade e as parcerias

Uma das características distintivas de programas como a Vila Olímpica é a focalização. Inegavelmente, essa característica permite o desenvolvimento de políticas de correção das desigualdades, na medida em que é possível aplicá-las em áreas onde há maior concentração de pobreza. Além disso, a necessária flexibilidade, as parcerias e as exigências desse modelo de política garantem o desenvolvimento de projetos que se adaptam à dinâmica da vida social dessas comunidades, o que aumenta a eficácia dos programas sociais.

Esses programas inovadores e focalizados estimulam a geração de respostas locais para velhos problemas, como a necessidade de programas de promoção da saúde, da educação etc. Mostram que, para cada problema, existem soluções diferentes. Mas essas iniciativas têm um lado negativo: a vulnerabilidade. Os recursos dos parceiros financiadores podem ser retirados, colocando em risco a permanência de programas eficazes para o desenvolvimento de sua população-alvo. A sobrevida dos projetos de curto ou médio prazo depende, pois, dos órgãos financiadores.

A direção da escola de samba e da Vila Olímpica está sempre aberta a novos projetos e a novas parcerias. No entanto, o que se mostra como uma possibilidade de ampliação ilimitada de ações positivas pode também significar o fim de projetos bem-sucedidos. Sem recursos, nada de projetos. O projeto Orquestra Afro-brasileira, por exemplo, que integrou o programa social da Mangueira por quatro anos, sob a responsabilidade do maestro Henrique Souza Brandão, interrompeu suas atividades. O projeto atendia a cerca de 100 crianças e adolescentes, que, com instrumentos de percussão (repique, surdo, agogô etc.), aprendiam o que é básico num conservatório de música. Foi patrocinado pelo Banco Interamericano de Desenvolvimento, pela Secretaria de Desenvolvimento Social da Prefeitura do Rio de Janeiro, pela Secretaria de Trabalho e Ação Social do Governo do Rio e pelo Ministério da Previdência. Cada aluno recebia uma bolsa e lanche durante os ensaios diários da orquestra.

O que chama a atenção é o caráter transitório, a fragilidade, das políticas focais, que não garantem intervenções de longa duração. Parece que esse problema não se restringe aos projetos da Vila Olímpica ou da escola de samba. O fantasma da saída dos financiadores povoa todos os programas destinados às comunidades carentes da cidade. Na escola de samba da Mangueira essa questão vem sendo contornada pela contínua incorporação de novos financiadores e projetos. Mesmo assim, os dirigentes da escola declaram-se preocupados em conservar as entidades mantenedoras. Durante as comemorações dos 10 anos do Projeto Vila Olímpica, seu diretor declarou: "O projeto está consolidado. Tanto que foi reconhecido pela Casa Branca" — fazendo referência à visita do presidente dos EUA, Bill Clinton, em 1997. "Mas Chiquinho está preocupado. Uma empresa retirou o apoio ao posto de saúde da Vila Olímpica que atendia gratuitamente cerca de 2 mil pessoas por mês. Ainda não houve interesse de outro patrocinador. Este é o nosso grande drama", diz.[139]

---

[139] *Folha de S. Paulo*, 4-9-1998.

## Os Amigos da Mangueira

"Não basta acreditar, tem que patrocinar" — esta é uma das mensagens veiculadas na revista comemorativa dos 13 anos do programa social da Mangueira. Nela, as entidades mantenedoras dos projetos e as personalidades que os apóiam são chamadas de Amigos da Mangueira. Estes não podem ser considerados "trabalhadores voluntários" ou incluídos na atual política social de incentivo ao voluntariado e à filantropia. Tal política considera "novo voluntariado" e "nova filantropia" aqueles que nascem do encontro da solidariedade com a cidadania e que mobilizam variados atores, artistas, profissionais liberais ou membros da própria comunidade, que, por iniciativa própria e sem esperar pelo Estado, prestam apoio e/ou se engajam no combate às desigualdades sociais. Essas ações não pretendem substituir as políticas públicas, o trabalho remunerado, nem as empresas. São vistas pelo Estado como uma atividade democrática, já que qualquer pessoa pode ser voluntária em iniciativas de apoio ao próximo que complementam e aperfeiçoam atividades desenvolvidas no campo social.[140]

Como entender, na perspectiva do sistema da dádiva, a origem do trabalho social desenvolvido por "voluntários" na Vila Olímpica e em outros tantos projetos das escolas de samba e outras entidades envolvendo pessoas que, sem receber pagamento, atuam nos vários projetos sociais que circulam na cidade?

O trabalho voluntário surgiu na primeira etapa de construção do trabalho social da escola de samba e não se tratava de uma iniciativa incentivada pela ONU e pelo Estado.[141] Em geral, seus idealizadores eram membros da comunidade e/ou da escola que de alguma maneira queriam modificar o destino de suas crianças e jovens. O trabalho era feito embaixo de viadutos, na quadra da própria escola ou em qualquer espaço livre existente na comunidade. Com o passar do tempo, as ações se burocratizaram, transformando-se em algo sistematizado, financia-

---

[140] Ver Cardoso et al., 2000.

[141] A Organização das Nações Unidas elegeu o ano de 2001 como o Ano Internacional do Voluntariado, a fim de estimular todos os países a analisarem a situação de vida de suas populações e a intensificarem a busca de soluções para os problemas sociais.

do e com objetivos claros. Os precursores atribuíam o engajamento na ação voluntária a sua origem pobre e à necessidade de retribuírem o que haviam recebido.

Mas esse desejo de retribuir o que se recebeu não se restringe aos integrantes das comunidades; a escola conta com figuras ilustres que lhe emprestam seu prestígio e fama por acreditarem no trabalho social que lá se desenvolve. São artistas, intelectuais, políticos etc., oriundos das camadas médias ou altas da sociedade. Surge então a figura do "padrinho" ou da "madrinha". Esse é o caso da cantora Alcione, uma das fundadoras do G.R.C. Mangueira do Amanhã. Esse projeto, além de iniciar crianças e jovens entre sete e 14 anos no mundo do samba, preocupa-se com a civilidade. Para ser integrante da Mangueira do Amanhã é preciso estar matriculado na escola regular.

> Escola de bom comportamento. Muito além de ensinar as crianças a compor, criar alegorias, ser passistas, ritmistas e percussionistas, elas são ensinadas a se comportar e vestir adequadamente, manter o cuidado com a higiene, cumprir horários e compromissos, pois quem representar a Mangueira no futuro deve saber ser responsável e, além disso, elas serão bem-sucedidas na vida, se cumprirem e respeitarem as regras de convivência social.[142]

O que une esses grupos, os idealizadores dos projetos e as madrinhas/padrinhos é o desejo de retribuir um pouco daquilo que receberam da família ou de outros grupos sociais. São obrigações que eles próprios se atribuem. Consideram-se distantes do voluntariado tradicional, identificado com a caridade e as obrigações religiosas. Essas figuras ilustres, que não são novas na vida das escolas de samba, desempenham esse papel por prazer. Na verdade, beneficiam-se projetando seus nomes por estarem ligados à escola de samba ou a seu trabalho social. A publicação *Mangueira 70 anos* narra episódios ocorridos em 1940, como encontros do maestro Heitor Villa-Lobos com sambistas cariocas, apresentando-o como amigo de Cartola e freqüentador do morro da Mangueira.

---

[142] Campeã do programa social. *Mangueira 13 anos*. p. 30.

## A dádiva entre estranhos

Como conciliar os dois registros de sociabilidade — primária e secundária — que a sociedade moderna tende a separar? No primeiro registro, o da sociabilidade primária, as relações entre as pessoas são mais importantes do que os papéis funcionais e impessoais que elas desempenham. No segundo, o da sociabilidade secundária, a funcionalidade dos atores sociais importa mais do que sua personalidade, a máscara social que se adquire na interação com os demais atores.

Nas sociedades modernas observa-se a preeminência do segundo em detrimento do primeiro. Surge então uma questão: se a esfera do mercado e do Estado está dominada pela impessoalidade, seria inútil tentar abarcar a linguagem da dádiva? Essa hipótese pode nos levar a concluir que atualmente a obrigação de dar, receber e retribuir só se manifesta de modo dominante na sociabilidade primária, o que é falso. Assumindo uma forma bastante transformada, a dádiva moderna — a dádiva aos desconhecidos (o quarto setor) — é uma realidade. Ela não se baseia no princípio de igualdade, adotado pelo Estado, nem no princípio de equivalência, adotado pelo mercado. Escapando ao cálculo, ela aposta na confiança, e é nela que se estabelece a relação.[143]

A dádiva está em toda parte, afirmam os teóricos da reciprocidade. Sendo assim, pensar a Vila Olímpica a partir dessa ótica significa reconhecer que a dádiva não se refere a momentos isolados e descontínuos da vida social, mas a sua totalidade. Tanto quanto o mercado e o Estado, a dádiva é um sistema essencial a toda sociedade. Nada pode se iniciar, empreender, crescer ou funcionar se não for alimentado pela dádiva. As escolas de samba são um bom exemplo disso. Mas a dádiva não é monopólio de organizações do tipo recreativo — as empresas, por exemplo, pereceriam. Se um bom número de mangueirenses não estivesse disposto a se dedicar à criação e ao desenvolvimento da escola, sem se preocupar em receber qualquer tipo de compensação material, essa entidade definharia. Nela se estabelecem relações de amizade, de camaradagem, relações interpessoais alimentadas pela dádiva, as quais não podem se impor pela força e pressupõem reciprocidade e confiança, que fizeram florescer e crescer a escola e seu trabalho social.

---

[143] Caillé, 1998; e Godbout & Caillé, 1999.

Esse tipo de organização pode ser interpretado como uma reação das pessoas à tendência moderna de suprimir os vínculos sociais primários em proveito de vínculos abstratos e secundários. Ela reage à progressiva quebra dos laços sociais, conservando e mantendo vivas as estruturas regidas pela dádiva que se infiltram em todos os sistemas secundários (do mercado e do Estado). Vale recordar: qualifica-se de dádiva qualquer prestação de bem ou serviço, sem garantia de retorno, que objetive criar, alimentar ou recriar os vínculos entre as pessoas. O próprio reforço da identidade mangueirense tem a função de transformar indivíduos anônimos em pessoas, membros de um grupo mais amplo — a escola de samba.

A face mais moderna da dádiva escapa aos lugares dos relacionamentos interpessoais e coexiste com o Estado e o mercado. O vínculo primário é desejado por si mesmo, ao passo que a relação secundária é considerada um meio para atingir um fim. É assim que a dádiva se manifesta entre estranhos, fora da esfera doméstica. As pessoas fazem parte de uma rede de vínculos da qual não se isolam e na qual os bens que circulam alimentam a ligação. Na Vila Olímpica, uma organização que não é nem do governo nem do Estado, a dádiva é sem dúvida essencial para a sua manutenção e existência. Nesse tipo de experiência, observa-se que tanto o Estado quanto as diferentes entidades da sociedade civil são levados a colaborar, através de parcerias, na prestação de serviços aos cidadãos.

Isso significa que nem sempre a dádiva é completamente autônoma e independente do mercado e do Estado. Na verdade, ela se distingue deles, encontra-se no centro da circulação dos bens e dos serviços, funcionando como um caminho de redistribuição pública. A Vila Olímpica, grupo fundado inteiramente no princípio da dádiva, através de suas redes de sociabilidade amplia seu raio de ação para além da comunidade em que está inserida, formando o que se entende por dádiva entre estranhos. Essa experiência, apesar de poder ser classificada como uma associação burocrática, mantém vivo o espírito da dádiva, na medida em que se pode constatar a reciprocidade entre as pessoas. O esporte é o bem doado que obrigaria à retribuição, reunindo morro e asfalto, conectando favelas e bairros populares, reunindo as pessoas, criando laços entre elas.

## A tradição como contrapartida

A força do projeto social Vila Olímpica reside em sua capacidade de permanentemente inventar e reinventar a tradição que lhe serve de cimento nas relações interpessoais, o que contribui para a consolidação e a ampliação de suas ações em extensas redes de solidariedade e reciprocidade. A tradição desempenha uma dupla função, aparentemente antagônica, porém complementar: o fechamento para o novo e a abertura para o estranho.

O fechamento promove o fortalecimento dos vínculos na esfera doméstica, ou seja, a inflexibilidade na incorporação do novo cria um passado, referências que mantêm vivos os elos entre as pessoas, unindo-as numa mesma cadeia de obrigações, desafios e benefícios. As referências do passado impedem o esfacelamento das relações de vizinhança, combatem o individualismo e a violência, principalmente aquela implantada pela presença do tráfico de drogas nos morros cariocas. Mas a tradição promove também a abertura, a dádiva entre estranhos, a saída da esfera familiar, através da popularização dos projetos sociais da escola. Dessa maneira, o sentimento de pertencimento, de "ser mangueirense", não se restringe aos integrantes da escola ou da comunidade. O permanente contato com a mídia, a participação em torneios ou competições, a extensão das ações aos bairros vizinhos têm possibilitado a criação de amplos circuitos para além das fronteiras locais (a comunidade e sua escola de samba).

O Conselho de Sábios é o "lugar seguro, suporte, sustentáculo". É assim que os dicionários definem "baluarte". Mas, na Mangueira, é um pouco mais. É comprometer-se em ser a memória da septuagenária verde-e-rosa e garantir a tradição de uma escola que não pára de se modernizar, mas não se afasta de suas raízes — assim a *Revista de Carnaval 2001* inicia o artigo a respeito dos velhos integrantes da Mangueira.

Em 1995, foi criado o Conselho Superior da Mangueira, que funciona como uma espécie de tribunal supremo da Estação Primeira. Todas as decisões passam pelo crivo dos 22 baluartes. Seu primeiro ato foi dar o título de presidente de honra da escola a Carlos Cachaça. A escolha dos baluartes segue o critério de estar "acima do bem e do mal", ter mais de 70 anos e uma história de serviços prestados à escola. "Os baluartes são um espelho para todas as crianças da Mangueira que um dia assumirão a escola", diz o ex-presidente Elmo dos Santos.

Essa tradição é reificada em espaços diferentes: no carnaval, quando seu desempenho é inquestionável, e no cotidiano, quando seus "baluartes" são tomados como exemplos e referência tanto para os jovens quanto para toda a comunidade. Por isso seus projetos sociais são vistos como exemplares para o país e para o mundo.

De modo geral, as escolas de samba se rendem à tradição, à manutenção de padrões do passado, ao samba de raiz, à memória de uma velha-guarda. Esses grupos tornam-se uma espécie de reserva moral das escolas, responsáveis pela missão de carregar sua história. São figuras emblemáticas, através das quais as histórias do samba e da agremiação permanecem vivas.

Alguns episódios ilustram a relação de reciprocidade e conflito estabelecida entre as escolas. A Velha-Guarda do G.R.E.S da Portela conta que foi Paulo da Portela, fundador da azul-e-branco, quem levou algumas características do samba feito na Cidade Nova pelo pessoal do Estácio para Madureira e Oswaldo Cruz. Outra personalidade da mesma escola, o compositor Noca da Portela, chegou a compor um samba homenageando os mangueirenses: Cartola, Nelson Sargento e Carlos Cachaça. "A rivalidade entre as duas escolas sempre foi marcada por muita amizade", explica Noca.[144]

Mesmo necessárias à sobrevivência das agremiações, as velhas-guardas deparam-se com obstáculos e com a resistência dos mais jovens e de outros setores da comunidade, como o tráfico de drogas, as novas igrejas, as lideranças emergentes, os jovens ligados a outros estilos musicais. Estes, por razões diferentes, não reconhecem a liderança desses velhos sambistas e por vezes ameaçam a sobrevivência das velhas organizações vicinais. Um jovem músico mangueirense, sem negar a importância dos grupos tradicionais, preocupa-se com a necessidade de reconhecimento das lideranças emergentes na comunidade, acreditando que a consagração do passado é um dos grandes problemas da escola da Mangueira: "a gente sempre coloca o passado como o forte da Mangueira, tem que haver a valorização do presente".

---

[144] *O Globo*, 26-5-2001, segundo caderno, p. 3.

(...) porque hoje tem gente importante trabalhando dentro da Mangueira, como o Birinha, como o Ailton, como o Vidal, como o Paulinho. Mas as pessoas não procuram nenhum deles, porque não conhecem, então ficou aquela coisa mitológica da escola de samba da dona Zica, dona Neuma, do Delegado e existem muitos novos valores (...). Sabe, há um filme, aquele filme *De volta para o futuro*. É isso, a volta para o futuro da Mangueira: valorizar os novos talentos que a Mangueira tem, para a gente não ficar com aquele papo de o Cartola morreu, aí vai ter a viúva do Cartola, o Carlos Cachaça daqui a pouco vai morrer, aí vai ter a viúva Carlos Cachaça. Daqui a pouco morre a dona Neuma, morre a dona Zica, morre o Delegado, morre não sei quem, aí acaba a Mangueira. Então eu acho que o primeiro ponto é esquecer isso.[145]

Apesar dessa disputa entre as lideranças locais, a velha-guarda desempenha papel de importância indiscutível na manutenção dos laços sociais nas associações carnavalescas. A filiação voluntária e desinteressada dessas pessoas, movidas pelo amor ao samba, contribui para o enraizamento dos integrantes da escola. Servem de alicerce a uma estrutura que mantém vivas essas associações. A tradição, também representada pela velha-guarda, pode ser considerada um bem que funciona como contrapartida para o programa social. É a tradição que inspira confiança e faz com que os mantenedores dos projetos invistam na escola; é a tradição que transforma a Mangueira numa das escolas mais queridas do país.

## Os guardiões e a presença da dádiva

Pode-se considerar a partilha uma forma de dádiva? Ela pode ser considerada uma forma particular daquilo que Mauss chama de prestações totais. Vários autores contemporâneos referem-se a um conjunto mais vasto de dádivas — as trocas de dádivas e as contrapartidas não-agonísticas —, nas quais o gênero surge como diferenciador entre os dois tipos de dádivas: a dádiva-partilha e a dádiva-agonística. A primeira acontece na esfera familiar e é primordialmente um assunto feminino, embora não exclusivo das mulheres. E a segunda acontece fora dessa

---

[145] Casé, 1996:93-4; e Ventura, Z. A deusa da luxúria. *O Globo*, 3-3-2001, segundo caderno.

esfera, sendo primordialmente um assunto masculino, embora não exclusivamente de homens.

A narrativa da fundação da escola está repleta de exemplos de dádiva agonística. A existência de vários blocos no morro da Mangueira antes da criação da escola de samba e a rivalidade existente entre eles, que acabava em confrontos violentos, em relações de *agôn* e desafio, até mesmo a reciprocidade negativa da rixa e da vingança eram um assunto tipicamente masculino. Carlos Cachaça, um dos fundadores da escola, conta como se deu a reunião dos sambistas que criaram a escola:

> naquela época as disputas aconteciam no largo de São Domingos ou nos bairros. O pessoal se machucava, quebrava a cabeça, se arrebentava todo. No final, quem ganhasse a briga era o campeão. Foi Zé Espinguela quem reuniu os oito fundadores da escola, um "grupo da pesada" que gostava de samba e de uma boa briga. Assim, foi criado o Bloco dos Arengueiros, o núcleo da Estação Primeira de Mangueira. Aprontávamos muita arenga nos desfiles no morro, nos bairros e na praça Onze. Um arengueiro saía do morro "pra brigar, para ser preso, apanhar ou bater".[146]

O papel feminino — as "donas" ou "tias" — também aparece em todos os relatos sobre o cotidiano das escolas. Desde o início do século XX até as escolas atuais, as tias estão presentes nos depoimentos dos sambistas. Tia Amélia, mãe de Donga e cantora de modinhas, realizava na rua Aragão grandes reuniões de samba, porque, baiana como era, trouxe isso "no sangue", escreve Moura (1983). Da fundação do G.R.E.S. da Portela participaram as "tias" d. Esther, d. Neném, d. Martinha, d. Vicentina etc., conhecidas boas cozinheiras e às vezes mães-de-santo. Suas casas eram pontos de encontro de sambistas, onde se realizavam feijoadas, o angu à baiana e a peixada, para seus freqüentadores.[147] Outra "tia" importante na história da Portela foi Vicentina do Nascimento, filha de Napoleão José do Nascimento, cujo terreiro era conhecido por realizar reuniões de caxambu, organizadas por ela e Nazinho.

Vicentina acompanhou com o irmão, o famoso Natal, a fundação da Portela, em 11 de abril de 1923, e ajudou a fundar, em outubro de

---

[146] *Mangueira 70 anos*, p. 4.

[147] Candeira, 1978.

1984, a escola de samba Tradição, após uma cisão na direção da escola. Sambista, conhecida por preparar a "melhor feijoada da cidade", já inspirou sambas de diversos compositores, entre eles Paulinho da Viola, que em seu *Pagode do Vavá* refere-se ao "famoso feijão da Vicentina, que só quem é da Portela sabe que a coisa é divina". Na fundação da Império Serrano, certas senhoras como d. Marta, mãe-de-santo conceituada na Serrinha e componente da ala das baianas desde 1947, e vovó Maria Joana Rezadeira, mãe-de-santo, jongueira, também integrante da ala das baianas, e outras que participaram da vida religiosa e lúdica da comunidade surgem como figuras de destaque na história da escola.[148]

A publicação *Mangueira 70 anos*, editada pela própria escola, dedica um espaço à contribuição feminina. Em 1940, componentes da verde-e-rosa, entre os quais dona Neuma, se apresentaram no Cassino Atlântico, numa época em que não era comum sambistas se apresentarem na Zona Sul da cidade. Em 1943, a escola de samba, fundada por homens, formou sua comissão de frente com nove mulheres. Tia Miúda relata:

> Eu me lembro muito bem até hoje. A escola queria mulatas para abrir o desfile e nos chamou para a comissão de frente. Eu, Neuma, suas irmãs e outras moças. Vestimos saia e blazer rosa. Naquela época nem se falava blazer, e sim costume. A blusa e o sapato eram verdes. Quem fez a roupa foi a Ivone Dória, mãe do falecido Carlinhos Dória, que mais tarde foi presidente da Mangueira. A Ivone morava perto da linha do trem, onde hoje é o Viaduto. Naquela época, os responsáveis por saudar o público e apresentar a escola eram homens afamados e respeitados na escola ou benfeitores da agremiação. A função tinha grande importância. Tanto que, desde 1938, a comissão de frente já fazia parte do regulamento do desfile.[149]

Participar da comissão de frente significou um avanço para as mulheres: era entrar num universo masculino, onde desfilavam os sambistas mais antigos da escola. Somente na década de 1980 a Mangueira adotou as inovações, já introduzidas por outras escolas na década anterior, convidando para a abertura do desfile pessoas notáveis, como artistas, atletas, intelectuais e sambistas fantasiados. Ativas na escola desde

---

[148] Valença, 1981.

[149] *Mangueira 70 anos*, p. 12.

A VILA OLÍMPICA DA VERDE-E-ROSA

a sua fundação, às mulheres cabia as atividades de passistas, costureiras, cozinheiras. Na década de 1960 foi criado o departamento feminino, fundado por dona Neuma, que tinha como funções abrir o samba e receber os convidados e visitantes da verde-e-rosa.

> Eu fui à Em Cima da Hora porque havia uma festa dos Destaques de Ouro e eu era a madrinha do grupo. Fiquei encantada com o departamento feminino, presidido pela Cilinha. Achei uma beleza. Eu mesma nem sabia o que era isso e perguntei. Elas me disseram que cabia às mulheres receber os convidados e abrir o samba. Foi aí que tive a idéia de fazer o mesmo na nossa Mangueira.[150]

Há uma diferença moral entre homens e mulheres? As duas orientações morais — cuidado e justiça — estão presentes nas preocupações de homens e mulheres? Parece que tanto justiça quanto cuidado estão representados no pensamento de homens e mulheres como dilemas morais, mas há a tendência de enfocarem mais um sistema de interesses e representarem minimamente o outro. Os dilemas cujo foco é o cuidado costumam ser mais apresentados pelas mulheres e os com foco na justiça, pelos homens.

Gilligan e Attanucci (1988), além de constatarem a existência de uma associação entre moral e gênero, concluíram que ambos os sexos têm habilidades para sustentar as duas perspectivas morais. Ao se dedicar à esfera do cuidado, a moralidade feminina se concentra na manutenção dos vínculos e a masculina, na justiça, na igualdade de direitos. Cumprir tarefas através de redes de dádivas coloca as mulheres numa posição inferior porque essa função não é valorizada no contexto da cultura mercantil dominante? Esse assunto foi e é objeto de infindáveis debates na sociedade moderna. O certo é que, nas sociedades baseadas numa oposição entre o doméstico e o público ou entre a casa e a rua, as mulheres são figuras centrais nas redes de dádivas, sendo a dádiva o cimento da relação social, o que faz com que os bens (no duplo sentido da palavra) circulem em prol dos demais participantes do grupo.[151] Resta o problema de averiguar se essas redes se fecham paroquial ou domesticamente, incluindo apenas aqueles que fazem parte do gru-

---

[150] *Mangueira 70 anos*, p. 14.

[151] Tronto, 1993; e Flanagan & Jackson, 1993.

po primário ou se incorporam desconhecidos e até mesmo rivais e concorrentes, como parece ser o caso dos sambistas que se reúnem com os companheiros das outras escolas.

As mulheres sempre estiveram presentes nas organizações lúdicas e/ou religiosas identificadas como pertencentes à cultura negra carioca. Nas irmandades, candomblés, umbandas, escolas de samba etc., a presença de uma liderança feminista serve como alicerce do grupo, mantendo-o coeso, e desempenha papel relevante na formação e manutenção da cultura desses grupos. Geralmente, cabem a elas as tarefas do "cuidado" características da esfera doméstica. Essas estruturas organizacionais não estão baseadas nas relações de consangüinidade, ou seja, não levam o parentesco em consideração. Orientam-se por um sistema de mérito ou patronagem que as coloca numa posição de liderança nessas entidades.[152]

Na Mangueira, várias senhoras alcançaram essa posição na comunidade e na escola. Conhecidas em todo o país, elas integram a Velha-Guarda, são baluartes da escola. O centro de preservação da memória da escola — o Memória em Verde-e-Rosa —, reforçando a tradição carioca das senhoras sambistas e boas cozinheiras, distribui aos visitantes um folheto com a receita da feijoada verde-e-rosa, de autoria de dona Zica, viúva do compositor Cartola e uma das mais conhecidas "damas" da Mangueira. A receita, de proporções exageradas — 200 quilos de feijão-preto, 400 quilos de arroz, 400 quilos de carne-seca ponta de agulha, 400 quilos de lombo, 200 quilos de costela etc. —, foi calculada para alimentar 2 mil mangueirenses. Isso nos faz pensar que, nesse núcleo tradicional da escola, composto por homens e mulheres, há atividades exclusivamente masculinas e exclusivamente femininas, como a feijoada — uma atribuição de mulher.

Dona Zica, companheira de Cartola, e dona Neuma, entre outras "donas", formam o grupo das consagradas "damas da Mangueira". Nota-se que a divisão sexual das tarefas nos grupos tradicionais das escolas apresenta estruturas semelhantes, havendo clara distinção entre a dádiva da partilha (feminina) e a dádiva agonística (masculina).

Para Godbout e Caillé (1999:173) as mulheres estão no centro tanto da dádiva primitiva quanto da moderna. Na dádiva moderna, ela é o

---

[152] Gonçalves, 1990; e Thornton, 1998.

principal agente da dádiva ritual, íntima ou comunitária, e da dádiva a estranhos — na verdade, de todos os tipos de dádiva. Para Cheal,[153] a dádiva moderna é uma história de mulheres. É no universo de relações próprias às mulheres que se elaboram os significados modernos da dádiva. Em todas as escolas de samba há esse núcleo duro — as velhas-guardas — que as sustenta. São essas relações que fogem ao âmbito do utilitário e estão a serviço da dádiva.

Observa-se na história da Mangueira que, desde a sua fundação, ela está repleta de exemplos desse tipo. O reconhecimento do papel desempenhado pelos velhos integrantes da escola deu origem ao grupo dos "baluartes". Estes formaram a associação, ergueram suas várias sedes, contam sua história, são os responsáveis pelo embrião do trabalho social, fundaram departamentos, compuseram sambas etc. Reconhecidos pela escola, hoje constituem um grupo de verdadeiros "consultores" para questões relativas à manutenção dos objetivos da agremiação. Isso nos leva a concluir que se trata de uma entidade fundada ao mesmo tempo na dádiva tradicional (pois até hoje conserva em seu cerne o sistema da dádiva) e na moderna (devido à liberdade de seus membros e à relação entre estranhos).

Formadas inicialmente no âmbito da esfera doméstica por uma rede familiar, de amizade e vizinhança, essas associações tornaram-se complexas à medida que os desfiles carnavalescos se ampliaram. No ano de 1928, havia pouca gente no desfile da escola: menos de 30 pessoas, relata Cartola em *Mangueira 70 anos* (p. 9):

> No outro ano, então, organizamos em definitivo a Estação Primeira, procurando local para ensaiar. Aquele pessoal começou a impor respeito. Nós mesmos, que não prestávamos, dizíamos: "o negócio agora tem que ser assim". E saímos o ano seguinte, 1930, também com pouca gente, mas já representando o morro. Fomos disputar com o Estácio, com a Favela. Então, eles viram a organização, o modo como mudamos e foram se chegando. Depois fez-se a junção geral. Em 1931, Mestre Candinho, Tia Tomásia, foram praticamente todos para a Estação Primeira. E aquilo foi indo, foi indo, e nós chegamos onde está hoje. Naquele tempo tinha que botar um pouco de valente no meio, não é? Botamos o Marcelino, tinha o Manuel, Joaquim, para sair. Estes já eram para impor respeito: Quer brincar? É direto! E aí o negócio foi indo.

---

[153] Cheal, 1988:183, apud Godbout & Caillé, 1999.

Os rumos tomados pelo carnaval transformaram as associações carnavalescas em verdadeiras empresas do lazer e do entretenimento: dos ensaios até os desfiles, tudo é comercializado, envolvendo uma série de pessoas, profissionais e amadores ao longo dos 12 meses do ano. Além disso, a ampliação das atividades para além do carnaval fez surgir uma série de novas demandas; são eventos, projetos sociais, *shows* etc., que envolvem "estranhos" em torno tanto do samba quanto de outras atividades como as esportivas, formando redes que conectam as favelas e os bairros da cidade.

Criaram-se redes baseadas na dádiva, que se espalham anonimamente, pelo contato direto, fora do Estado e do mercado. Mas o que chama a atenção e desperta interesse na descrição dessa estrutura é saber que ela se coloca a serviço do fortalecimento do laço social, que tem sido usado como grande sustentáculo dos projetos sociais da escola, ou seja, o uso da tradição como contrapartida para a captação de recursos e seu reconhecimento como legítima promotora de projetos de ação social.

É inegável a premência de políticas sociais voltadas para crianças e jovens em situação de vulnerabilidade. Experiências como a Vila Olímpica são, portanto, bem-vindas, na medida em que o fortalecimento das redes locais cria condições para que a sociabilidade volte a manter vivas as sociedades locais e para que se escolham soluções locais para as demandas sociais que não percam a perspectiva de inclusão na nação. Como observou Zaluar (1997a:45), é preciso abrir espaço político para reconhecer e estabelecer parcerias com todas as formas de associação que promovam redes de reciprocidade e solidariedade que envolvam os jovens das classes populares, principalmente no quarto setor.

CAPÍTULO 5

# Os meninos da Mangueira: em situação de risco?

O menino da Mangueira/recebeu pelo Natal/Um pandeiro e uma cuíca/Que lhe deu Papai Noel/Um mulato sarará/Primo-irmão de Dona Zica/E o menino da Mangueira/Foi correndo organizar/Uma linda bateria/Carnaval já vem chegando/E tem gente batucando/São os meninos da Mangueira

*Os meninos da Mangueira,*
de Rildo Hora e Sérgio Cabral

## Sobre as políticas sociais e a juventude brasileira

A população jovem do país constitui um público-alvo que justifique a existência de políticas sociais voltadas para as suas demandas? Em 1996, o contingente populacional de 15 a 24 anos aumentou em termos absolutos, muito embora o ritmo de crescimento venha desacelerando desde 1970.[154] Calcula-se que o contingente populacional jovem nesse ano tenha chegado a 31,1 milhões, dos quais 87% viviam em áreas con-

---

[154] Madeira e Bercovich (1992, apud Oliveira & Macier, 1998) referem-se a esse fenômeno como "a onda jovem". A queda da fecundidade e da mortalidade nas últimas décadas vem afetando a estrutura etária da população brasileira. Assim, a desaceleração no ritmo de aumento da população de 15 a 24 anos é conseqüência da intensa e continuada queda de fecundidade. Seus efeitos — como ondas sucessivas — se fazem sentir nas faixas etárias seguintes.

sideradas urbanas. No que diz respeito à composição por sexo, observa-se que o contingente de mulheres é maior. Uma das razões é que os riscos de mortalidade incidem com mais intensidade sobre pessoas do sexo masculino. O aumento da mortalidade masculina, particularmente no meio urbano, entre a população de 15 a 19 anos, está diretamente associado a mortes por causas externas.

Jorge, ao analisar os dados do SIM sobre a mortalidade dos jovens brasileiros entre 1980 e 1995, mostra que os coeficientes de mortalidade, tanto na faixa de 15 a 19 anos, quanto na de 20 a 24 anos, são mais elevados quando comparados aos dados de outros países. Para o sexo masculino, as taxas no país são quase 50% mais altas que as dos Estados Unidos; e provavelmente morrem dois jovens brasileiros para cada jovem canadense, italiano ou francês. O autor prossegue afirmando que "a relação entre as taxas masculinas e femininas é também das maiores; se sua tendência persistir, pode conduzir a um indesejável desequilíbrio demográfico".[155]

Nesse mesmo período, Szwarcwald e Leal (1998:389) demonstram que, entre os jovens de 15 a 24 anos, um terço das mortes é atribuído a armas de fogo. Especialmente concentrado nas regiões metropolitanas, esse fenômeno tem seu foco principal no Rio de Janeiro, daí se difundindo a outros municípios do interior do estado e ao Espírito Santo, o que certamente se vincula à expansão do narcotráfico. Esses dois autores acrescentam ainda um dado interessante para análise. Entre os jovens de 15 a 19 anos, 48% dos homicídios provocados por armas são de estudantes (p. 389). Nesse estado de coisas, o grupo dos jovens carentes é o mais vulnerável a mortes violentas por causas externas.

Os dados da contagem populacional desse mesmo ano indicam também que a população jovem (15 a 24 anos) residente nas regiões metropolitanas brasileiras chegou a 9.446.518, o que corresponde a 20% da população total dessas regiões. Em relação à década de 1980, as taxas de crescimento dessa população aumentaram na primeira metade da década de 1990. Porém, entre todas as regiões metropolitanas, as de Recife e do Rio de Janeiro revelaram as menores taxas para seus efetivos jovens (1% e 1,1%, respectivamente, nos primeiros cinco anos da década de 1990), provavelmente porque são essas duas cidades as que

---

[155] Jorge, 1998:271.

apresentam maiores taxas de mortalidade por armas de fogo entre jovens de 14 a 24 anos, o que já se reflete na pirâmide de idade.

Baseando-se nas tendências demográficas da população jovem, de 15 a 24 anos, no período 1991-96, Oliveira e Marcier constataram um aumento nas taxas de crescimento desse grupo nas regiões metropolitanas em relação à década anterior e apontaram a necessidade de políticas sociais voltadas para esse público-alvo nos distintos contextos nacionais. Em termos prospectivos, Baeninger e outros (1998:24) alertam para o fato de que tal grupo etário continuará a apresentar volume significativo, mesmo com menor peso relativo; prevê-se que, em 2010, o contingente jovem corresponda a 33,5 milhões e, em 2020, chegue a quase 35 milhões.

Além disso, há a questão da prematura iniciação sexual dos jovens no Brasil. O descompasso entre a maturidade sexual e a maioridade civil também é um dos fatores que contribuem para a vulnerabilidade dos jovens.[156] Uniões precoces, desejadas ou não, e/ou gestações, também desejadas ou não, podem produzir mudanças no curso da vida dessa população. O recurso da união não-legalizada é uma das formas encontradas para solucionar essa questão.

Os dados sobre nupcialidade do jovem brasileiro indicam que a idade média para o casamento civil nos últimos 20 anos foi, em média, de 27,5 anos em 1974, 27 anos em 1984 e 27,6 anos em 1994. Para as mulheres, nos mesmos três cortes temporais, tem-se, respectivamente, 23,7 anos, 23,9 e 24,1 anos.[157] A mesma autora, baseando-se no censo de 1991, ao analisar o segmento populacional de 15-24 anos, mostra que 15,6% das mulheres na faixa dos 15 aos 19 anos declararam-se casadas. No caso dos homens dessa mesma faixa etária, o percentual era de 3,1%.[158]

---

[156] O período dos 15 aos 24 anos abrange a consolidação da maturação sexual, porém a maioridade civil só é conquistada aos 21 anos.

[157] Berquó, 1998:94.

[158] A declaração contida nos censos refere-se tanto a casamentos legais quanto a uniões consensuais. Em ambos os casos, a pessoa é denominada casada. O casamento civil no Brasil é regulamentado pelo Código Civil, que estima a idade mínima para a entrada em união. Pelo art. 183 do antigo código, não podem se casar: inciso XII — "as mulheres menores de 16 anos e os homens menores de 18 anos". Daí a grande maioria dos jovens atingidos por essa regulamentação recorrer a uniões não-formalizadas, segundo Berquó. De acordo com o novo Código Civil (livro IV, título I, subtítulo I, cap. II, art. 1.517), "o homem e a mulher com 16 anos podem casar, desde que com autorização de ambos os pais ou seus representantes legais, enquanto não atingir a maioridade civil". No livro I, título I, cap. I, art. 5º, "a menoridade cessa aos 18 anos completos, quando a pessoa fica habilitada a todos os atos da vida civil".

Para Berquó (1998:95), boa parte das uniões declaradas no censo por jovens na faixa dos 15-19 anos refere-se a uniões consensuais. A região Sudeste apresenta a menor proporção de jovens casadas — 13,2% na faixa dos 15-19 anos, seguida pelo Nordeste, com 14,9%, possivelmente por razões distintas. A maior inserção escolar no Sudeste e a emigração do Nordeste podem, entre outras causas, explicar tal situação. Outro dado importante a respeito das uniões entre jovens salientado pela autora é que a precocidade da união conjugal guarda associação com o nível de escolaridade. À medida que cresce a participação dos jovens nos patamares mais elevados de instrução, decresce o número de uniões, o que atesta a necessidade de se ter, simultaneamente, políticas públicas de amplo alcance e políticas focais para atender aos jovens em situação de risco, questão de intenso debate, como veremos a seguir.

## As políticas públicas e sociais para a juventude

A população jovem brasileira forma um conjunto de pessoas que demandam políticas públicas de geração de empregos, educação, saúde, previdência e segurança. Uma vez que as políticas públicas são uma resposta a essas demandas, vejamos o quadro atual. Rua (1998:744) demonstra, com exemplos, que os diversos programas em andamento no país supostamente dirigidos à juventude estão inseridos em programas que não atendem especificamente aos jovens. Além disso, as medidas têm sido insuficientes, seja para proteger o jovem, seja para lhe proporcionar melhores condições futuras. São elas: as ações da Previdência e Assistência Social (que incluem jovens de 15 a 24 anos); o Programa Brasil Criança Cidadã, da Secretaria de Assistência Social (que atende à família, à criança e ao adolescente de sete a 17 anos); a Política de Promoção e Defesa dos Diretos da Criança e do Adolescente, do Ministério da Justiça (que se destina ao público de 12-18 anos); os programas Saúde do Adolescente e Saúde da Mulher, do Ministério da Saúde (que não estão orientados para o recorte específico da juventude de 15 a 24 anos).

Todas as políticas de educação têm uma clientela em aberto: a Alfabetização Solidária tem como público-alvo jovens de 12 a 18 anos; a Universidade Solidária contempla comunidades carentes brasileiras; o

Planfor, do Ministério do Trabalho, visa trabalhadores situados na faixa dos 15 aos 30 anos, e o Programa Nacional de Educação Profissional para Jovens em Situação de Risco, como o próprio nome indica, é o que se mostra mais focalizado.

Finalmente, todas as atividades previstas na área da cultura e do esporte dirigem-se a públicos genéricos. O panorama atual exibe as diversas ações propostas e/ou em andamento, os mesmos problemas recorrentemente observados nas políticas públicas brasileiras, em geral, e nas políticas sociais, em particular — a escassez de políticas destinadas à juventude. Dada a situação de risco de setores dessa população, há que se dedicar especial atenção a ela.

A partir das duas últimas décadas do século XX, no âmbito das políticas sociais voltadas para o enfrentamento da pobreza, os projetos desenvolvidos — com raras exceções, entre as quais o Comunidade Solidária — caminham em direção à adoção de parcerias com a sociedade civil. Aqueles que defendem essas políticas julgam haver, na sociedade civil, um volume considerável de experiências e de conhecimento da área social. Alegam ainda que, em substituição a um modelo considerado assistencialista, caracterizado pelas "ineficiência e obsolescência das políticas sociais centralizadoras", o Estado nacional deve incentivar propostas flexíveis, que buscam articular recursos tanto públicos quanto privados. Nesse sentido, as políticas sociais ficam cada vez mais nas mãos de entidades da sociedade civil.

Um exemplo dessa nova proposta de política social pode ser o programa Alfabetização Solidária, do Conselho da Comunidade Solidária, que começou a atuar em 1997 com 9.200 alunos em 38 cidades. O programa é financiado por meio de parcerias mantidas entre 55 empresas, pessoas físicas e o MEC. Nele observa-se que são consideradas jovens pessoas na faixa dos 12-18 anos; ao excluir aqueles com mais de 18 anos, o programa efetua um corte etário diferente do adotado pelo IBGE, que considera população juvenil todos os que se situam na faixa dos 15-24 anos.

> (...) a ação junto às comunidades com altos índices de analfabetismo entre jovens de 12 a 18 anos é realizada pelos alfabetizadores, a maioria moradores dos próprios municípios em que o programa atua. Cada alfabetizador é capacitado por professores das universidades parceiras e acompanhado por monitores. A prefeitura do município atendido se

responsabiliza pela cessão da estrutura física (salas de aula) e o financiamento é dividido entre o MEC (que também se responsabiliza pelo material didático) e empresas privadas.[159]

Apesar de ter sido criado no âmbito do programa governamental Comunidade Solidária, o Conselho da Comunidade Solidária, iniciado em 1995, é um modelo complementar à política social que está fragmentada em vários ministérios do governo. Cabem a ele a articulação entre os parceiros, a fiscalização do andamento dos projetos e a criação de novas e possíveis parcerias.

O que se passa, então, em termos de políticas sociais nas comunidades carentes cariocas? Quem são os formuladores desse tipo de política nessas comunidades? A minimização das políticas sociais universalistas nas comunidades carentes possibilitou a emergência, nesse campo, de entidades representantes da sociedade civil — sindicatos, associações, fundações —, além do chamado terceiro setor — entidades que utilizam recursos privados com fins públicos. Se, por um lado, as políticas focais atendem às demandas locais, por outro arriscam-se à não-universalização.

Nas comunidades carentes, com a restrição aos formuladores locais — lideranças oriundas das associações locais —, corre-se o risco do nepotismo, do favorecimento de pessoas ou grupos, estreitando, desse modo, o grupo beneficiado e ficando os demais à deriva. Já com a adoção de formuladores externos à comunidade — como as organizações não-governamentais —, corre-se o risco da insensibilidade às demandas locais.

A subordinação dos projetos que serão desenvolvidos nas comunidades a "ações financiáveis" por empresas e organismos internacionais pode não estar de acordo com as prioridades locais e, em alguns casos, excluir a participação dos envolvidos na questão. No caso das favelas, há que se eleger prioridades, conjugar políticas locais com universais, para que os recursos sejam redistribuídos de maneira justa.

São várias as experiências, em todo o território nacional, capitaneadas por entidades da sociedade civil. Nas favelas cariocas, desenvolvem o chamado "trabalho social" entidades como ONGs, organizações religiosas, carnavalescas etc., todas com o objetivo de redistribuir

---

[159] Informações extraídas do portal da Comunidade Solidária.

bens e serviços exclusivamente à população pobre das mais diversas faixas etárias.

As ações desenvolvidas pelas escolas de samba começaram a se tornar visíveis nos anos 1960. Durante essa década, a maioria das escolas passou a trabalhar com crianças e jovens. Ao longo dos anos 1970/80, esse tipo de trabalho evoluiu e perdeu seu caráter amador, estruturando-se como programas sociais mais elaborados, com o apoio da sociedade civil e do Estado. Foi no final dos anos 1980 que o G.R.E.S. Estação Primeira de Mangueira inaugurou sua Vila Olímpica. Durante os anos 1990, as escolas de samba passaram a ser reconhecidas como promotoras de programas sociais relevantes destinados a populações em situação de risco, contexto no qual se destacou a preocupação com a população infanto-junvenil pobre.

## Chegando à Vila Olímpica

Seguindo a via férrea em direção à Zona Norte, passa-se por duas favelas nascidas nos antigos alojamentos do Metrô do Rio — a Favela do Metrô e a Favelinha. Ambas se consideram parte do Complexo da Mangueira. Nos arredores há placas de sinalização que indicam a chegada à Vila Olímpica. Continuando na direção dos subúrbios da cidade e ultrapassando o viaduto situado à esquerda da Favelinha, à direita chega-se à via que conduz à vila. Numa ruela sem saída estão localizados a Vila Olímpica da Mangueira, o Camp Mangueira e o Ciep Nação Mangueirense. De lá, separados pela via férrea, pode-se ver o Palácio do Samba — sede da escola de samba — e as demais favelas formadoras do Complexo da Mangueira.

Percorri esse trajeto — da Uerj até a Vila Olímpica ou o Palácio do Samba — durante todo o período do trabalho de campo. A partir das duas favelas mencionadas até a entrada da vila há sempre grande movimentação, não só devido ao pequeno comércio popular (mecânicas, bares, cabeleireiros etc.) que se instalou ao longo do antigo alojamento e da estação do Metrô, como também à circulação de crianças, jovens, adultos e idosos — beneficiários dos projetos sociais da escola ou simplesmente moradores das proximidades que usam o espaço para lazer e entretenimento.

Além da população beneficiada pela presença da vila, do Ciep ou do Camp Mangueira, circulam por ali líderes comunitários, estudantes, estagiários, visitantes, jornalistas, representantes do Estado, enfim, um grande número de pessoas interessadas no Projeto Vila Olímpica e nos diversos projetos sociais que integram o programa social da Mangueira. Com muito orgulho, uma professora de uma universidade privada que atua num dos projetos me disse: "A vila já se tornou um ponto turístico. Você notou a sinalização nas proximidades?". Atraídas pela fama da escola de samba e de seu programa social, um grande número de pessoas procura visitá-la, o que acontece nos dias úteis da semana. São visitas guiadas, que devem ser marcadas com antecedência. Este e outros fatos levam a crer que o programa social da Mangueira já faz parte do cenário político e cultural da cidade.

Na entrada principal há uma grande placa, onde se lê: *Aqui se constrói o futuro através do/a: saúde, educação, trabalho, profissionalização, esporte, cultura e cidadania.* À esquerda, uma outra informa: *Programa Social da Mangueira: Vila Olímpica, Ciep Nação Mangueirense, Posto Médico, Camp Mangueira (projeto de educação para o trabalho), Assessoria Jurídica e Serviço Social, C.R. Cultural Mangueira do Amanhã e Área de Lazer Terceira Idade.*

Ao final do nome de cada projeto há setas indicando o local onde se desenvolvem as atividades. Já dentro da Vila Olímpica, outra placa anuncia: *Só existe uma coisa melhor do que um sorriso de uma criança — é vê-la bem encaminhada.* À esquerda da entrada principal, de frente para a pista de atletismo e para o campo de futebol, encontra-se outra placa, com a mensagem: *Aqui nascem os campeões do futuro. Xerox* (uma das entidades financiadoras) *e Mangueira.* Essas mensagens são repetidas na maioria das publicações sobre a vila: nos jornais e nas revistas da escola de samba e da própria Vila Olímpica.

A identidade verde-e-rosa está presente em toda parte, no espaço físico e nas atividades desenvolvidas. As plantas que ornamentam os jardins têm flores cor-de-rosa. As paredes dos prédios e os uniformes das crianças e jovens também são fiéis às cores da escola. Subindo o primeiro lance de escadas no interior do Ciep Nação Mangueirense, há um grande painel onde estão retratados os fundadores da escola, uma grande árvore e um menino. O passado representado pelos baluartes, o

## A Vila Olímpica da Verde-e-Rosa

futuro pelo menino da Mangueira do Amanhã e uma grande Mangueira que abriga a todos. Nele encontra-se o seguinte texto:

O ontem e o hoje do G.R.E.S. Estação Primeira de Mangueira

Dia vinte e oito de abril de mil novecentos e vinte e oito, oito homens sentaram-se à mesa pensando em fundar o que é hoje o Grêmio Recreativo Escola de Samba Estação Primeira de Mangueira. *As rosas não falam* mas deixaram o perfume nas mãos daqueles que entenderam a mensagem da criação e o transformaram neste momento cultural.
Eles tiveram o sonho, hoje nós da Mangueira desfrutamos da realidade que hoje ela é. A Mangueira saiu do vaso de planta acanhada e ganhou chão, transformando-se nesta imensa árvore copada que abraça e abriga a todos.
Obrigada aos *anjos da guarda* da Mangueira, seus fundadores: Abelardo da Bolinha, Agenor de Oliveira (Cartola), Carlos Moreira de Castro (Carlos Cachaça), Euclides José dos Santos, José Gomes da Costa (Zé Espinguela), Marcelino José Claudino (Massu), Pedro Caim e Saturnino Gonçalves.
Mangueira hoje é cultura, trabalho, saúde, educação e esporte.

O texto é datado de 25 de abril de 1997 e assinado por Elmo José dos Santos, o presidente da escola de samba naquela data. Este parece ser um dos indicativos de que há intenção deliberada de reforçar a identidade mangueirense naqueles beneficiados pelo programa social da escola. Tem como parâmetro básico que a história da escola e o reforço da figura de seus fundadores são referência importante para a consolidação das bases culturais dos programas sociais da escola.

No dia-a-dia da Vila Olímpica, crianças e jovens brincam, treinam, conversam sentados nos vários bancos espalhados ao redor das quadras e nas áreas de circulação, ou de pé em pequenos grupos formados dentro e fora dos limites dela. Algumas mães aguardam o término dos treinos de seus filhos. Pessoas de diferentes faixas etárias usam as pistas para caminhadas ou simplesmente como local de encontro. Na sala de espera do posto de saúde há sempre pessoas à espera de atendimento ou sendo atendidas. Os técnicos dos diferentes projetos e o pessoal de apoio se movimentam, procurando cumprir suas tarefas. Reuniões de equipe são realizadas. Grupos de visitantes passeiam pelas dependências, todos sempre bem acolhidos pela direção do projeto.

Nos primeiros contatos nota-se a familiaridade dos técnicos e das crianças e jovens com a mídia. A intimidade com os veículos de comunicação talvez possa ser explicada pelo interesse despertado pelo projeto na sociedade. Esse fato interfere na forma com que o visitante é recebido. Eu vou aparecer na televisão? Os jovens entrevistados logo procuram saber se sou jornalista e de qual programa, ou em que jornal ou revista será publicada a entrevista. O fato de o projeto chamar a atenção de outros setores da sociedade civil para o trabalho lá desenvolvido produziu saldos positivos para todos. Para os dirigentes, atrair o interesse de outros segmentos sociais significa prestígio e uma forma de divulgar seus projetos e facilitar a captação de recursos para eles. Para as crianças e jovens, significa sua valorização como pessoa, a fuga do anonimato — ou seja, estar envolvido em atividades consideradas positivas significa pensar em alternativas para um futuro promissor.

## O projeto olímpico

Sem se destinar a uma faixa etária específica ou a uma única localidade (bairro ou favela), o Projeto Vila Olímpica da Mangueira é considerado uma referência no que tange a iniciativas voltadas para as demandas das comunidades carentes.

> (...) O que começou modestamente debaixo de um viaduto repleto de sucata da rede ferroviária foi transformado no que é hoje: um referencial de recuperação e educação para qualquer comunidade dos países em desenvolvimento. Nesse complexo sócio-esportivo-educacional, são recebidos com carinho e atenção, milhares de crianças, adolescentes e até integrantes da terceira idade de dezenas de bairros do Rio de Janeiro.[160]

Pretendendo atingir um público amplo, o projeto segue a tradição dos programas sociais brasileiros: a população jovem não é um alvo, mas parte dela está incluída, na medida em que a Vila Olímpica atende a crianças e jovens de até 18 anos. No que concerne à população infanto-juvenil, objetiva educar e socializar a criança por meio do esporte.

---

[160] Campeã do programa social. *Mangueira 13 anos*. p. 6.

## A Vila Olímpica da Verde-e-Rosa

Temos hoje cinco mil e setecentas e cinqüenta crianças, entre meninos e meninas, na faixa etária de seis a dezoito anos, e a única mensalidade é a apresentação do boletim escolar — declara o superintendente de esporte. A direção apresenta como saldos positivos a elevação dos índices de escolaridade e redução do número de menores infratores na comunidade. — Além de contribuir para a educação, baixou os índices de criminalidade infantil na comunidade da Mangueira, de onde saem cerca de 90% das crianças atendidas pelo projeto — conclui o mesmo dirigente.[161]

"Nossas crianças estão treinando e formando-se em cada centímetro da Vila Olímpica para serem os atletas que representarão orgulhosamente nosso país nas Olimpíadas de 2004", declara um ex-presidente da escola de samba. O projeto oferece a crianças e jovens uma série de modalidades esportivas: atletismo, basquete feminino, futebol, futsal, ginástica rítmica desportiva, natação e vôlei de areia.[162] Os próprios técnicos se dizem beneficiados pelo esporte, para eles um veículo de mobilidade social. "Quando cheguei ao Rio de Janeiro, não tinha nem o primário, e hoje sou professor formado, conhecido até no exterior. As portas do sucesso se abriram para mim através do esporte", declara o técnico de atletismo. Tia Alice — ex-atleta, uma das precursoras das atividades esportivas da escola de samba e idealizadora do Camp Mangueira — declara ser também uma beneficiada pelo esporte.

Nasci e cresci solta no mundo, sem perspectivas de ser alguém na vida, sem ninguém que me indicasse o melhor caminho e aconselhasse. A minha única alternativa, e eu não sabia disto, era me dedicar ao esporte. Eu gostava de correr e pular. E foi assim, brincando, que comecei a treinar arremesso de peso, salto em altura, em distância, e praticamente todas as modalidades do atletismo. O esporte acabou por me ocupar e, graças a ele, estou viva e com saúde.[163]

Todos apostam na integração, formação e socialização que o esporte proporciona a crianças e jovens, além dos princípios éticos que

---

[161] *O Dia*, 20 junho 2000. Vale observar que o percentual de meninos, moradores da Mangueira, atendidos pelo Projeto Vila Olímpica oscila entre 85 e 90% nas declarações de seus dirigentes.

[162] A maioria das modalidades esportivas está filiada às respectivas federações, o que permite a participação das equipes em torneios e campeonatos.

[163] Depoimento de "tia" Alice em *Mangueira 70 anos*. p. 6.

transmite por si só: o respeito às regras e ao adversário. A criação da figura do aluno-atleta estimula a crença de que o esporte é capaz de fixar o aluno na escola e afastá-lo de situações de risco.

## A justificativa do projeto

Afastar os meninos do mundo do crime, tirá-los da rua, livrá-los da violência — estas têm sido as justificativas usadas pelos projetos sociais voltados para os jovens das comunidades pobres. Todos pretendem ocupá-los com atividades educativas, esportivas, culturais e de formação para o trabalho. Acreditam que o espaço deixado pela carência de atividades possa ser ocupado pelo crime ou pelo ócio. São várias as entidades espalhadas pelo país cuja intenção é tirar moças e rapazes de situações de risco. Recentemente, pesquisadores da Unesco elegeram 30 associações que visam a esse objetivo para lhes atribuir certificados de qualidade. Entre elas está o Projeto Vila Olímpica da Mangueira.[164]

Como contraponto à violência crescente nas comunidades pobres da cidade do Rio de Janeiro, vários projetos apresentam o esporte e/ou as atividades culturais como saída. Zaluar (1996), ao se referir à violência que se instalou nas comunidades carentes cariocas, identifica a emergência de uma nova criminalidade — complexa e com conexões internacionais —, que recruta jovens pobres como mão-de-obra. Conclui que não se pode combatê-la apenas com a implementação de macropolíticas públicas de combate à pobreza, mas também com medidas de combate ao etos guerreiro, desenvolvido no crime-negócio, e

---

[164] Ver *O Globo*, 16 agosto 2001. As entidades brasileiras escolhidas pela Unesco foram: Grupo Cultural Olodum (BA), Liceu de Artes e Ofícios da Bahia, Fundação Cidade Mãe (BA), Centro de Referência Integral de Adolescentes (BA), Associação Picolino de Artes e Circo (BA), Escola de Dança e Integração Social para Crianças e Adolescentes (BA), Comunicação e Cultura (BA), Associação Curumins (BA), Circo Escola (MA), Descobrindo o Saber (MA), Ciarte (MT), Orquestra de Flautas Doce (MT), Rádio Margarida (PA), Cores de Belém (PA), Artivistas M.D.E (PR), Escola de Rodeio Baliza, Tambor e Adestramento Erê (PR), Centro das Mulheres do Cabo (PE), Canal Auçuba (PE), Centro de Cidadania Umbu Ganzá (PE), Programa de Atendimento à Criança e ao Adolescente (PE), Coletivo Mulher Vida (PE), Afro Reggae (RJ), Nós do Morro (RJ), Viva Rio (RJ), Comitê para a Democratização da Informática (RJ), Vila Olímpica da Mangueira (RJ), Associação Projeto Aprendiz (SP), Associação Meninos do Morumbi (SP), Fundação Gol de Letra (SP) e Fundação Travessia (SP).

com a interiorização de novos valores e regras de convivência que levem em conta a complexidade da questão.

Nesse contexto de busca de alternativas que ampliem as possibilidades de inserção social do jovem e da criança em situação de risco, o esporte surge como o espaço reservado para o alívio das tensões, para o exercício da "violência domesticada", pois está regido por regras e pelo respeito ao outro, e para uma socialização positiva.[165] Elias mostra que o esporte é um fenômeno novo, que se diferencia das explicações eruditas ou de senso comum que incluem os esportes modernos em uma genealogia de longa duração, apontando sua ascendência mais ou menos direta entre os gregos antigos, astecas e europeus da Idade Média.

O autor se distancia das interpretações universalistas que pressupõem a existência de práticas esportivas em todas as sociedades. Para ele, o esporte marca uma ruptura, inclui-se nas transformações, nos comportamentos e nas sensibilidades que caracterizam o processo de civilização. A comparação dos jogos antigos (gregos) com os modernos mostra o crescimento atual da sensibilidade repulsiva em relação à violência.[166]

Com a plena realização do processo civilizador, o esporte caracteriza-se como um antídoto ao excesso de autocontrole das tensões dos indivíduos, fazendo-os liberar parcimoniosamente suas emoções. São propriedades estruturais do esporte moderno a pressuposição de um jogo em que haja uma relativa igualdade de chances entre os contendores; o prazer decorrente de uma tensão agradável, somente possível quando há esse arranjo de eqüidade entre os campos de combate, tornado mais longo; o relaxamento final da tensão, com grandes chances de catarse, devido à vitória de um dos campos após o equilíbrio das forças em disputa; e a limitação da violência física.[167]

Outro momento na gênese do esporte é tratado por Bourdieu (1984), quando salienta o papel de ruptura desempenhado pelas grandes escolas reservadas às elites inglesas. Nas *public schools*, freqüentadas pelos filhos da aristocracia ou da grande burguesia e onde se retomaram alguns jogos populares, deu-se a passagem do jogo ao esporte

---

[165] Elias, 1994.

[166] Elias & Dunning, 1992; e Lopes, 1995:144.

[167] Lopes, 1995:149.

propriamente dito. Os esportes teriam sido inventados para ocupar o tempo desses jovens, uma vez que as *public schools* tinham a responsabilidade de ocupar todas as horas durante todo o período escolar. Pouco a pouco foram-se tornando qualidades do esporte o aprendizado do combate físico e simbólico, com poucos riscos de violência, e o autocontrole.

A invenção coletiva dos esportes escolares seria, então, fruto do encontro entre a necessidade do combate "mimético" dos corpos, por parte dos alunos, e a crescente exigência de disciplina por parte das autoridades escolares.[168] É essa função mais terra-a-terra da invenção de novos jogos nas escolas de elite inglesas — as propriedades técnicas e práticas de instituições totais voltadas para a disciplinarização de jovens em situação de internato — que leva em seguida o esporte a ser tão rápida e amplamente apropriado em direção ao enquadramento disciplinar e moral dos jovens das classes populares, conclui Lopes:

> Esta prática originária de instituição total seria uma das chaves para a compreensão da divulgação do esporte e da multiplicação de associações esportivas, organizadas primeiramente por iniciativas filantrópicas, mas recebendo depois o reconhecimento e a ajuda dos poderes públicos.[169]

Buscando "a pacificação" que se operou nos colégios ingleses, os dirigentes e amigos[170] da Mangueira (figuras públicas que apóiam o projeto), os meninos e seus pais, assim como os vários setores da sociedade que os apóiam compartilham a opinião de que a Vila Olímpica é o avesso da rua, do tráfico de drogas e do ócio. Significa a civilidade, a pacificação dos costumes e o autocontrole. "O grande triunfo do programa social da Mangueira é manter as crianças inseridas na comunidade, com seus costumes, gente, música e cultura. A Mangueira cum-

---

[168] Wahl, apud Lopes, 1995.

[169] Lopes, 1995:149.

[170] "Integram a lista de Amigos da Mangueira: Luiz Paulo Conde (prefeito do RJ), dr. Nelson Mandela (presidente da África do Sul), Romário (jogador de futebol), Zico (ex-jogador de futebol), Bill Clinton (presidente dos EUA), Fernando Henrique Cardoso (presidente da República), Garotinho (governador do RJ), Benedita da Silva (vice-governadora do RJ), dra. Ruth Cardoso (primeira-dama), Pelé (ministro extraordinário dos Esporte) entre outros" (Campeã de Programa Social. *Mangueira 13 anos*, 2000).

pre rigorosamente as leis básicas reunidas no *Estatuto da Criança e do Adolescente*, garantindo direitos: à vida, à saúde, à educação e ao esporte", declara o juiz da Primeira Vara da Infância e da Juventude do Rio de Janeiro.

Durante a entrevista feita com Josi (14 anos, atleta da equipe de voleibol), sua mãe, dona Alzira (47 anos) observa atentamente as respostas da filha. Ela é uma das costureiras da escola de samba. Todos os dias, após deixar o ateliê, aguarda o fim dos treinos da filha para, então, se dirigirem para casa (na própria Mangueira). Esta senhora, voluntariamente, declara que "para muitos da comunidade é uma bênção de Deus. Eles (as crianças e jovens) têm tudo aqui dentro para não seguir o mau caminho. O caminho da vida torta. Só não consegue nada aqui dentro quem não quer. Aqui tem tudo para eles: educação, atletismo, esporte, tem tudo". Essa mesma certeza se confirma nas entrevistas com os jovens atletas, especialmente quando eles se consideram distantes do mundo do crime. Para eles, o perigo está sempre longe deles, lá (apontando para o alto do morro) estão os traficantes, o crime, a violência, o perigo.

## O perigo mora longe

Quando se referem ao número de crianças e jovens beneficiados, os dirigentes chegam à cifra dos milhares. Todos se orgulham de que há mais de cinco anos o índice de criminalidade é zero entre as crianças da Mangueira, que também detêm o maior índice de escolaridade dos morros cariocas.[171] Apesar da pouca discussão em torno desses dados e da ausência de estudos comparativos sobre os efeitos de projetos similares existentes nas favelas e bairros populares, a crença de que as atividades esportivas afastam o menor do crime difundiu-se pela cidade.

"A Vila Olímpica conta com a simpatia dos traficantes. Eles nunca atrapalham em nada", afirma seu diretor.[172] Apesar destas e de outras

---

[171] Campeã do Programa Social. *Mangueira 13 anos*, 2000:9. Em algumas reportagens sobre o projeto, o índice zero de criminalidade entre os menores da Mangueira é atribuído a um levantamento feito pelo Juizado de Menores.

[172] *Jornal do Brasil*, 3 agosto 1997.

declarações sobre a convivência pacífica com o tráfico de drogas, o jovem das comunidades carentes convive com a presença do crime organizado. "É só olhar pela janela, a gente vê o movimento na boca. É gente chegando o tempo todo, não há como não se envolver", conta o jovem. Para a parcela juvenil cooptada pelo mundo do crime este significa poder e dinheiro, uma "opção de trabalho". É o caminho para se comprar roupas de marca, ter namoradas, enfim, conseguir usufruir e consumir os artefatos juvenis. Apesar de esse "mercado" mostrar-se aberto ao jovem pobre, nem todos nele ingressam. É na disputa pelo futuro desses jovens que surgem as entidades que desenvolvem projetos sociais voltados para a ampliação das oportunidades de inserção na sociedade.

"Já me ofereceram pó, cigarro de maconha. Prova aí, prova aí. Não, não", diz Ricardo (15 anos). A explicação mais corrente é que o colega ou parente ingressou no crime pela "má companhia" ou movido pela "própria cabeça". A maioria dos jovens de sexo masculino revela que já lhe foram oferecidas drogas e que viveu a possibilidade de ingressar no tráfico. Alguns, como Marcos (17 anos), recusaram, por entender que "tráfico de drogas é para quem gosta de drogas, quem não gosta não se mete". Para esses jovens, a entrada no tráfico não é o destino de todo jovem pobre. Acreditam que é possível a recusa e que há outros caminhos e alternativas para eles. Mesmo para aqueles que ingressaram no mundo do crime, há saídas como a igreja, a determinação pessoal, o apoio familiar, entre outros argumentos, todos exemplificados com experiências vividas por amigos ou familiares. "Tenho um irmão que já foi traficante. Não mora comigo, é por parte de pai. Ele foi preso e agora está na Igreja. Agora vive para a Igreja (Universal) e está trabalhando", diz Marcos. O mesmo jovem conta a história de um amigo:

> Tenho um amigo na vida do crime. Mora no Engenho Novo. A família dele é toda do tráfico: os irmãos, os primos. Aliás, menos a mãe dele e a avó. Eles moram na favela do Céu Azul. Antes dele entrar para o tráfico a gente trabalhava junto. Quando a gente era pequeno tinha muita dificuldade, assim, sabe. A gente fazia carreto no mercado, tomava conta de carro... Aí os primos dele o convidaram. Ele me chamou, eu disse que não.

A mãe de Bira (14 anos), ex-dirigente da associação de moradores da Favelinha, conta que veio do estado do Maranhão para o Rio, já usou cocaína, morou na rua, tornou-se alcoólatra e, por iniciativa própria, procurou os Alcoólicos Anônimos (AA), o que foi determinante para a sua recuperação. Segundo ela, um dos problemas mais freqüentes dos jovens moradores do local é o uso de drogas. Seu filho escuta o relato atentamente, mostrando carinho e orgulho da mãe. "Eu moro aqui (favela do Metrô), eu não me misturo. Não sou de ficar me misturando. A maioria dos colegas que eu tenho, minha mãe e meu pai conhecem", diz Juca (16 anos).

O ingresso no mundo do crime afasta os amigos de infância. Por ocasião dos reencontros, as posições estão definidas. Jonas (14 anos) narra o encontro com um ex-colega de escola.

> P: — Você tem algum amigo que tenha entrado para o tráfico de drogas?
> R.: — Tenho. Acho que começou mesmo na época em que ele foi expulso da escola. Ele brigava, ficava infernizando. Daí ele se transformou em bandido. Ele fuma, cheira.
> P.: — Como ele infernizava a escola?
> R.: — Ele vinha aqui, destruía tudo. Arranhava o carro da diretora. Eu já vi ele fumando na escola.
> P.: — Como se vira bandido?
> R.: — Outro dia eu fui comprar um negócio para minha mãe no Buraco Quente. É o único lugar que fica aberto até mais tarde. É tipo uma mercearia. Fui comprar leite com o meu irmão. Aí eu olhei para ele. Ele estava com dois revólveres aqui, assim do lado. Tipo uma AR-15 na mão. Nem falei direito. Ele olhou para a minha cara assim. Segui meu caminho. Acho que com aquelas armas todas aí, ele deve estar nesta vida bandida.

O ingresso de um jovem no tráfico implica a quebra da relação de amizade com seus colegas anteriores. "Faz um bom tempo que não vejo ele. Eles não se metem com a gente", prossegue Jonas. O distanciamento daqueles que fazem parte do mundo do crime parece ser a forma usual de defesa.

Os ex-colegas que freqüentavam as atividades dos programas sociais e hoje estão no tráfico são vistos como indisciplinados, desordeiros etc., aqueles que faltam aula, arranham o carro da diretora, enfim, aqueles com antecedentes desaprovados tanto pelos colegas quanto pelos educadores. A busca desses antecedentes explicativos para justificar o comportamento do colega implica o realce das atitudes reprováveis no passado em detrimento das positivas. "Eles acham que isso aí é onda. Eles acham que são malandros. Aí é que eles se dão mal. A maioria vai pela cabeça dos amigos. Aí, tem uns que falam que não sei o quê. Prova, aí começa a viciar", diz Rafael (14 anos).

Todos os entrevistados criticaram o caminho apontado pelo crime organizado, porém todos têm alguma história para contar a respeito do tráfico de drogas, que envolve amigos, parentes, traficantes e usuários, ou da polícia e que acaba em mortes, prisões, desagregação familiar — em várias formas de violência. Mas, quando se referem à Vila Olímpica, dizem que o tráfico, o perigo mora longe, ou seja, a convivência é considerada pacífica. "Eles lá, nós aqui", diz um jovem. A despeito da existência de um mercado de drogas a céu aberto no Buraco Quente (Mangueira), onde maconha e cocaína são oferecidas por cinco reais, todos são unânimes em afirmar que o tráfico não interfere na dinâmica da comunidade e dos projetos sociais.[173]

A convivência pacífica da Vila Olímpica com o tráfico de drogas é demonstrada pela não-interferência dos traficantes nas atividades cotidianas do projeto. "Eles têm respeito, não botam o pé aqui, o negócio deles é lá em cima." Tanto os meninos atletas quanto os técnicos crêem que as drogas são incompatíveis com a prática esportiva. O esporte, além de evitar o ócio, é um antídoto contra as drogas. "A maioria dos garotos gosta de jogar futebol, não ficam com a cabeça vazia. Eles pensam mais em jogo. Não pensam nesse negócio de fumar nem de brigar", diz Jerônimo (14 anos).

Essa geração de meninos, especialmente os moradores de favela, convive desde a mais tenra idade com o tráfico e com a violência dele decorrente. Esse convívio faz com que encarem a violência com naturalidade — ela é vista como dada, sem possibilidades de mudança, restando apenas a saída de conviver com ela. Esse estado de coisas os faz crer que, apesar da violência crescente, eles estão protegidos, pois não se "envolvem" com ela. "Eles lá e nós aqui", "o perigoso é morar lá" (referindo-se ao alto do morro), "perigoso é quando a polícia está no morro", "os traficantes não nos incomodam", "só se envolve quem quer" etc., dizem os jovens. Eles acreditam, como mecanismo de defesa, que a violência não os atingirá.

Ao contrário do que crêem, os dirigentes e proponentes de projetos os vêem como jovens em situação de risco. Apenas o aumento da

---

[173] *O Globo*, 15 agosto 2001.

# A Vila Olímpica da Verde-e-Rosa

violência, porém, não explica as transformações ocorridas na cidade e que criaram esse tipo de situação. Somam-se a ela outros fatores, como mudanças estruturais no sistema de produção e o fato de os jovens estarem vivendo uma etapa de transição para a vida adulta. Tentando modificar esse estado de coisas, projetos como a Vila Olímpica procuram intervir nessa realidade, oferecendo aos jovens uma formação satisfatória, uma socialização positiva que minimize os efeitos das desigualdades sociais.

## A comunhão morro-asfalto

Há uma diversidade de segmentos sociais atendidos pelo projeto, ou seja, do favelado ao morador do bairro popular há um contínuo de situações sociais. Os bairros e as favelas do Rio de Janeiro apresentam grande heterogeneidade — nem todos estão expostos à mesma intensidade de violência — e infra-estrutura diferenciada. O contato com o mundo das drogas não se restringe ao morador de favela ou dos bairros populares, nem o crime seduz a todos. E, apesar de a Mangueira ser uma das favelas beneficiadas com grande número de projetos sociais, isso também não quer dizer que nela não haja espaços de extrema carência.

Embora o Projeto Vila Olímpica também atenda a crianças e jovens moradores nos bairros populares localizados no entorno da Mangueira, seus dirigentes dizem que a população atendida é constituída majoritariamente de meninos da Mangueira. "Meu filho estava se envolvendo com drogas e se recuperou graças ao esporte e à atenção do pessoal, especialmente do seu Agrinaldo, um avô para as crianças", diz a fisioterapeuta Maria, moradora da Tijuca, mãe de Rafael, de 11 anos. Rafael está entre os 15% de alunos que não moram na Mangueira. Essa comunhão morro-asfalto é proposital, ratifica a direção do projeto.

> Meninos do Alto da Boa Vista e da Tijuca, por exemplo, convivem com os do morro e de outras comunidades carentes. Essa troca de experiência proporciona a descoberta de mundos diferentes e humaniza a criança, tornando-a mais compreensiva e madura, defende diretor da Vila.[174]

---

[174] *Jornal do Brasil*, 3 agosto 1997.

A renda tem sido um forte determinante para a distribuição populacional entre os diferentes bairros cariocas. As populações de baixa renda, em sua maioria, concentram-se nos subúrbios, nas favelas e na periferia da cidade. Voltando aos anos 1920 — década do surgimento das escolas de samba, blocos carnavalescos e times de futebol no Brasil e das gangues estadunidenses —, Zaluar (1997b:109, e 1998:21) compara esses dois acontecimentos, realçando as diferenças culturais existentes entre os bairros estadunidenses e cariocas no tocante à formação das organizações e às formas de lidar com conflitos.

As organizações cariocas, além de representarem os segmentos sociais a que estavam diretamente ligadas, expressavam também a rivalidade entre os bairros e as outras organizações. No mesmo período, as gangues juvenis estadunidenses — organizações vicinais nos bairros pobres, habitados por imigrantes ainda não integrados ou no período anterior a sua ascensão social — se enfrentavam, os jovens lutando contra outros jovens de gangues diferentes, movidos pela busca da fama e da saída do anonimato.[175] Essas gangues provocavam conflitos violentos, sempre de caráter étnico e de vizinhança, visto que a peculiar segregação étnica das cidades estadunidenses sempre confundiu etnia e bairro, raça e bairro, afirma a autora.

Aqui, a rivalidade entre bairros e favelas, apesar de não excluir de todo conflitos violentos, expressava-se nos desfiles e concursos carnavalescos e nas competições esportivas. A busca da fama, a pretensão à glória como artista ou desportista sempre estiveram presentes nessas localidades, que nunca se tornaram guetos raciais ou étnicos. Ao contrário dos Estados Unidos, aqui nunca se confundiu bairro com etnia. A concentração de negros e pobres nas áreas mais carentes se dá mais por conta da renda do que por uma possível segregação espacial.[176]

Mas o que une os jovens da Mangueira aos jovens de outros bairros ou favelas cariocas? Apesar da heterogeneidade das favelas e bairros populares cariocas, o que une os jovens em torno dos projetos da Verde-e-Rosa é a situação de vulnerabilidade a que todos estão expostos e a carência de políticas sociais para a juventude que atendam às demandas dos setores populares.

---

[175] Zaluar (1997b) salienta a importância dos estudos urbanos de Wirth (1967) para o entendimento do processo de formação das gangues estadunidenses.

[176] Ribeiro, 1993.

## A juventude verde-e-rosa

Os estudos sobre juventude revelam duas tendências de análise. A corrente identificada como geracional caracteriza-se pela busca de similaridades — a juventude é tomada como um conjunto social cujo principal atributo é ser constituído por indivíduos pertencentes a uma dada fase da vida, prevalecendo a busca dos aspectos mais uniformes e homogêneos que caracterizariam essa fase. A corrente classista vê a juventude como um conjunto social necessariamente diversificado (classe, situação econômica, poder, oportunidades ocupacionais etc.). Machado (1994) propõe a conjugação dos dois eixos semânticos: a aparente unidade e diversidade dessa etapa da vida humana.

Como todos os jovens, os mangueirenses aderem aos estilos juvenis circulantes na cultura juvenil universal. Porém, há especificidades que identificam o jovem carioca morador de favela ou de bairros populares. São as preferências no vestir, nos estilos musicais, por vezes copiados por outros jovens que freqüentam os bailes da comunidade, os ensaios de escola de samba, os jogos de futebol, as atividades desenvolvidas nesses locais e que não são moradores da localidade. A presença do tráfico de drogas nas favelas interfere na dinâmica da vida dos jovens, dividindo-os entre os que aderiram e os que não aderiram ao tráfico.

Como as gangues estadunidenses, o tráfico impõe um modelo de violência viril, um estilo que apela para as figuras guerreiras e as armas.[177] Um jovem relata: "aquele que freqüenta o baile armado tem mais sucesso com as garotas que os outros". Um simples jogo de futebol contra o time de uma outra comunidade da região está marcado pelas relações estabelecidas pelas diferentes facções do crime organizado que se instalaram nas favelas cariocas. Isso significa que o jovem é identificado pela favela onde reside e pela facção nela dominante, o que impõe barreiras na circulação desses jovens. Mesmo que o jovem não seja traficante, usuário ou associado ao tráfico, é proibida sua presença em uma favela cuja facção seja inimiga da que ocupa sua favela de origem. Ele não pode circular livremente, jogar futebol, freqüentar bailes ou outras atividades de interesse juvenil. O determinante na maneira com que ele (visitante) é recebido pela favela que visita é a relação estabelecida

---

[177] Cechetto, 1997; Zaluar, 1998.

naquele momento entre as facções que dominam as favelas envolvidas. "A ausência de confrontos, seja com a polícia, seja com outras facções, garante que o jogo/baile será pacífico", conta Vítor (20 anos). São as seguintes as conclusões de Cechetto (1997:114) sobre os bailes *funk* no Rio de Janeiro:

> no baile percebe-se a representação simbólica de processos complexos que organizam a vida social das favelas, segundo uma lógica antagônica, territorial e guerreira. (...) Isto pode ser observado no elevado estímulo à competição territorial, a referência recorrente aos "comandos" das comunidades, e o emprego da lógica da guerra na divisão do "território" do baile. De forma nenhuma isso quer dizer que os bailes *funk* expressem mimeticamente a guerra entre quadrilhas, nem que as guerras sejam uma forma de agrupamento menos complexo porém ligada à hierarquia do crime organizado. O que se percebe é uma permanente negociação e interação entre as galeras e os organizadores no que diz respeito à recriação dos códigos de violência no âmbito do lazer e da sociabilidade juvenil.

Os pressupostos de Elias (1994) no que tange à própria civilidade e ao processo de pacificação dos costumes que transformaram a relação entre o Estado e a sociedade são imprescindíveis para o entendimento dos retrocessos, marcados pelo aumento da violência, provocados pela presença do tráfico de drogas nas comunidades cariocas. O processo de pacificação dos costumes ocorrido nos países europeus no século XIX e o conseqüente monopólio da violência pelo Estado permitiram o término da justiça pelas próprias mãos, o fim dos duelos, enfim, o desarmamento da população civil. "O próprio Elias constata que esse processo não atingiu igualmente todas as classes sociais nem todos os países."[178] No Rio de Janeiro, desde a fixação do tráfico de drogas nas comunidades carentes, assiste-se a um desmantelamento dos grupos vicinais e familiares, a um retrocesso no processo de pacificação dos costumes.

Zaluar (1997b:41) afirma que, nessa cidade, o processo civilizador foi interrompido e involuiu, provocando a explosão da violência intraclasse e intra-segmento. O enfraquecimento do poder local

---

[178] Zaluar, 1997b:37.

aprofundou a ruptura dos laços sociais dentro da família e entre as famílias na vizinhança, acentuando o isolamento, a atomização, o individualismo.

Segundo Elias e Dunning (1992), os processos de pacificação dos costumes tiveram diversos aspectos que interagiram para formar novas configurações. Na Inglaterra, na sociedade parlamentar instituída no século XVII, as lutas não eram mais feitas pela espada, mas pelo argumento e a persuasão, normas impostas pelo jogo parlamentar. Do mesmo modo, o surgimento das práticas esportivas, entre meados do século XVIII e o século XIX, instituiu uma representação simbólica da competição entre segmentos, facções e Estados-nações, tornando-a não-violenta e não-militar, posto que as regras acordadas implicavam o controle das emoções e excluíam a violência física. A parlamentarização das classes dirigentes da Inglaterra teve assim seu equivalente na "esportificação" dos seus passatempos.

No Brasil, é inegável a importância do esporte como um fenômeno estratégico para o entendimento do processo histórico de longa duração denominado por Elias "processo de civilização".[179] Outro processo igualmente importante que se espalhou por todo o país a partir do Rio de Janeiro foi a institucionalização de concursos, competições e desfiles carnavalescos envolvendo bairros e segmentos populacionais rivais. Por intermédio de ambos deu-se a pacificação dos costumes, viveram-se rivalidades e promoveu-se o encontro dos diferentes segmentos e partes em que a cidade sempre esteve dividida, acrescenta Zaluar (1995:40).

Hoje, o que acontece em algumas comunidades carentes pode ser entendido como uma interrupção do processo civilizador provocada pela explosão da violência. A fragmentação das organizações vicinais e familiares facilitou o domínio dos grupos de traficantes no poder local. Entende-se, assim, pelo menos em parte, por que o jovem armado faz tanto sucesso no baile da favela. É possível ocorrerem processos de "descivilização", quando a tensão na sociedade é tão elevada que os controles individuais da violência se tornam ineficazes e uma parcela da população adere a ela. Como salienta Elias, devido a esse processo, as manifestações violentas de determinada fração da sociedade devem ser

---

[179] Ver DaMatta, 1982; Lopes, 1995; e Zaluar. 1997a e b.

vistas principalmente como sintomas de um problema da sociedade em geral.

Por isso, os projetos para a juventude que contemplam atividades esportivas passam a ocupar lugar de crescente importância na sociedade carioca. O esporte, como o lugar essencial de liberação controlada das emoções e também o lugar propício à constituição de identidades coletivas, de grupos sociais e de identidades nacionais, abre a possibilidade da construção de uma socialização positiva para esses jovens.[180]

Mas o que une os meninos da Mangueira? O país apresenta-se como uma sociedade muito desigual — com muitos pobres, e na qual estes encontram barreiras sociais ao acesso a oportunidades de galgar melhores níveis de vida e bem-estar. Embora a questão da pobreza, entendida como sobrevivência material, diga respeito a parte significativa de nossa população, a noção de desigualdade inclui formas mais amplas de privação e desvantagem que vão além das privações materiais. A renda, o acesso à educação e ao mercado de trabalho, e a cor são indicadores que revelam o quadro das desigualdades sociais no Brasil. Barros, Henriques e Mendonça (2000) e Reis (2000) afirmam que a pobreza no Brasil não deve ser associada prioritariamente à escassez, absoluta ou relativa, de recursos; nosso problema reside na distribuição desigual destes. Nessa perspectiva, o aspecto emblemático da sociedade brasileira é a desigualdade e, não, a pobreza.

O pertencimento a camadas baixas ou médias baixas e a condição de morador de favela ou de bairros populares da cidade já demonstram a diversidade desses segmentos sociais. O que os une é o fato de todos estarem expostos com mais intensidade aos riscos decorrentes da distribuição desigual dos bens e serviços sociais. Assim, procurei traçar um perfil desses segmentos de jovens a partir dos traços que os unificam: o trabalho, o estudo e o tempo livre. Por se tratar de grupos em situação de risco, em fase de transição para a vida adulta, a implementação de ações eficazes que ampliem as oportunidades, reduzindo as desigualdades sociais a que estão sujeitos nessa faixa etária, torna-se uma das vias para o aumento da eqüidade social.

---

[180] DaMatta, 1982; e Lopes, 1995.

## Quem são os atletas da Vila Olímpica

Marcos, José, Antônio, Maria, Carmem ou Ana — todos são jovens estudantes e atletas que, plantados num presente verde-e-rosa, sonham com um futuro multicor. Quase todos usam apelidos para se referirem uns aos outros. Entre os meninos é comum apelidos que se refiram a um acontecimento passado ou a uma característica física: Gordinho, Olhões, Camelinho, Coiote etc. "Estava fazendo aula de desenho e fiz um coiote perfeitinho. Eles, então, me chamaram de Coiote", esclarece Marcos (17 anos). José (14 anos) foi apelidado de Peixe pelo tio, perguntei por que e um amigo respondeu: "Olha só a cara dele, tem uma cara de peixe". Gordinho (15 anos) queria emagrecer, começou a caminhar na pista da vila. "Quando eu era pequeno tinha os olhos esbugalhados", explica Olhões (15 anos). Em alguns casos, os jovens são mais conhecidos pelos apelidos do que pelos nomes.

Já as meninas usam com mais freqüência diminutivos do próprio nome. Elas são: Ninha, Bia, Dada etc. Geralmente a origem é familiar e se estende para outros grupos. Nem todas as crianças e jovens pertencem às equipes das diversas modalidades esportivas oferecidas pela vila. Há diferentes formas de inserção, que exigem investimentos diferenciados. Os jovens que apenas freqüentam as atividades da Vila Olímpica, sem contudo integrar as equipes, têm uma participação mais fluida. As meninas que integram o time de voleibol, por exemplo, treinam diariamente, constituindo um grupo mais coeso e homogêneo. São jovens selecionadas para integrar as equipes, estão na faixa etária dos 13-18 anos e todas têm escolaridade compatível com a idade. Entre as diversas formas de apoio à equipe, a vila oferece bolsas de estudo em um colégio privado e, em alguns casos, moradia para as atletas vindas de outros municípios. Estas e outras iniciativas garantem a permanência dessas jovens nos diferentes níveis do ensino regular e com bom desempenho esportivo. Algumas já ingressaram no ensino superior — todas no curso de educação física. "Eu e ela viemos de São Paulo para cá", informa uma das atletas. "Eu vim de Angra, moro com uma moça num apartamento aqui perto", acrescenta uma outra jovem. Todos, unidos pelo esporte e o desejo de um futuro próspero, falam de suas famílias.

## A família

Segundo Albuquerque (1993), baseando-se nos dados da Pnad de 1990:

- as famílias pobres brasileiras tendem a ser mais numerosas;
- as rendas dependem, sobretudo no meio rural, dos ganhos dos chefes de família;
- os chefes de família são jovens;
- a maior proporção das famílias é chefiada por mulheres;
- os chefes de família que se declaram de cor preta (ou parda) são proporcionalmente mais numerosos entre os pobres;
- os chefes estão mais submetidos a relações informais de trabalho, ou exercem proporcionalmente mais atividades por conta própria;
- as atividades econômicas dos chefes tendem a se concentrar nos setores de baixa produtividade; e
- os níveis educacionais são muito baixos.

Esses dados, no entanto, não podem ser analisados segundo a tese da cultura da pobreza, que se fundamentava num sistema de normas e valores que diferenciavam o pobre do restante da sociedade — sistema que seria como uma subcultura com forte referência ao imediatismo, calcada na incapacidade de adiar gratificações para o futuro. De acordo com essa abordagem, o pobre desenvolveria uma cultura exclusiva, que se caracterizaria por um mínimo de organização acima da família e pela falta de integração com instituições da sociedade mais ampla. Essa "pobreza cultural" acarretaria a impossibilidade de os pobres produzirem um estoque simbólico próprio.

Os críticos desse ponto de vista refutam-na, alegando que, primeiro, a pobreza não tem um significado universal; segundo, as características objetivas registradas em censos e estatísticas — famílias "desestruturadas", chefiadas por mulheres etc. — podem se dever a processos culturais distintos e ter significados também distintos para os que vivem na pobreza; e, terceiro, a pobreza é um conceito comparativo e sua qualidade relativa aos outros gira em torno da desigualdade social. A pobreza não é, portanto, resultante da cultura. É, sim, resultado de políticas públicas que provocam uma real privação material e uma real exclusão dos pobres nos campos ocupacional, educacional e político.[181]

---

[181] Zaluar, 1985.

## A Vila Olímpica da Verde-e-Rosa

Residindo ou não com a família, todos os jovens entrevistados possuem uma, no sentido mais amplo que se possa dar aos arranjos familiares existentes. Mesmo aqueles que durante o ano residem nos alojamentos (residências que abrigam os atletas originários de outros municípios ou cidades) têm uma família, ainda que distante. Todos parecem receber orientação e apoio desses grupos, cujo núcleo pode ser um casal, formado pela mãe biológica do jovem e seu companheiro (pai ou padrasto) ou simplesmente a mãe. Em torno desse núcleo agregam-se outros parentes, como avós, tios, primos etc. Todos os jovens cursam a série escolar compatível com sua idade, a maioria não trabalha e freqüenta sistematicamente os treinos esportivos.

As entrevistas constataram que os meninos, apesar de não saberem estimar qual a sua real renda familiar, não provêm de famílias extremamente pobres ou marginalizadas. Em muitos casos, o trabalho precário ou informal de seus responsáveis é uma das explicações dadas para esse desconhecimento. De maneira geral, declaram que suas famílias possuem renda mensal superior a três salários mínimos.

As famílias têm participação importante nas escolhas e projetos futuros desses jovens. "Quero trabalhar para ajudar minha família" — uma preocupação geral. Durante o tempo livre, novamente a família surge como uma das prioridades. Esse tempo pode ser utilizado no auxílio às tarefas domésticas, como: tomar conta de um irmão mais novo, fazer comida, cuidar da arrumação da casa etc. O desejo de auxiliar materialmente a família é demonstrado também na escolha de uma profissão; o sonho de ter um bom salário ou de ser um profissional bem-sucedido e assim poder aumentar a renda familiar é uma preocupação constante nas falas dos jovens.

Todos os jovens entrevistados na pesquisa, como já mencionado, freqüentam o ensino regular no nível equivalente à sua idade. É de se esperar, portanto, que entre esses jovens atletas não haja casos de união precoce ou gravidez. Nenhum deles declarou ter filhos e todos planejam postergar essa decisão para o futuro. Em geral, quando se referem à família o fazem preocupados em como auxiliá-la no orçamento doméstico. Em nenhuma das entrevistas o entrevistado se referiu à construção de seu próprio núcleo familiar.

Os dados do censo de 1991 reforçam os depoimentos dos entrevistados. A maioria dos jovens solteiros entre 15 e 19 anos (88%) vive com a família, seja com o pai e a mãe (72%), seja com apenas um deles (16%).[182] No caso dos jovens da Mangueira, a escolarização e a evasão tanto da escola quanto das atividades esportivas oferecidas pela Vila Olímpica daqueles que optaram por uma união conjugal ou por levar adiante uma gravidez podem explicar a ausência, entre os entrevistados, de jovens com filhos e/ou que constituíram família.

É comum a presença de mães, em geral das jovens, acompanhando os filhos durante os treinos, externos ou na vila. As restrições e proibições orientadoras de comportamento impostas pelos pais são mais rígidas quando se trata de meninas. A liberdade de estar fora de casa desacompanhado chega mais rápida para os meninos. "Eu não vou a bailes, porque minha mãe não quer que eu ande por aí" (Ana, 15 anos). "Já fui ao baile da Mangueira acompanhada de minha irmã, que é casada e mora fora daqui" (Josi, 14 anos). A mãe de Josi, presente no momento da entrevista, relata: "Ela não tem namorado, que eu saiba. Não sei a que horas, ou está na escola ou nos treinos. Eu já disse que ela tem liberdade para namorar e para me falar que está namorando". A menina permanece em silêncio e esboça um leve sorriso.

Ao contrário da situação feminina, os meninos estão sempre desacompanhados. Para eles, a vila é um bom lugar para o bate-papo e para o namoro.

O namoro, o lazer e os bailes são questões recorrentes no discurso dos jovens. A vila, o baile e a escola são espaços de sociabilidade bons para o namoro. As entrevistas acabaram por revelar, além das redes de amizade entre eles, valores que fundamentam as relações de namoro. A constituição de uma família ou de relações afetivas mais ou menos duradouras não parece ainda ser uma preocupação central na vida desses jovens. Jonas (14 anos) procura fazer distinção entre "ficar" e "namorar": já teve uma namorada, mas não gosta de namorar, prefere "ficar" — "tenho medo de ser chifrado". "Tem hora que minha mãe é chata pra caramba. Ela simplesmente diz: "traz ela pra cá, pra eu conhecer".

Entre o medo de ser "chifrado" e o desejo de ficar com várias, a constituição de uma família não parece ainda ser uma preocupação desses jovens. O interesse imediato se restringe ao namoro. Querem ir aos *points*, lugares onde se consegue diversão e namoro. As relações

---

[182] Zaluar, 1985: 103.

afetivas entre os jovens do sexo masculino vão-se construindo nos bailes, na vila, na escola ou na vizinhança. "Tem garota que eu já conheço, aí eu fico com ela. Daqui a pouco ela esquece e eu esqueço também. Eu já cheguei no máximo de três garotas no mesmo baile."

A fuga do compromisso do namoro e a flexibilidade das relações descompromissadas não inibem o julgamento rígido do comportamento das meninas. A aparente liberdade do "ficar" retirou das meninas restrições de comportamento com relação ao sexo oposto. Entre o risco de ser "a safada" ou "a namorada", as meninas fazem suas escolhas afetivas.

> — É assim, tem garota que não gosta de ficar muito tempo.
> — Por quê?
> — Tem garota que é muito safada, eu não gosto destas garotas não.
> — O que as garotas safadas fazem?
> — Ficam apertando a minha bunda. Tá vendo aquele garoto deitado lá, o Daniel (a entrevista foi realizada na Vila Olímpica). Fica a gente assim. Fica cada um com uma garota. Fica cada um num canto. Elas ficam apertando minha bunda assim, eu não gosto. Eles, eu não sei. Eles deixam, mas eu não gosto.
> — O que mais você não gosta?
> — Pedir para sair com uma garota e ela ficar enrolando. Falo uma vez, não quer..." (Pedro, 15 anos).

É no grupo feminino que se observa uma atuação familiar mais restritiva com relação aos namoros. Quanto mais jovens, maior o controle dos familiares. "Eu só vou a bailes com a minha irmã" (Josi, 14 anos). "Minha mãe não gosta que eu fique aí pelas madrugadas" (Ana, 15 anos). É comum a presença de mães acompanhando as filhas nas atividades da vila. Uma delas relatou: "eu dou toda a liberdade para ela, se ela tiver um namorado eu acho que ela vai me dizer".

Os meninos da Mangueira que ilustram os três últimos capítulos com suas falas[183] estão na faixa etária dos 14-18 anos, não apresentam defasagem entre série e idade, integram famílias estruturadas, compartilham situações socioeconômicas e vivências similares em função das localidades em que vivem e da freqüência com que vão à Vila Olímpica. A maioria possui dupla (escola e treinos) ou tripla (escola, trabalho e

---

[183] As conclusões se referem ao grupo de jovens entrevistados.

treinos) atividade. Na vila desenvolvem suas atividades esportivas e re-creativas. A Vila Olímpica significa o espaço de sociabilidade e amplia-ção de oportunidades, o avesso da rua. Declaram-se amantes da Man-gueira (comunidade) e da escola de samba. Vêem o futuro como incerto. Sonham em ser atletas profissionais, desejam ganhar dinheiro e morar na Mangueira, perto dos amigos, ou na Barra da Tijuca, perto da praia.

## CAPÍTULO 6

# Cem anos de liberdade: realidade ou ilusão?

> (...) O negro samba/Negro joga capoeira/Ele é o
> rei/Na verde-e-rosa/Da Mangueira.
>
> Hélio Turco, Jurandir e Alvinho

Temas ligados à cultura negra sempre inspiraram os compositores das escolas de samba. No ano do centenário da abolição da escravidão no Brasil, a Mangueira e a Vila Isabel escolheram o tema para o desfile carnavalesco daquele ano. Ambas emocionaram o público mostrando um panorama da vida dos escravos e seus descendentes no país. O G.R.E.S. Unidos de Vila Isabel foi a campeã e o G.R.E.S. Estação Primeira de Mangueira conquistou o vice-campeonato.

O samba-enredo da Mangueira retrata o clima das comemorações do centenário da abolição ocorridas em 1988. Seu conteúdo, além de exaltar a contribuição das populações negras na construção da nação, introduz questionamentos a respeito da inserção do negro na sociedade atual. Neste capítulo, que também se refere aos meninos da Mangueira, vamos abordar o tema das desigualdades raciais, o racismo, o trabalho e os usos do tempo livre desses meninos.

Será...
Que já raiou a liberdade
Ou se foi tudo ilusão
Será...
Que a Lei Áurea tão sonhada
Há tanto tempo assinada
Não foi o fim da escravidão
Hoje dentro da realidade

Onde está a liberdade
Onde está que ninguém viu (bis)
Moço
Não se esqueça que o negro também construiu
As riquezas do nosso Brasil
Pergunte ao Criador
Quem pintou esta aquarela

Livre do açoite da senzala
Preso na miséria da favela
Sonhei...
Que Zumbi dos Palmares voltou
A tristeza do negro acabou

Foi uma nova redenção (bis)
Senhor...
Eis a luta do bem contra o mal
Que tanto sangue derramou
Contra o preconceito racial (...)

O primeiro censo das favelas cariocas, realizado em 1948 por iniciativa da Prefeitura do Distrito Federal, constatou a predominância de pretos e pardos na composição dessas populações. O censo as considerou "hereditariamente atrasadas, desprovidas de ambição e mal ajustadas às exigências sociais modernas". Segundo Zaluar e Alvito (1998:13), "o preto (...) priva-se do essencial à manutenção de um nível de vida decente mas investe somas relativamente elevadas em indumentária exótica na gafieira e nos cordões carnavalescos".

Mesmo com a oficialização dos desfiles carnavalescos e a inclusão do carnaval na agenda das festas nacionais, é interessante observar a atualidade desse discurso sobre os negros favelados. Ainda há quem atribua ao favelado a responsabilidade pela precariedade de sua condição de vida. Em nosso país, o mito da democracia racial convive com o racismo e o preconceito. Durante a festa exerce seu potencial igualitário e democrático, mas, infelizmente, no plano social, conserva as desigualdades raciais.

Os dados censitários mostram que a variante cor pode ser considerada um potencializador da desigualdade no país. Mas como explicar esse fato num país conhecido por suas relações raciais democráticas, onde se difunde a universalidade das leis? O que parece incompreensível ganha sentido quando se percebe que a assimilação se deu somente no plano da cultura. Por isso, é possível entender a participação de toda a sociedade nos ensaios das escolas de samba. Nos meses que antecedem o carnaval, todos os setores sociais podem ser encontrados nas quadras. Essa mesma quebra de hierarquia social é observada nos desfiles das escolas durante o carnaval, o que não impede que, terminada a festa, a velha hierarquia social retome a sua ordem.

A associação entre cor, pobreza e favela está presente em nossa sociedade até hoje, ou seja, todos os negros são pobres e todos os pobres são negros. Os dados censitários continuam confirmando a presença maciça de negros nas favelas e nos bairros populares da cidade e

A VILA OLÍMPICA DA VERDE-E-ROSA

também que a cor do indivíduo é um desses critérios não-materiais que perpetuam e aprofundam nosso padrão de desigualdade.

A composição da população jovem por cor no censo demográfico de 1991 revela que a população branca reduziu sua representação na população total do país. No segmento jovem de 15-24 anos, em especial, as alterações são bem expressivas. Os resultados desse censo mostram que 49,2% dessa faixa etária eram compostos de jovens brancos e 50,5%, de jovens negros (pretos e pardos). Oliveira e outros (1998:11) atribuem o aumento dessa população à maior fecundidade das mulheres negras em relação às brancas. A cor, como critério de exclusão, pode representar um diferencial entre os jovens, na medida em que a igualdade de oportunidades e/ou condições não foi universalizada. Ou seja, perpetuam-se, ainda, as desigualdades entre brancos e negros em nossa sociedade.

Apesar dos avanços verificados nos indicadores sociais brasileiros, como o aumento da escolaridade entre os negros, as populações negras ainda permanecem sub-representadas nos diferentes níveis educacionais se comparadas aos grupos brancos. Os indicadores sociais revelam que, em nosso país, não tem sentido fazer referência à desigualdade, mas às várias desigualdades. Talvez a mais difícil de se conceber, em parte devido ao mito da democracia racial, é justamente a desigualdade racial, que vai além da mera separação entre os índices de padrão de renda e os indicadores de proteção social, como moradia, escolaridade, expectativa de vida, acesso aos serviços de saneamento básico e assistência médica, criando um hiato entre negros e brancos.

A população negra brasileira possui menos anos de estudos, ganha salários mais baixos e, conseqüentemente, tem renda mais baixa que os brancos. Os estudos sobre a participação do negro no mercado de trabalho e no sistema educacional brasileiros têm demonstrado ser a raça um critério relevante também para a análise da inserção dos diferentes grupos sociais no mercado de trabalho. O fim da escravidão não proporcionou uma efetiva inserção do negro no modelo econômico emergente; as desigualdades raciais se conservaram na sociedade brasileira pós-abolição.

Infelizmente, constata-se, no início do século XXI, que os negros acumulam desvantagens em relação ao grupo branco.[184] Silva e

---

[184] Sobre o tema, ver Schwarcz, 1999.

Hasenbalg (1983) chamaram de "processo de cumulação de desvantagens" aquele ao qual os negros se submetem ao longo de suas trajetórias sociais. Ou seja, durante o ciclo da vida socioeconômica, os negros sofrem desvantagens geradas por atitudes discriminatórias, desvantagens que se acumulam na geração de chances de vida profundamente inferiores àquelas desfrutadas pelos brancos. Os negros estão sujeitos à discriminação no processo escolar, à discriminação no emprego e à discriminação salarial. Essas desvantagens competitivas agem cumulativamente, explicando a maior parte das diferenças monetárias entre brancos e não-brancos, concluem os autores. Pareceu-me então oportuno falar da cor dos meninos, de suas experiências e de suas opiniões sobre a existência de barreiras sociais baseadas na cor do indivíduo em nossa sociedade.[185]

Diferenciando-se de outros projetos sociais que atendem a populações moradoras de favelas e que se declaram voltados para a divulgação e a promoção de manifestações da cultura negra e para o combate à discriminação racial e social — como o Grupo Cultural Afro Reggae de Vigário Geral, Rio de Janeiro —, os projetos sociais da Mangueira, apesar de atenderem majoritariamente à população negra (pretos e pardos, conforme a classificação do Instituto Brasileiro de Geografia e Estatística — IBGE), não se destinam somente a ela. Mesmo sem um corte racial, a Vila Olímpica, ao contemplar os segmentos carentes, atinge indiretamente as populações negras, ou seja, apesar de o projeto não estar voltado exclusivamente para jovens negros, a presença deles é visível.

Nosso sistema de classificação de cor é circular e ambíguo,[186] o que resulta num sistema de desigualdade social às vezes transparente, às vezes invisível, por historicamente tratarmos nossa sociedade como uma democracia racial, apesar de os dados oficiais da desigualdade mostrarem o contrário. Os meninos da Mangueira foram convidados a se autoclassificarem quanto à cor, seguindo diferentes critérios de classificação: a popular (que oscila entre os extremos claro/escuro), a dual (branco/não-branco) e a do IBGE.

---

[185] Ribeiro e Lago (2000) comparam a distância social entre os moradores de favela e de bairros da cidade do Rio de Janeiro.

[186] Um mesmo indivíduo pode ser classificado diferentemente, de acordo com o grupo que o classifica.

# A Vila Olímpica da Verde-e-Rosa

Seguindo o critério popular, que resulta num espectro multicor, a maioria dos meninos entrevistados autoclassificou-se como "morenos" — e o restante como mulatos, negros, ou respondeu que não sabia. Pelo critério dual de classificação, somente um dos entrevistados optou pela cor branca. Ao serem solicitados a optar por uma das classificações utilizadas pelo IBGE, que divide a população em cinco cores (pretos, pardos, brancos, indígenas e amarelos), a maioria optou pela cor preta.

Como grande parte dos projetos sociais brasileiros, a Vila Olímpica também não adotou um corte racial, nem possui dados que identifiquem a cor de seus beneficiários. A predominância de negros nesse projeto reforça a já sabida concentração do contingente populacional negro nas favelas cariocas. As observações da entrevistadora confirmam uma maioria de meninos negros no Projeto Vila Olímpica e o fato de que a população negra carioca concentra-se nos espaços mais pobres da cidade (favelas, loteamentos e bairros populares). Isso indica que essa população se encontra mais vulnerável no que diz respeito às condições de vida e ao acesso a serviços básicos.[187]

A adoção da categoria intermediária possibilitada pela cor morena reforça conclusões de pesquisas anteriores sobre cor no país, ou seja, a introjeção do mito da democracia racial resultou num sistema identitário de cor múltiplo e ambíguo, no qual a mudança de classificação é possível.[188] Daí a possibilidade de circulação de vários sistemas classificatórios. A democracia racial — a convivência pacífica entre as raças — só é posta em xeque quando se trata do outro (um parente ou amigo). Mesmo sabendo de casos de discriminação racial, para os entrevistados, as diferenças de cor não significam um problema, um possível obstáculo em sua trajetória social. "Existe racismo, sim. Eu tenho irmãos brancos e negros, é tudo misturado. O preconceito é com os meus irmãos negros", diz Marcos (15 anos, autoclassificação: branco).[189]

---

[187] A entrevistadora usou duas classificações para os meninos entrevistados: brancos e negros.

[188] Pesquisa da *Folha de S. Paulo*/Datafolha, "Racismo cordial" (1995:37) sobre o preconceito de raça no Brasil aponta a cor morena e suas variações (moreno claro e moreno escuro) como a classificação de cor preferida pelos brasileiros. Dos entrevistados, 43% de brasileiros maiores de 16 anos classificaram-se como morenos.

[189] Segundo Nogueira (1998), o preconceito no país é de marca e não de origem, ou seja, à aparência misturam-se outros critérios de classificação, tais como a situação de classe e a distância social. O jovem entrevistado tem a pele clara e cabelos tingidos de louro (observação da pesquisadora).

— Você conhece alguém que tenha sido discriminado por causa da cor?
— Minha mãe foi. Quando ela trabalhava na Casa de Saúde São Sebastião ela foi um pouco discriminada. Ela não fala disso muito bem para a gente, não. O que eu sei é que ela já foi chamada de negra.
— E você?
— Comigo não. Eu tenho amizade com muitas pessoas. Nunca aconteceu comigo não. Ser chamado de preto ou coisa assim (Daniel, negro, 14 anos).

Parece que o fato de a maioria dos meninos entrevistados não estar em contato com os domínios onde as desigualdades baseadas na cor são mais evidentes os tem resguardado de algumas experiências mais diretas com a discriminação racial. A maioria ainda freqüenta o ensino fundamental, a quadra da escola de samba e as atividades da Vila Olímpica. Na educação, o primeiro nível de ensino já revela algumas discrepâncias, quando se comparam os anos de escolaridade de brancos e negros, o que se acentua nos níveis posteriores.[190] Na escola de samba e na Vila Olímpica — espaços consagrados à música e ao esporte —, a discriminação racial é mais suave. Nos dois últimos espaços, a cultura negra e o negro são aceitos e valorizados. Neles, a convivência entre os diversos segmentos sociais, culturais e étnico-raciais se dá sem maiores atritos; são espaços maleáveis à aceitação das diferenças étnico-raciais da população.[191]

Sendo assim, a exposição ao racismo ainda é reduzida e/ou postergada para a vida adulta ou para os níveis educacionais mais elevados e/ou para o mercado de trabalho. O enfrentamento com os espaços menos flexíveis à incorporação das diferenças étnico-raciais — o mercado de trabalho, o ensino médio ou superior — só ocorrerá mais tarde. Nossos meninos apostam na democracia racial, representando a si mesmos como morenos. Daí a freqüente narrativa de que o racismo

---

[190] Segundo a Pnad de 1999, a média de anos de estudo do brasileiro é de apenas 5,7 anos. Apesar do aumento da escolaridade de brancos e negros (pretos e pardos) no país, as desigualdades entre eles se mantêm; quanto mais elevado o nível educacional, menor a presença do negro. Ver Henriques, 2001.

[191] Sansone (1995), ao investigar o caso de Salvador, concluiu que o racismo é fortíssimo nos domínios "duros", onde a cor é considerada fundamental na orientação das relações raciais e das relações de poder (mercado de trabalho). Fraco, nos domínios "suaves", nas situações em que o negro não constitui obstáculo (bar, futebol, rodas de samba, festa, grupo de amigos etc.). E fraquíssimo nos espaços negros, onde ser negro constitui uma vantagem (blocos, batucadas, terreiros etc.).

# A Vila Olímpica da Verde-e-Rosa

existe. Todavia, as situações de discriminação racial só acontecem com o outro.

Quando solicitada a escolher entre uma das classificações propostas pelo IBGE (preto, branco, pardo, amarelo ou indígena), a maioria escolheu a cor preta, mesmo no caso daqueles que se autoclassificaram como morenos ou mulatos. Estes últimos, quando convidados a fazer suas escolhas a partir de uma classificação dual (branco e negro) optaram por negro. O uso da classificação negro, contudo, não corresponde necessariamente a uma identidade étnica com implicações políticas.

O fato de participarem de um projeto social de uma escola de samba (espaço onde a identidade negra é positivada) e a globalização dos artefatos da cultura negra (a presença da cultura negra nas artes, no mercado, na música e na mídia) têm contribuído para a popularização da identidade negra. Hall (1999:12) destaca o caráter provisório, variável e problemático das identidades na modernidade tardia. Para ele, o sujeito, previamente vivido como tendo uma identidade unificada e estável, está se tornando fragmentado, composto não de uma única, mas de várias identidades, algumas vezes contraditórias ou não-resolvidas. O impacto da globalização sobre a identidade cultural fez circular, entre os meninos, identidades construídas a partir dos gostos musicais, da moda, das mercadorias consideradas étnicas etc. Então, o ser negro hoje apela para outros campos sociais que não os tradicionalmente reconhecidos como espaços políticos: um partido ou um movimento social.

O Projeto Vila Olímpica — ainda que não se volte diretamente para o combate às desigualdades raciais, ou para o atendimento da juventude (entendida como a faixa etária entre 15 e 24 anos, segundo o IBGE) — contribui para a alteração do quadro das políticas sociais para a juventude, na medida em que essa experiência possa servir de ponto de partida para a reflexão sobre caminhos a serem tomados que contemplem as especificidades do público em questão. Por outro lado, ao definir o pobre como o público-alvo de suas ações, o projeto inibe iniciativas que contemplem diferenças de gênero ou de cor. O Projeto Vila Olímpica tangencia a questão da cor, ao atender à criança e ao jovem pobre e favelado, em sua maioria negro, sem contudo enfrentar diretamente a questão das desigualdades raciais no país.

## O cotidiano dos meninos: entre a obrigação e o entretenimento

### O trabalho, a escola e o esporte

O cotidiano dos meninos é dividido entre as obrigações escolares, o trabalho e os treinos na Vila Olímpica. Em reunião realizada na vila com vários atletas de 15-18 anos, estavam presentes 18 meninos e meninas das diferentes equipes esportivas. Eles falaram sobre seu cotidiano: a escola, o trabalho, a Vila Olímpica, o lazer e as expectativas futuras, entre outros temas. Os meninos descrevem seu dia-a-dia como: "da casa para os treinos, dos treinos para a escola". Entre as tarefas cotidianas, alguns incluem o trabalho e cursos (além da escola regular). O trabalho é concebido num sentido amplo; quase nunca corresponde a um emprego estável. "Trabalho em casa, não recebo nada", ou "ajudo o meu pai na obra durante os fins de semana" (o pai é pedreiro). Todos estudam, estão cursando o primeiro ou o segundo grau e dois deles já ingressaram no terceiro grau. "Estudar é chato, mas é melhor do que ficar em casa sem fazer nada", diz uma das jovens. Outra discorda: "às vezes é chato, às vezes não é. Tem que haver força de vontade". Quanto à vila, acreditam que ela proporciona mais oportunidades para pessoas menos afortunadas, ocupa o tempo do jovem com coisas sadias. "Lá há disciplina e se aprende a respeitar as pessoas", relata uma jovem e todos concordam com ela. No tempo livre, vão aos *shoppings*, aos bailes, à própria vila, desta vez apenas para lazer — enfim, dedicam-se às atividades juvenis que estão a seu alcance e disponíveis na cidade.

A pequena parcela de jovens entrevistados que trabalham o fazem em atividades assistemáticas, que não implicam abandono da escola. Além disso, o trabalho não tem o mesmo significado para todos os jovens. Para aqueles que contam com um certo apoio financeiro da família, seus rendimentos financiam o lazer, o consumo ou servem para auxiliar no orçamento doméstico. Outros entendem por trabalho as atividades de auxílio às tarefas do lar: ajudar a cuidar dos irmãos mais novos, cuidar dos afazeres domésticos e até auxiliar os pais ou parentes em seus empregos. "Eu ajudo meu irmão a entregar jornal" ou "eu trabalho em obra". Geralmente são trabalhos precários, às vezes sem remuneração, pois estão auxiliando seus parentes. Nestes casos, o trabalho assume uma posição secundária em suas atividades diárias. As obrigações escolares ou os treinos estão em primeiro plano. Um dos entrevistados explicou como conciliava os trabalhos esporádicos, o estudo e os treinos na vila.

— Eu ajudo meu pai e minha mãe. Não tenho trabalho fixo.
— Você ajuda como?
— Vamos supor, minha mãe está trabalhando, meu irmão na escola e eu tomo conta da minha irmã (quatro anos). Eu arrumo a casa, a gente divide. Quando minha mãe está em casa, eu ajudo meu pai para ele não ficar sozinho. Raramente ele (pedreiro) coloca um ajudante porque ele sabe que a hora que ele quiser eu estou lá pra ajudar.
— Isso não atrapalha seus estudos?
— Não atrapalha não porque eu estudo de manhã. Ele fala assim: quando você acabar o colégio pega um ônibus e vem direto para cá. Aí eu vou direto. Saio lá para as seis horas.

As diferentes atividades promovidas pelas escolas de samba as transformam em fontes geradoras de empregos durante o ano e, em especial, durante os meses de preparação do carnaval. A escola tanto fornece cursos que permitem melhorar o desempenho de seus integrantes no carnaval, quanto produzem mão-de-obra qualificada para a indústria do entretenimento. São cursos de passista, alegoria e adereços, projetos no campo da música etc.

Antônio, de 14 anos, participa dos projetos sociais da escola desde os quatro anos. Relatou lembrar-se do tempo em que a Vila Olímpica tinha as pistas de areia. Hoje trabalha como percussionista da escola de samba. Diariamente, a escola recebe visitantes e, nessas visitas, há uma pequena apresentação da bateria e de passistas da Mangueira. O mesmo entrevistado se orgulha de ter participado da apresentação do Funk'n Lata na Tenda Brasil do Rock in Rio.[192]

— A gente está na vila desde que o campo era de areia (o entrevistado refere-se ao amigo José, 14 anos). Não tinha esse campo aí não. Essa pista não era assim, era tudo de barro, preto. (...)
— Eu trabalho em *show* da Mangueira, na bateria da Mangueira. Trabalho todo dia, menos domingo. É um *show* que a gente faz para todo tipo

---

[192] O grupo musical Funk'n Lata é formado de jovens mangueirenses. O Rock in Rio é um festival de música que acontece na cidade do Rio de Janeiro. O entrevistado se refere ao realizado em janeiro de 2001.

de pessoa. Pessoas de vários países. Toco repenique. Trabalho de quatro até às cinco horas (16 às 17h). Ganho R$241,00 por mês. Estou nesse trabalho há três meses (Antônio, 14 anos).

Outro projeto que alimentou a atividade-fim da escola de samba foi a Orquestra Afro-brasileira. Esse projeto produziu bons percussionistas. A própria bateria da escola de samba, assim como a escola mirim, incorporou parte desses jovens. Alguns beneficiários tornaram-se músicos profissionais e/ou instrutores de percussão. O projeto permitiu que alguns se profissionalizassem, segundo relatou um de seus coordenadores. "Se fosse dada a oportunidade, você trabalharia para quê?" Em resposta a essa pergunta, a maioria dos jovens demonstra interesse em reforçar o orçamento doméstico. Outros, preocupados com o consumo e o lazer, desejam adquirir artefatos juvenis, como roupas, CDs etc. E, finalmente, há aqueles que declararam total desinteresse pelo trabalho. Apostam no futuro, preferem dedicar todo o seu tempo aos treinos. "Eu gosto de treinar (voleibol) e de mais nada", diz Dinha (14 anos).

A constituição de um mundo do trabalho, nos moldes clássicos, sempre foi problemática em nosso país. Sempre se conviveu com uma massa de trabalhadores desqualificados, mal remunerados, com baixa escolaridade, vinculados ao setor informal, ao que se deve acrescentar ainda, nos dias atuais, a tendência à precarização do mercado de trabalho. Ao lado das clássicas cisões entre exploradores e explorados, ou opressores e oprimidos, vivencia-se o aparecimento de uma nova cisão, aquela que opõe incluídos e excluídos.

O crescimento do trabalho informal tem sido uma das características marcantes da economia mundial. Anteriormente restrito aos países pobres, o tema da informalidade ganha novos contornos, se generaliza, estendendo-se aos países centrais. A precarização do trabalho assume enorme importância no mundo contemporâneo, principalmente nas áreas onde a carência de qualificação para o trabalho já era estrutural. No Rio de Janeiro, a tendência é a seguida por todas as cidades do Terceiro Mundo, ou seja, as populações residentes nas áreas mais pobres da cidade permanecem expostas aos riscos advindos do trabalho informal ou precário. Intensificaram-se as perdas no campo da seguridade social, aliadas ao enfraquecimento dos partidos e das entidades de representação profissional.

## O tempo livre

Nos centros urbanos proliferam grupos juvenis que se articulam em torno de preferências — música, lazer e consumo. A cultura juvenil incentivada pela indústria, pelo comércio e pela mídia transforma o jovem em consumidor, mesmo antes de este dispor de dinheiro. Antes do primeiro emprego já são consumidores vorazes. Os jovens se identificam com grifes de roupas, grupos musicais, lazeres etc., construindo assim suas identidades com forte ênfase no lazer e no consumo.

Nossos meninos não são uma exceção à regra. Os poucos que trabalham gastam parte ou todo o salário com consumo e entretenimento. Os artefatos de diversão e o vestuário são os itens de consumo preferidos pelos jovens. As marcas reconhecidas como as melhores e mais caras auxiliam na redução das diferenças de classe. A marca, para eles, significa um sinal visível de pertencimento a um determinado grupo e atesta seu poder de consumo, já que todos sabem o preço desses itens e onde encontrá-los. "Gosto de gastar comprando roupas caras. Na Cyclone, no Norte Shopping, uma calça custa cerca de 70 reais, tem de 130 e 150" (Marcos, 17 anos, desempregado).

Cabe observar que o salário mínimo à época da entrevista era de R$180,00. A escolha de uma determinada grife não é aleatória; as preferências determinam o grupo ao qual o jovem pertence. Nessas escolhas, nota-se a presença do crime organizado. Iva, 20 anos, moradora do Salgueiro, relata: "Não se pode ir ao baile usando qualquer roupa de marca, as roupas da TCK são mais usadas nos bailes das favelas em que o grupo X domina e as da Cyclone nas do grupo Y" (a entrevistada se refere às facções do crime organizado).

Os CDs consumidos são os mais variados. "Gosto de pagode, charme, samba, *hip-hop*", diz Daniel (15 anos). Nem sempre o gosto musical resulta na aquisição de um CD ou na vinculação a grupos juvenis. "O *hip-hop* fala da realidade da vida. Eu escuto em casa. Boto o rádio bem alto, no último volume e escuto o *hip-hop*" (Armando, 15 anos). Os que transitam por vários estilos e gostos musicais se definem por cada um deles, dependendo do momento. A escolha pode ser apenas um pano de fundo para que se atinja determinado objetivo. Armando, o mesmo que se declarou amante de *hip-hop*, diz também gostar de samba. Para ele, "a maioria vai para o samba para pegar mulher".

A democratização dos artefatos juvenis permite a inclusão dos jovens das classes populares numa juventude globalizada, minimizando, assim, as diferenças de classe. Cabe observar a dinâmica desse universo; esses jovens são também ativos produtores dos estilos juvenis na cidade. Os bailes comunitários nas favelas e nos bairros populares, os ensaios realizados nas quadras da escola são espaços onde circulam jovens de outros segmentos sociais, que, em certa medida, são influenciados pelos estilos e gostos populares. No Salgueiro, o baile *funk* e o ensaio do bloco Raízes da Tijuca acontecem em duas amplas quadras construídas pelo projeto Favela-Bairro da Prefeitura do Rio de Janeiro. Iva diz: "o baile aqui no Salgueiro é às sextas-feiras, fica legal depois de meia-noite, vem gente de todo lugar. Fica cheio, parecendo dia. Fica assim de carro, carrão mesmo, até carro importado, tipo Cherokee (...). Tem o ensaio do bloco Raízes da Tijuca, também enche muito".

## A música e os estilos juvenis

A música ainda é uma das grandes marcas das culturas juvenis. Na Mangueira, é o ritmo musical que lhe dá maior visibilidade na cidade. Isso, porém, não exclui a emergência de outros ritmos musicais, como o produzido pelo Funk'n Lata, que dizem: "somos do morro da Mangueira, não da escola de samba".

Presente em uma de suas apresentações,[193] onde foi narrada a história do grupo, pude observar que este já chegou a ter mais de 30 componentes; hoje se apresenta com 17 jovens. No início chegaram a ensaiar debaixo do viaduto da Mangueira. O termo "lata" refere-se aos instrumentos de percussão, sua característica marcante. Criaram um estilo próprio: são jovens negros, moradores da Mangueira, que usam cabelos descolorados e tocam predominantemente instrumentos de percussão. Em todos os instrumentos estão as cores verde e rosa, e em alguns há a bandeira da escola.

O grupo mistura o samba ao *funk* em suas canções, e nelas fazem alusão aos problemas da favela. Com um discurso crítico, cantam temas como o baile *funk*, o reconhecimento da cidadania, exaltam a

---

[193] *Talk show* com Ivo Meirelles e Funk'n Lata, no Teatro Noel Rosa, da Uerj, em 5-10-2000.

"Mama África" e os músicos negros internacionais e nacionais (Sandra de Sá, Tim Maia, Jamelão etc.). Como os sambistas, também encontram obstáculos para a comercialização de seu trabalho. Dizem que são criticados por produzirem uma música tipicamente carioca, classificada como regional pela indústria fonográfica. Eles refutam as críticas, interrogando: "o axé, ou o pagode paulista são nacionais?" Declaram possuir maior receptividade no exterior, onde são identificados como produtores de música brasileira — como produtores de uma cultura que mescla o velho e o novo. Os jovens músicos mangueirenses também enfrentam conflitos intergeracionais e querem ser reconhecidos pelo que produzem, não somente pelos feitos da Velha-Guarda.

Os meninos da Mangueira convivem num ambiente culturalmente rico. São vários estilos circulantes. O gosto musical pode ser considerado um sinalizador da adesão a um certo conjunto de referências culturais, demarcando identidades no universo cultural juvenil. Mas tendo a crer que essas identidades são mais flexíveis do que aparentam. As preferências musicais dos jovens são mais ecléticas do que se imagina. Como já foi dito, um mesmo jovem pode aderir a estilos diferentes. Os próprios integrantes do Funk'n Lata freqüentam a escola de samba, participam do desfile carnavalesco e divulgam o samba internacionalmente.

A convivência de estilos diferentes parece ser um aspecto positivo, pois amplia as zonas de sociabilidade, combatendo a intolerância e a violência com relação aos diferentes grupos. Nota-se que, entre os meninos da Mangueira, os grupos juvenis são fluidos, sendo reelaborados permanentemente. Porém, parece que as várias identidades encontram na identidade mangueirense um cimento que as une em torno de um ideal: a busca da cidadania plena.

Nina (14 anos) gosta de pagode e acrescenta: "no pagode tem *funk* também". Não se trata de uma simples recusa do samba tradicional e, sim, de uma opção pelos espaços ecléticos onde se pode ouvir e dançar pagode e *funk*. Muitas vezes esses bailes acontecem na própria quadra da escola. Há momentos em que os ensaios da escola de samba passam a ser a opção de lazer principal para o jovem. Isso geralmente acontece nos meses próximos ao carnaval. São ensaios que duram toda a noite, servem de ponto de encontro e diversão. O mesmo espaço, as quadras das escolas, em outra época do ano pode ceder lugar a um baile charme, *funk*, pagode ou a *shows*. Um mesmo jovem pode circular entre os diferentes estilos e espaços juvenis. Além da quadra das escolas de samba, esses jovens freqüentam outros locais, como clubes e bailes comunitários. A adesão irrestrita ao samba se dá no carnaval, quando aqueles que participam da escola abandonam suas outras preferências musicais e trabalham, desfilam e torcem por ela.

> Vou aos bailes da Mangueira, acho bom, gente pra caramba que vem de fora. Às sextas-feiras à noite, lá pelas 10 horas, aparece muita gente dançando estranho, vai muito grupo. Vou no El Turf, ali perto do Norte Shopping. É tipo uma discoteca que toca tudo: *funk*, pagode, *swing* (Vicente, 15 anos).

Os jovens mangueirenses circulam por outros bailes que acontecem em outras comunidades. Esses bailes comunitários constituem-se num espaço de convivência freqüentado por jovens moradores das favelas "amigas" e por jovens do asfalto. É o crime organizado que define quais são as favelas amigas e inimigas. Durante os bailes *funk* há sempre uma chamada das comunidades coirmãs. Nos bailes da Grande Tijuca, em geral, a saudação é feita às comunidades dominadas pela mesma facção do crime organizado, porém essa distribuição territorial pode se alterar. Quando isso acontece, ou quando há algum conflito armado entre as facções ou com a polícia, os moradores dizem que "o morro virou". No baile *funk* do Salgueiro pode-se ouvir a chamada: "A rapaziada da Mangueira está aí?" É o *funk* que exalta a presença dessa mesma comunidade e sua organização mais representativa — a escola de samba:

> Mangueira verde-e-rosa
> Quero ouvir, quero ouvir, quero ouvir
> Verde e rosa é a Mangueira
> A a a a Primeira Estação
> Quero ouvir, quero ouvir, quero ouvir.

Durante o baile é possível adquirir CDs piratas com coletâneas de *funks* que "não tocam no rádio", ou seja, CDs de música *funk* cujas letras têm como temática o uso de drogas, o mundo do crime, a descrição de práticas sexuais, a exaltação de outras comunidades e times de fute-

## A VILA OLÍMPICA DA VERDE-E-ROSA

bol, e a vida nas favelas.[194] Esses CDs podem também ser comprados nas "bocas"; os custos são barateados quando as músicas são copiadas em fitas-cassete, formando assim verdadeiras redes que fazem circular pelas favelas e por toda a cidade essa produção pirata. Em *Agora você vê*— cantado repetidas vezes, ouve-se CV (Comando Vermelho, uma das facções do crime organizado no Rio). Narra a história de um devedor, aquele que fez dívidas na boca e não pagou. Indica o futuro para quem é cotó (mentiroso, trapaceiro): "Hoje você é cotó, amanhã vai viajar, não vai voltar".

| | |
|---|---|
| Agora você vê | vai pegar 1.500 |
| agora você vê | Um dia após o outro |
| O cara é afilhado | o cara é safado |
| Quando está errado | Um sujeito homem |
| Vai ser apadrinhado | nunca pode dar dois papo |
| Eu que sou o certo | Fazer isso comigo |
| Estou passando como errado | eu mando um esculacho |
| O cara vacilou | Se liga ô mão de onça |
| Pensou que eu era otário | é o rei do cambalacho |
| O nego te ensinou | Mão de onça |
| Vacilou vai ser cobrado | pára de vacilar |
| Nunca eu errei | Hoje você é cotó |
| na minha comunidade | Amanhã vai viajar |
| No Bonde do B | Não vai voltar |
| não existe cara metade | Mão de onça |
| Hoje você pega 100 | tem coco de martelo |
| Amanhã pega 200 | Tá chupando parafuso até ele virar prego |
| No futuro mão de onça | Agora você vê, você vê... |

Pude ouvir em uma dessas fitas um outro *funk* — uma versão da música *Lilás*, do compositor de música popular brasileira Djavan.[195] A letra narra a "agonia" de estar preso e a expectativa do resultado do julgamento. Anuncia que um dia "esses" (todo o aparato policial e da justiça) vão pagar. A justiça será feita "com o fuzil H". Pede "tranqüilidade irmão, nossa hora vai chegar".

---

[194] "Ela te chupa e você chupa ela/ uma com a língua e a outra com a mão/ É o bondinho da sapatão/ Ai que gostoso/ uma com a língua e a outra com a mão/ E sapatão aqui tem um montão"; "Nosso morro é só alegria/ No morro não tem caô/ A liberdade do Dondom votar/ Podemos nos divertir/ É limpeza amigos do Andaraí."

[195] http:www.sombrasil.com.br.

Amanhã, outro dia
Lua sai, ventania
Abraça uma nuvem que passa no ar
Beija, brinca e deixa passar
E no ar de outro dia, meu olhar surgia
Nas pontas de estrelas perdidas no mar
Pra chover de emoção trovejar
Raio se libertou ou clareou muito mais
Se encontrou pela cor lilás
Prata na luz do amor, no céu azul
Eu quero ver o pôr-do-sol
Lindo como ele só
E gente pra ver e viajar
No seu mar de raio.

Amanhã todo o dia
Fico triste com agonia
Passando o dia inteiro na prisão
Sem poder sair desse mundão
Vou dizer a verdade
Na cadeia é o maior massacre
Tem que aturar a (...)
Cheio de arrogância com todos nós
Chega o dia de dar o depoimento
E o juiz vê seu procedimento
Quando ele volta com o papel na mão
Alegria para alguns e outros conde-
nação
Mas é que um dia esses (...) vão pagar
Várias pontadas do meu fuzil H
Tranqüilidade irmão, nossa hora vai
chegar
Fé em Deus é que vai libertar
Alô morro do Salgueiro
Complexo do Alemão
Liberdade já.

## Associativismo

A participação dos meninos da Mangueira nas associações comunitárias ou corporativas é precária, a não ser na escola de samba e nas associações religiosas, que a maioria freqüenta periodicamente. Além das já
citadas, o tipo de associação mais próximo do cotidiano desse grupo é a
de moradores. As entidades políticas, para eles, são do interesse dos adultos: os pais, um tio ou as lideranças comunitárias. A adesão voluntária se
dá com maior freqüência nas entidades dedicadas ao esporte e ao lazer.
É comum o jovem procurar os clubes para atividades esportivas visando
o lazer e/ou a profissionalização. Essa é uma das carências das favelas e
dos bairros populares. A Vila Olímpica veio preencher essa necessidade.

> Participo da associação de moradores porque minha mãe é secretária.
> Agora ela (associação da favela do Metrô) está um pouco fechada. Vou
> ao Clube e à Vila Olímpica. Aqui (vila) não é um clube. O clube é lá na
> Haddock Lobo, o Clube Municipal. Tenho uns amigos que são sócios,
> eles conversam com o segurança, que me deixa entrar. A coisa que tem
> lá tem aqui. Só que lá tem um campo maior. A gente joga lá quando quer
> (Jonas, 14 anos).

A vila é um espaço de múltiplas utilizações. Durante a semana, as crianças e jovens vão lá para brincar, jogar futebol, nadar — enfim, para práticas esportivas e de entretenimento. Os adultos usam a pista de atletismo para suas caminhadas diárias. Nos fins de semana, o espaço pode ser usado para festas, jogos ou servir de ponto de encontro. "Quando eu não tenho jogo (o entrevistado refere-se aos treinos), lá para o meio-dia eu venho pra cá." A vila é também um local de encontro e diversão. Mesmo depois dos treinos, pode-se encontrar grupos de crianças e jovens conversando. A vila se consolidou como um lugar da sociabilidade. Lá se encontram grupos de amigos, seja no decorrer da semana, para os treinos, seja nos fins de semana, em festas ou jogos.

Quando indagados sobre suas práticas religiosas, os entrevistados manifestaram preferência pelas religiões cristãs. Nina (14 anos) é católica e toca bateria na igreja. Lá há uma série de atividades voltadas para o grupo juvenil, como passeios, excursões, grupos de discussão, corais etc. No entanto, a adesão não é irrestrita. Os jovens circulam entre as diferentes igrejas. Nem sempre a família está unida em torno de uma mesma prática religiosa. "Na minha família, uns são da igreja e outros do santo. Às vezes eu vou à Assembléia de Deus e à Universal, porque gosto das duas", diz Vítor, 15 anos. "Este ano não vou desfilar na Mangueira do Amanhã porque minha mãe quer que eu participe de um retiro, mas meu pai participa de todos os ensaios e vai desfilar na escola" (Rafael, 14 anos).

Há também aqueles que dizem "não curtir esse negócio de igreja", mesmo assim, já freqüentaram várias. "Já fui à Igreja Batista, Universal, mas não pratico, não." Essas várias experiências às vezes auxiliam na escolha de uma delas. "Eu prefiro a Igreja Católica. Eu fui da Igreja Universal e agora eu saí. Tem coisa que eu não gosto. Essa coisa de manifestação" (Jonas, 14 anos).

Nosso campo religioso é complexo e está em expansão.[196] Mesmo assim, o catolicismo ainda é a religião mais professada no país.[197] Um fenômeno recente é o crescimento das igrejas pentecostais. Estas se

---

[196] O número de religiões listadas no dicionário de dados do censo demográfico subiu de nove opções, em 1980, para 47 em 1991. Ver Almeida & Chaves, 1988.

[197] Oitenta por cento da população jovem do país pertence à Igreja Católica. Ver Almeida & Chaves, 1988.

espalharam pelo morro da Mangueira, como também em várias comunidades pobres cariocas. Prometendo curas espirituais, afirmam livrar seus fiéis das drogas, da prostituição, do alcoolismo, enfim, de todo comportamento por eles reprovado.

Cabe esclarecer que esse universo é diferenciado: há igrejas conservadoras e outras mais flexíveis. Todas elas parecem ter como estratégia de evangelização tirar o jovem das drogas, da violência e da prostituição. Dessa forma, passou a ser rotineiro o "testemunho", ou seja, o relato público das graças e curas alcançadas. Todos narram histórias de parentes e/ou amigos que mudaram de vida a partir do ingresso na igreja.

A despeito do rígido padrão de comportamento imposto aos fiéis, não tem havido conflitos entre essas igrejas e o programa social da escola de samba, ao contrário do que se atribui à juventude — ou seja, ser naturalmente uma fase de contestação e rebeldia. Muitos jovens se filiam a grupos fortemente conservadores. Por vezes a religião surge como definidora dos estilos e gostos juvenis. Gordinho (15 anos) diz gostar de roupas semelhantes às do pastor. "Roupa tipo social, camisa de mangas compridas e calça social, gosto de música lenta, não gosto de samba, mas não me importo com quem vai lá (escola de samba), com o tempo eles mudam." Regulando as atitudes dos jovens, por vezes surgem como uma alternativa para a vida desregrada daqueles que aderiram às drogas ou ao mundo do crime. "Meus pais são cristãos, ouvem música evangélica. Eles não participam da escola de samba, mas não impedem que eu freqüente a Vila Olímpica e a Escola. É o meu futuro. Eles não gostam que eu fique na madrugada, eu sou atleta", conta Ana (15 anos).

Apesar de afastados das formas clássicas de participação política, os jovens da Vila Olímpica encontram nos grupos juvenis um canal de expressão de seus anseios. Os jovens se sentem identificados com as mensagens passadas pelas letras das músicas que falam do seu cotidiano e de suas aspirações. Tanto os grupos musicais criados na própria comunidade da Mangueira quanto os popularizados pela mídia, embora não se apresentem nos moldes da atuação política tradicional, constituem referência para a construção da identidade e projetos juvenis.

Este capítulo revela que temas como desigualdades raciais, racismo, identidade étnica/racial e cultura negra não estão distantes do cotidiano dos meninos da Mangueira. As desigualdades raciais e o racismo estão presentes nas situações vividas por parentes e amigos. No lazer, a valorização de artistas, estilos musicais e artefatos considerados da cultura negra contribui para o reforço da identidade negra, ainda que essencialmente centrada no consumo. Apesar de o Projeto Vila Olímpica não estar voltado para um grupo étnico/racial específico, a permanente exaltação das figuras emblemáticas da escola de samba e da identidade mangueirense tem servido para o fortalecimento da auto-estima dos jovens negros que dele participam. Pode-se observar também que esse projeto, em alguma medida, vem ampliando as possibilidades de inserção desses meninos na vida social, na medida em que lhes fornece elementos para pensar o futuro, como incentivos à escolarização regular, ao gosto pelo esporte, a uma socialização positiva.

CAPÍTULO 7

# O Olimpo é verde-e-rosa: trabalho e emprego

> A luz/Se fez nascer de um novo dia/E a Mangueira
> em poesia/Fez luzir um clarão/Criou a juventude
> campeã/De corpo são e mente sã/É o Brasil do
> amanhã.
>
> *O Olimpo é verde-e-rosa*, de Chiquinho
> Campo Grande, Leque e Jorge Magalhães

Em 1997, a Mangueira não conquistou nenhum título, porém o belo samba-enredo daquele ano — *O Olimpo é verde-e-rosa* — teve como objetivo apoiar a campanha que tentou trazer a Olimpíada de 2004 para o Rio de Janeiro. Nele, a Vila Olímpica é tomada como exemplo das transformações sociais ocorridas no morro a partir da implantação do projeto.[198]

Trata-se de um projeto que aposta no esporte como veículo de uma socialização positiva que amplie as possibilidades de jovens em situação de risco. A presença do esporte na Mangueira atraiu um corpo de especialistas que vivem direta ou indiretamente do esporte (médicos, fisioterapeutas, técnicos, treinadores, professores de educação física, estagiários universitários, pesquisadores etc.) e ainda fomentou o desenvolvimento de um público amante do esporte (atletas amadores e profissionais, técnicos, torcedores, dirigentes de projetos etc.). O ingresso no campo esportivo fez com que os dirigentes da escola de samba e desse projeto social sonhassem com a conquista de títulos e recordes, com a participação dos meninos-atletas nos próximos Jogos Olímpicos.

Este capítulo pretende discutir os significados do esporte na vida desses jovens, e seus projetos futuros de inserção profissional, dadas as

---

[198] Vieira, 1998. Os Jogos Olímpicos de 2004 serão realizados em Atenas, Grécia.

barreiras estruturais e conjunturais que eles necessariamente enfrentam. Veremos o que desejam os jovens da Mangueira. Como já relatado, o projeto Vila Olímpica atingiu grande sucesso entre os jovens mangueirenses. Outros projetos, da mesma natureza ou semelhantes, atraem igualmente essa população. Apesar de esses jovens não serem, em geral, os formuladores desses projetos, de alguma forma eles têm respondido a algumas demandas juvenis.

Na publicação que comemora os 10 anos do programa social da escola, o texto assinado pelo então presidente do G.R.E.S. Estação Primeira de Mangueira diz:

> Comemoramos este ano a realização de um sonho: ver a Mangueira reconhecida no mundo todo pelos projetos sociais desenvolvidos ao longo dos últimos dez anos. Um dos seus maiores orgulhos é o de acompanhar a formação dos atletas da comunidade que representarão o Brasil nos Jogos Olímpicos. São centenas de jovens que mudaram suas vidas por terem à disposição educação, lazer, cultura e esporte, perto de sua comunidade e da família. A Mangueira não esperou por ninguém. Iniciou ela mesma a transformação da sua realidade.[199]

## Juventude como etapa de transição para a vida adulta

A juventude possui significados diferentes, que variam de acordo com o estrato social a que o indivíduo pertence. Os diferentes grupos sociais criam seus ritos de passagem, sendo cada vez mais impreciso quando se dá a entrada e a saída dessa etapa. De maneira geral, a saída é marcada pela associação de várias condições, como ingresso no mercado de trabalho, saída da escola, abandono do núcleo familiar de origem e conquista de certa autonomia com relação ao grupo de origem. Os meninos da Mangueira, como todo grupo juvenil, necessitam das precondições necessárias à construção de seus projetos para o futuro.

Como as divisões entre as idades são arbitrárias, pensar na juventude das classes populares como uma unidade social, um grupo constituído, dotado de interesses comuns, e relacionar esses interesses a uma

---

[199] G.R.E.S. Estação Primeira de Mangueira, 1997:7.

idade definida biologicamente constitui uma manipulação evidente. É preciso pelo menos analisar as diferenças entre as juventudes ou, para encurtar, entre duas juventudes. De um lado, os jovens oriundos das camadas altas e médias da sociedade que, apoiados pelas famílias, prolongam essa fase de transição; do outro, os jovens das camadas populares que, sem as facilidades de uma economia do bem-estar voltada para os mais pobres, fundada na subvenção para os que precisam de microcrédito, sem alimentação e moradia a preços baixos, sem entradas de teatro e cinema a preços reduzidos etc., encurtam a juventude ou a apagam de suas vidas. Assim, as "duas juventudes" não representam outra coisa senão dois extremos de um espaço de possibilidades oferecidas aos "jovens".[200] Bourdieu salienta que, entre essas posições extremas — camadas baixas e altas —, se encontram hoje várias figuras intermediárias. Há uma multiplicidade de situações sociais entre os jovens oriundos das camadas populares cariocas.[201] Nesse sentido, as crianças e jovens atendidos pelo Projeto Vila Olímpica encontram-se em um universo heterogêneo de situações sociais que inclui desde os setores mais pobres até as classes médias.

Limitar a etapa da juventude por faixa etária é sempre um ato arbitrário. Para que se possa destacar esse grupo do conjunto da população, o IBGE o considera composto de pessoas na faixa dos 15 aos 24 anos. Cabe considerar que, no Brasil, esse grupo populacional já poderia ter terminado o curso fundamental (oito anos de estudo) e ingressado no mercado de trabalho.[202] Sendo assim, não parece prematuro pensar como se dá a relação dele com o sistema educacional e o mercado de trabalho. É nessa etapa que seus direitos civis vão sendo paulatinamente conquistados. Segundo o novo Código Civil, nossos jovens podem exercer o direito de voto aos 16 anos e aos 18 atingem a maioridade penal e civil. Podem casar-se, sem a necessidade de consentimento

---

[200] Bourdieu, 1983:113.

[201] A expressão "classes populares" no Brasil é usada para se referir aos diferentes segmentos sociais que compõem as subalternas. Sader e Paoli (1986:39) alertam para a multiplicidade de segmentos sociais que a expressão "classes populares" abrange: os trabalhadores; os operários; os subalternos; os populares; os habitantes de periferia, favelas e subúrbios; os migrantes; os mobilizados em sindicatos e os participantes de movimentos sociais urbanos.

[202] A idade mínima de ingresso permitida pela Constituição é 14 anos.

dos pais, os maiores de 18 anos. Esses fatos ilustram a ambigüidade e a imprecisão dessa etapa da vida.[203]

Tanto a Vila Olímpica quanto a escola regular proporcionam ao jovem mangueirense a descoberta da adolescência, de um *status* temporário — "nem criança, nem adulto",[204] um período de espera para a entrada na vida adulta. É nesse período de espera que os meninos da Mangueira pensam no seu futuro profissional, nas barreiras para a aquisição de um emprego, nas possibilidades de se tornarem atletas, enfim, no que a vida lhes reserva ao ingressarem na vida adulta.

> Ivan, 16 anos, está na sexta série e nunca foi ao cinema. Wallace, 17 anos, está no segundo ano do ensino médio e, em sua última vez na sala escura, há quase um ano, assistiu a *O resgate do soldado Ryan*. Os dois são vizinhos no Morro da Mangueira e compartilham o sonho de quase todo menino brasileiro: jogar futebol, coisa que fazem semanalmente na Vila Olímpica da verde-e-rosa. Lá também estão num curso de informática.[205]

## Projetos que se expandem para outras comunidades

Em oposição ao destino daqueles que matam e morrem precocemente por terem ingressado no mundo do crime, daqueles que trabalham e abandonaram a escola ou daqueles que preferem não fazer nada, os jovens da Mangueira, como também os de outras comunidades, preferem participar dos projetos sociais que oferecem atividades educativas, culturais e de divertimento. São projetos sociais que hoje proliferam nas comunidades carentes cariocas, sendo sua maioria centrada no esporte ou na cultura, todos pensados como alternativa ao tráfico e ao ócio.

"Queremos levar entretenimento, lazer e cultura para as favelas e mudar a realidade dessas pessoas. Queremos ocupar o tempo ocioso dos jovens e ajudá-los a ter auto-estima e acesso à informação", repete

---

[203] De acordo com o novo Código Civil Brasileiro (2003), livro1, título I, cap. I, art. 3º, "são absolutamente incapazes de exercer pessoalmente os atos da vida civil: I- os menores de 16 anos". Pelo art. 4º, "são incapazes, relativamente a certos atos, ou à maneira de os exercer: I- os maiores de 16 anos e menores de 18 anos".

[204] Bourdieu, 1983:114.

[205] *O Globo*, 10 julho 2001. Megazine.

o mote que se tornou hegemônico em tais projetos um dos coordenadores do Afro Reggae.[206] Tanto a preparação para o trabalho quanto o lazer e o entretenimento são igualmente importantes nesses projetos. Acreditam que é preciso investir em atividades culturais e de lazer, dar ocupação aos jovens e crianças. Janice (18 anos) cursa o primeiro ano do ensino médio, fez curso de modelo e manequim e atualmente faz estágio de recreadora de creche. Como a maioria dos jovens de sua idade, declara: "Adoro uma festa de rua, um baile *funk*. Vou no Salgueiro, no Turano e em Rio das Pedras, mas lá é longe".

Fagner (14 anos) cursa o primeiro grau, gosta de jogar bola, empinar pipa, fez um curso de grafite e de teatro. Entre a obrigação escolar e a busca de uma formação profissional, os jovens das favelas querem lazer e entretenimento, enfim, consumir a cultura juvenil de seu tempo.[207] Nos bailes comunitários, nas quadras construídas pelo projeto municipal Favela-Bairro, os jovens moradores de favela encontram hoje novos locais de lazer.

Todos os coordenadores de programas destinados a jovens reforçam a importância das atividades esportivas, de cultura e lazer nas favelas cariocas. Mas notam a falta de alternativa em atividades de lazer noturnas. É preciso investir nelas também.[208]

O dia-a-dia de uma boca-de-fumo não pode ser chamado propriamente de lazer. O que se vê é um ambiente de constante tensão devido aos conflitos entre traficantes, usuários e traficantes, traficantes e policiais, usuários e policiais. Apesar disso, há uma racionalidade econômica na sua escolha como ponto de encontro: a circulação de objetos de consumo juvenil, que podem ser adquiridos a baixo custo por serem fruto de furtos e roubos. Iva, 20 anos, diz: "não paro na boca. Quando a gente pára se envolve, pra quem gosta é lazer puro. Meu irmão quando chega no morro vai direto, parece que é a casa dele. Lá você compra as coisas bem mais barato, CD, *walkman*, camisas de futebol com o nome atrás, fitas etc.".

Além de teoricamente ultrapassarem os limites das comunidades onde se implantaram, os projetos focalizados são reproduzidos em outras comunidades carentes, onde têm servido de fonte de trabalho para

---

[206] *O Globo*, 10 julho 2001.

[207] Idem.

[208] Idem.

os jovens que dele participam. Estes tornam-se trabalhadores dos próprios projetos, profissionais da dança, da música, do esporte ou ingressam no mercado de trabalho com alguma habilidade lá adquirida.

Tal como a idéia de ter uma vila olímpica, outras experiências culturais e esportivas também proliferaram em certas favelas, como, por exemplo, a do Grupo Cultural Afro Reggae, de Vigário Geral. Júnior, seu diretor, que não nasceu nem foi criado nesse bairro, ali desenvolveu bandas e oficinas de percussão e dança após o massacre de 21 moradores ocorrido em 1993, e recentemente, de lá, com o apoio da Prefeitura do Rio de Janeiro, começou a se expandir para outras favelas, apresentando eventos com a participação do *rapper* MV Bill, da Cidade de Deus, que tem grande público admirador entre jovens negros e pobres. Desde então, suas ações culturais se expandiram. O coordenador desse projeto narra:

> — São seis bandas em Vigário, mais uma trupe de prevenção à Aids, também de lá. Além disso, tem uma trupe de circo no morro do Cantagalo e um coral de idosos e jovens na Cidade de Deus. Na Rocinha, fomos contratados pela ONG Ecoar para dar uma oficina de percussão para 150 jovens. Em Parada de Lucas, estamos instalando computadores, com o Comitê pela Democratização da Informática. E temos três barracas de saúde sobre DSTs e Aids. Também temos um *site* (www.afro-reggae.org.br), programas de rádio comunitárias e uma produtora cultural.[209]

Todos os jovens envolvidos nos grupos profissionais e semiprofissionais ligados a esses projetos sociais ganham dinheiro (em geral sob a forma de bolsas). Cabe ressalvar que esta também é uma das contradições das políticas focais. Em alguns casos, os proponentes dos projetos os transformaram em um "grande negócio", na medida em que não se sentem obrigados a prestar conta de seus ganhos, nem para a comunidade nem para o Estado.

Essa circulação entre as comunidades pobres tem gerado trabalho para os jovens, a ampliação dos projetos para além da comunidade onde primeiro foram desenvolvidos e recursos para a produção de novos projetos. A boa receptividade dos projetos dedicados à população infanto-juvenil se fundamenta na necessidade de mudar a realidade dos jovens em situação de risco.

---

[209] *O Globo*, 10 julho 2001.

## A Vila Olímpica da Verde-e-Rosa

"A Fundação Ford (uma das entidades financiadoras) segura a onda, mas não é o suficiente", diz um dos coordenadores do Afro Reggae. De tudo que a banda faz, 30% ficam para a instituição (Afro Reggae). "Queremos fortalecer a banda para poder investir em novos projetos."[210] A possibilidade de criação de novos postos de trabalho parece fascinante. Essas declarações sobre o sucesso dos projetos novamente recolocam a questão da avaliação e do controle dessas ações. Em geral são seus dirigentes que as formulam.

Para que se possa realizar uma avaliação séria desses projetos, há que se averiguar se os recursos aplicados de várias fontes têm eficácia sobre os jovens em situação de risco, como também produzir e colocar à disposição da sociedade civil os dados estatísticos a respeito dos jovens que ficaram afastados do tráfico. A precariedade dos dados impede uma avaliação mais rigorosa a respeito das ações de tal tipo de projetos, que se proliferam nas comunidades carentes. Isso, porém, não invalida totalmente essas iniciativas.

Na comunidade da Mangueira a realidade é semelhante. Os projetos sociais geram pessoal qualificado, o que alimenta os próprios projetos sociais, as atividades da escola e o mercado de trabalho. Durante os preparativos do carnaval, as oficinas da escola fornecem os profissionais que fazem os adereços e fantasias, passistas e até mesmo instrumentistas para a bateria. Além do pessoal qualificado para o trabalho do carnaval, os projetos geram também atletas, que competem profissionalmente pela Vila Olímpica verde-e-rosa, além de jovens monitores, que dão continuidade aos projetos na favela. Os projetos também têm a função de oferecer aos jovens participantes a qualificação profissional necessária para o ingresso no mercado formal de trabalho.

## A rivalidade do samba chega ao esporte

As escolas de samba resolveram montar equipes esportivas, e disputam o desenvolvimento de "trabalhos sociais" para crianças e jovens.[211] O sucesso da Vila Olímpica da Mangueira, como de outros projetos

---

[210] *O Globo*, 10 julho 2001.

[211] *Folha de S. Paulo*, 8 setembro 1998.

comunitários desenvolvidos nas favelas e nos bairros carentes do Rio, abriu caminho para sua replicação em outras comunidades. A rivalidade criada pelo samba se estendeu à competição pelo desenvolvimento de projetos culturais e esportivos dedicados ao público infanto-juvenil.

Nessa nova rivalidade, também promotora de um "*habitus* civilizado",[212] a Mangueira serve de modelo para os concorrentes, ou seja, torna-se referência para o trabalho social de outras escolas de samba. Formam-se equipes esportivas, estas ingressam nas federações esportivas, participam de torneios, enfim, procuram atingir um só objetivo — ampliar as oportunidades dos meninos pobres e reduzir a criminalidade. "Aqui só perdemos um para o tráfico. Mas já tiramos um monte de lá", diz o vice-presidente de esportes do Salgueiro; "queremos tirar o garoto da rua, do tóxico", diz o vice-presidente de Relações Públicas da Mocidade.[213]

Os jovens que se sentem beneficiados por terem participado dos projetos sentem-se também obrigados a dar o retorno, seja participando diretamente das atividades da escola, seja como "Amigo da Mangueira" (aquele que apóia publicamente todas as atividades da escola). A Vila Olímpica do Salgueiro já tem claras as suas metas: "A Mangueira é o exemplo a ser seguido. Em dez anos, a Estação Primeira transformou o que muitos consideram um sonho em realidade. A Vila Olímpica de lá é uma potência. Se Deus quiser, em pouco tempo estaremos no mesmo degrau. Sobra disposição mas falta dinheiro. Se a gente conseguisse um patrocinador como a Xerox...", diz o presidente da Vila Olímpica do Salgueiro.

Essa rivalidade na verdade aponta para os limites de uma política social que se baseia quase que exclusivamente na capacidade de organização da vizinhança e que tem como financiadores empresas que buscam, ao doarem verbas, melhorar sua imagem e firmar suas estratégias de *marketing* com a boa imagem da empresa comprometida com o avanço social. O resultado é um excesso de projetos nas favelas com maior visibilidade na mídia, como a Mangueira, e não naquelas que enfrentam maiores problemas de miséria e de falta de serviços de toda ordem, inclusive lazer para os jovens.

---

[212] Elias, 1994.

[213] *Folha de S. Paulo*, 4 setembro 1998.

## A VILA OLÍMPICA DA VERDE-E-ROSA

## A nova questão social e a vulnerabilidade dos moradores de favela

"Estamos muito mais preocupados com o lado social do que com o esportivo", diz o diretor da Vila Olímpica da Mangueira. Além da proposta de integrar os meninos via socialização pelo esporte e preparação para o trabalho, esses projetos têm minimizado a carência de espaços de lazer e diversão necessários para a sociabilidade juvenil. Mas o que querem os meninos da Mangueira? Eles querem também estudar, ter uma profissão, um bom emprego, morar perto da praia, ganhar dinheiro, casar, enfim, satisfazer os sonhos comuns a todos os grupos juvenis. Isso indica mais uma vez a precariedade e a insustentabilidade a longo prazo de políticas sociais que não envolvam também a ação do poder público.

Apesar da desaceleração do aumento da população jovem a partir da década de 1970, ela representa 19,8% da população do país e 20% da população total das regiões metropolitanas, de acordo com os dados da contagem populacional de 1996. Esses jovens formam o conjunto de pessoas que, efetivamente, pressionam a economia para a criação de novos postos de trabalho. Segundo os indicadores sociais do IBGE para 1999, a participação de jovens do sexo masculino no mercado de trabalho ainda superava em muito a feminina em todas as faixas de idade. Apesar do ingresso maciço de mulheres no mercado de trabalho ocorrido na década de 1980, persistiam ainda desigualdades entre homens e mulheres, sobretudo com relação aos rendimentos.

Comparando-se os dados censitários de 1950 a 1991, nota-se que o ritmo de crescimento da população moradora em favela, sobretudo nas décadas de 1980 e 90, manteve-se mais acelerado do que aquele dos demais moradores da cidade. Em 1950, a população favelada representava 7,13% da população total do Rio de Janeiro, chegando a 17,57% em 1991. Houve uma queda nos anos 1960 e 70, devido a vários fatores, entre os quais a abertura da periferia metropolitana, iniciada nos anos 1950. Para os trabalhadores pobres surgiram loteamentos com baixo investimento em infra-estrutura e comercialização a longo prazo, assim como políticas de remoção de favelas.

Houve, porém, uma retomada do crescimento das favelas na década de 1980, em virtude tanto do aumento da densidade das antigas quanto do surgimento de novas. O encarecimento da terra e a perda da capacidade de endividamento do trabalhador provocaram o colapso da possibilidade de adquisição da casa própria nos loteamentos periféricos. Somou-se a isso a emergência, durante os anos 1980, de políticas de reconhecimento de favelas e loteamentos clandestinos e/ou irregulares como alternativa para o problema de moradia das camadas populares. Nos anos 1990, o ritmo de aumento da população residente em favela (1,6% ao ano) manteve-se bem acima do referente à população não-favelada (0% ao ano). As políticas adotadas reduziram as incertezas quanto à permanência nesses locais e criaram expectativas de melhoria das condições de vida. O resultado foi o aumento do peso dos que residem em favelas em relação ao total da população carioca, que passou em cinco anos de 16 para 17%, segundo os dados do censo de 1991 e a contagem de 1996.[214]

Outros dados sobre a população residente nas favelas do Rio de Janeiro, apresentados por Ribeiro e Lago, merecem destaque.

• Essa população é significativamente mais jovem do que a dos bairros da cidade. Do total da população das favelas da Zona Norte, os adolescentes representam 8,3% e os jovens, 19,5%. Quanto aos moradores dos bairros da Zona Norte, a população adolescente representa 5,4% do total de moradores e os jovens, 14,6%.[215]

• O indicador de cor evidencia a maior predominância de uma população branca nos bairros da cidade — em torno de 64% — e de uma população não-branca nas favelas — em torno de 62%. Esses percentuais sofrem significativa variação segundo as diferentes áreas.[216]

• Levando-se em conta os dados sobre o perfil de escolaridade da população economicamente ativa do Rio de Janeiro, constata-se que o nível de instrução nas favelas é inferior ao observado nos bairros populares da periferia da cidade. Há um elevado peso da população com até quatro anos de estudo nas favelas. A maioria da população de favela da Zona Norte concentra-se nas seguintes faixas de anos de estudo: 35,6% não têm qualquer instrução e 39,9% possuem de um a quatro anos de

---

[214] Crescimento da população total e residente em favela no município do Rio de Janeiro: 1950 (pop. RJ — 375.280; pop. fav. — 169.305), 1960 (pop. RJ — 3.300.431/pop. fav. — 3.355.063), 1970 (pop. RJ — 4.251.918/pop. fav. — 565.135), 1980 (pop. RJ — 5.090.723/pop. fav. — 722.424), 1991 (pop. RJ — 5.480.768/pop. fav. — 962.793). Ver Ribeiro & Lago, 2000:8.

[215] IBGE, contagem de 1996.

[216] Censo demográfico de 1991.

estudo. Entre os moradores dos bairros, a situação é notoriamente inversa: 30,4 % estão na faixa de nove a 11 anos de estudo e 39,5% possuem mais de 12 anos de estudo.[217]

• Quanto à população ocupada, por categoria sócio-ocupacional, nota-se que há diferenciação entre as favelas, segundo a área em que se encontram. Nas da Zona Norte, há uma predominância de proletários do terciário (35,5% de prestadores de serviço e comerciários). As categorias seguintes mais significativas são os operários (21,9% de trabalhadores da indústria e da construção civil) e os subproletários (21,1% de trabalhadores domésticos, ambulantes e biscateiros). Nos bairros da Zona Norte a população concentra-se prioritariamente nas seguintes categorias: classe média (37,5% de empregados em ocupações de rotina, supervisão, segurança, ensino básico e técnicos) e elite (28,5% empregadores e profissionais dirigentes do setor público e privado e profissionais de nível superior).[218]

Os dados demonstram a distância social entre o morador de favela e o dos bairros da Zona Norte, confirmando a situação de desvantagem dos primeiros. Há mais pontos em comum entre moradores de favela e de bairro quando estes ocupam posições inferiores (empregadas domésticas, ambulantes e biscateiros); à medida que se sobe na hierarquia as distâncias aumentam.

Oliveira,[219] ao investigar a situação socioeconômica dos jovens moradores de favela, verificou que os dados revelam maior concentração de famílias nas faixas de rendimento mais baixas e que as famílias têm tamanho maior. Este último aspecto se associa, basicamente, às taxas de fecundidade, que continuam sendo mais elevadas nas camadas pobres do que nas de média e alta renda. Outro dado igualmente importante é a distribuição por sexo e idade da população residente na Região Metropolitana do Rio de Janeiro. Seu perfil é predominantemen-

---

[217] IBGE, contagem de 1996.

[218] Censo demográfico de 1991.

[219] Oliveira (1999) baseou-se na Pnad de 1997 para a Região Metropolitana do Rio de Janeiro e na pesquisa socioeconômica das comunidades de baixa renda, aplicada entre 1998 e 1999 em 16 favelas cariocas pela Sociedade Científica da Escola Nacional de Ciências Estatísticas (Science).

te jovem: 41,2% dos residentes na área têm menos de 25 anos de idade e 17,5% se concentram na faixa de 15-24 anos.

Como já foi dito a respeito dos moradores de favela cariocas, nelas há uma concentração maior de jovens: um em cada cinco moradores de favela situa-se na faixa dos 15-24 anos. Com relação à educação, esse grupo apresenta menos anos de escolaridade (6 anos na faixa dos 15-17 anos; 6,6 anos na dos 18-19 anos, e 6,5 na dos 20-24 anos) se comparado aos jovens da Região Metropolitana do Rio de Janeiro (5,6 anos na faixa dos 15-17 anos; 6,2 anos na dos 18-19 anos, e 8,1 na dos 20-24 anos). A média de anos de estudo dos moradores de favela não chega a atingir o equivalente ao primeiro grau completo. São os jovens de baixa renda os mais atingidos pelos fenômenos da repetência, do atraso e do abandono escolar, constituindo, assim, o grupo que enfrenta as maiores dificuldades para prolongar sua trajetória escolar.

Com relação ao ingresso no mercado de trabalho, esses jovens apresentam alta taxa de desemprego e representam a parcela mais expressiva do contingente absoluto de pessoas à procura de trabalho. Os dados indicam o desemprego visível entre os jovens; elevado tanto na Região Metropolitana do Rio quanto nas favelas cariocas pesquisadas.

> Ao focalizar o lugar dos jovens no mercado de trabalho, o primeiro dado que chama atenção é a alta taxa de desemprego que sobre eles incide: na RMRJ, enquanto para o conjunto da PEA, esta taxa é de 7,5%, entre os jovens ela atinge 26,8% na faixa de 15 a 17 anos, 22,1% na de 18 a 19 anos e 15,3% na de 20 a 24 anos. Entre os moradores de favelas, reproduz-se a mesma tendência: a proporção de desempregados na PEA é de 12,3%, entre os jovens ela atinge 16,5% na faixa de 15 a 17 anos, 24,2% na de 18 a 19 anos e 18,0% na de 20 a 24 anos. (...) Do conjunto de desempregados da RMRJ, nada menos do que 39,1% se concentram na faixa de 15 a 24 anos, proporção que, entre os residentes em favelas, corresponde a 38%.[220]

Oliveira observa ainda que, no final da década de 1990, o número de jovens fora da escola aumentou, sendo que em proporções maiores entre os moradores de favela, configurando o que se poderia chamar de juventude à deriva. Entre aqueles que ingressaram no mercado de tra-

---

[220] Oliveira, 1999:137.

balho, as principais ocupações dos jovens de sexo masculino indicam que seu requisito básico é a força, requisito de alguns postos de trabalho da construção civil, do trabalho militar, das oficinas, enfim, de todo tipo de trabalho manual. Entre as jovens predominam os trabalhos considerados habilidades "invisíveis" da mulher: emprego doméstico, confecção de roupas, ensino básico e tarefas administrativas.

Tanto na Região Metropolitana do Rio de Janeiro quanto nas favelas pesquisadas, ainda é grande o número de trabalhadores jovens sem carteira assinada e com baixos salários. Esses dados permitem perceber a vulnerabilidade dessa população jovem, pobre, moradora de favela. Afetados pelo desemprego estrutural e à margem do circuito econômico tradicional, os pobres, moradores de favela, integram um mercado secundário formado por pessoas com empregos precários, com baixos salários e baixa qualificação.

Devido a esse acúmulo de desvantagens, são mais vulneráveis. Despossuídos das habilidades requeridas para serem absorvidos pelos novos processos produtivos, estão despreparados — se comparados a outros segmentos de maior prestígio social, formados por elementos qualificados, mais bem pagos e com empregos estáveis — para enfrentar as mudanças e exigências do mercado de trabalho. Porém, não se pode afirmar que o trabalho perdeu a centralidade na vida dos pobres favelados. Entre eles, o que se observa é o agravamento da situação de pobreza, pois há o crescimento do trabalho informal, sem carteira assinada e de baixa remuneração. É preciso, portanto, pensar em formas de inclusão dessa massa de trabalhadores desqualificados, que já não possui as qualidades necessárias para se integrar às novas dinâmicas do capitalismo atual.

Outros dados reforçam os já expostos. Conforme uma pesquisa da Secretaria Municipal de Trabalho do Rio de Janeiro e da Sociedade Científica da Escola Nacional de Ciências Estatísticas do IBGE, realizada entre 1998 e 2000 em 51 comunidades beneficiadas com o programa Favela-Bairrro, 23,6% dos jovens favelados entre 15 e 24 anos são inativos e 55,5% não estudam. O cenário descrito é preocupante; por isso, cresce a importância dos projetos que se espalham pelas favelas e comunidades de baixa renda e que apostam na juventude pobre.

## Os meninos da Mangueira e a relação com o mundo do trabalho

Ao discutir o capitalismo argelino, Bourdieu (1979) estabelece uma diferenciação entre, de um lado, o proletário e o trabalho e, de outro, o subproletário e a ocupação, definindo o primeiro como aquele que, inserido no processo produtivo, possui um "trabalho estável", que possibilita a satisfação de suas necessidades básicas — moradia, alimentação, saúde, cuidados com a família etc. e a construção de um projeto de futuro. O segundo, detentor de uma "ocupação" de natureza precária, se vê impossibilitado de pensar no futuro, posto que está sempre envolvido com o presente, com a produção de condições, ainda que precárias, de existência. Será possível ainda sonhar com um emprego estável? O que está reservado para os meninos da Mangueira: emprego ou trabalho?

O tratamento da pobreza como objeto de políticas sociais vem inspirando diferentes tendências. De um lado, as tendências que enfatizam a busca individualizada de soluções calcadas na flexibilidade do trabalho. São criados novos postos de trabalhos, em sua maioria precários, sem a preocupação de integrar o trabalhador na vida social. De outro, o modelo europeu, onde a crise do *welfare State* provocou o surgimento de um novo sentido do social, que passou a ser visto como uma questão nacional. Reivindica-se a substituição do "Estado Passivo Providência" pelo "Estado Ativo Providência", onde as políticas públicas deveriam se ocupar mais de prevenir a exclusão do que de reinserir os excluídos, e mais de criar uma sociabilidade positiva do que de remediar a negativa.

Castel (1998) sugere a criação de políticas de emprego que visem a reverter situações de precarização do trabalho criadas pelo setor econômico. Para ele, o nacional deve estar combinado ao local, ao particular — as situações diferenciadas por religião, identidade étnica, raça e gênero —, algo que as políticas de integração à sociedade nacional não devem perder de vista. No Brasil ainda não se definiu uma tendência para se enfrentar os impactos dessas políticas de ajuste no mercado de trabalho. No âmbito social crescem as ações específicas e isoladas. Visto no seu conjunto, esse quadro ergue verdadeiras barreiras sociais ao acesso dos pobres a oportunidades de atingir melhores níveis de vida e de bem-estar. Optando pela integração à sociedade nacional, Rosanvallon[221] aponta para a necessidade do trabalho. A questão que se coloca hoje é o debate acerca do direito ao trabalho, e não apenas do direito do trabalho. Mas, para tanto, a concepção de trabalho tem que ser, ela própria, modificada, ampliada: não mais a idéia de trabalho economicamente produtivo, mas a de trabalho socialmente útil.

Os jovens Marcos e Armando, ambos de 15 anos e ex-contínuos, estão atualmente desempregados. Já freqüentaram as atividades da vila e as abandonaram para trabalhar. Hoje fazem treinamento para o mercado de trabalho no Camp Mangueira. A implantação do Camp surgiu da constatação de que as atividades esportivas não atendiam à clientela potencial, uma vez que nem todas as crianças e adolescentes apresentavam as aptidões físicas e o talento requeridos a futuros atletas. Chinelli (1995:106) cita o depoimento do diretor da vila: "E aqueles que não são aproveitados [nas equipes esportivas], que a gente vê que realmente não dão para o esporte, aí encaminha-se ao Camp para que eles ali tenham um sentido de vida".

Armando conta: "Lá, eu aprendo português, matemática, informática, aprendi a ser mais dinâmico com as pessoas, amadureci". O jovem quer seguir a carreira militar, porque "é uma carreira segura e bem remunerada, ganham de 700 reais para cima".[222] Após o término das atividades no Camp, os meninos ficam conversando, sentados no entorno das quadras de esporte da Vila Olímpica. É nesse espaço de convivência diária que desenvolvem seu gosto pelo esporte, trocam experiências, expõem suas incertezas quanto ao futuro.

Os estudos sobre a educação dirigida aos setores populares concluem que o trabalho é a forma encontrada para todos os tipos de propostas educativas que visam integrar o "menor", seja para "recuperá-lo", seja para desenvolver suas potencialidades individuais. Enquanto no início do século XX a solução do trabalho era um substituto da escola para as crianças pobres, eliminando o problema das ruas e da criminalidade, atualmente — mesmo se o trabalho não ocupa mais o lugar de disputa do período anterior — existe uma pedagogia profissionalizante

---

[221] Apud Zaluar, 1997a.

[222] As práticas de treinamento para o trabalho concentram-se no Camp Mangueira — Círculo dos Amigos do Menino Patrulheiro —, inaugurado em 1988. Além deste, existem hoje outros camps no estado e no município do Rio de Janeiro, sob a supervisão da Feem.

que estimula a entrada precoce no mercado de trabalho e secundariza a educação formal.[223]

Apesar da resistência de alguns educadores e de determinadas políticas de intervenção, tal tendência parece se impor: é como se, para as crianças e os adolescentes das classes populares, de rua ou não, a única forma de se livrarem da criminalidade fosse o trabalho precoce. Cabe esclarecer que a proposta do Camp se afasta dos projetos tradicionais que substituem o estudo pelo trabalho. Lá, os meninos devem ter no mínimo 14 anos de idade, ter um responsável e estar estudando. Tanto o Projeto Vila Olímpica, dedicado ao esporte, quanto o Camp Mangueira não se restringem a preparar para o trabalho. Em ambos, a proposta vai além da inclusão no mercado de trabalho. Seus dirigentes pretendem sobretudo preparar os jovens para a vida; e exercem uma função socializadora ao inculcar neles seus direitos de cidadão.

É difícil conciliar os estudos com os treinos e, por vezes, os meninos sentem-se cansados com a dupla atividade, mas são atraídos pelas diversas modalidades esportivas. A maioria já circulou por mais de uma modalidade. O contato diário com o mundo do esporte parece ser o grande responsável pela construção de um grupo de "especialistas" nesse campo. A maioria dos meninos entrevistados declarou desejar ser jogador de futebol profissional; já as meninas manifestaram preferência por se tornarem jogadoras de voleibol profissional. Ainda que a possibilidade de concretização desses sonhos implique percorrer um caminho árido, sobra esperança.

## O significado e as funções do esporte

No esporte, os jovens pobres buscam suas funções pedagógicas, o lazer e a profissionalização, observa Zaluar. A autora salienta ainda que, "por ter regras universais válidas para todos, representaria uma sociedade ideal que fascina e mobiliza os brasileiros, além de permitir um treinamento e uma permanente familiaridade com um sistema assim organizado".[224] Além disso — acrescenta —, o esporte possui também fun-

---

[223] Alvim & Valladares, 1994.

[224] Zaluar, 1994a:196.

ções mnemômicas importantes e proporciona atividades físicas prazerosas e saudáveis, funções que, no mundo contemporâneo, em que estão em crise os valores exigentes da ética do trabalho, não devem ser desprezadas.

Zaluar critica os programas sociais que, na década de 1980, não levaram em conta a vontade dos jovens de competir esportivamente ou de se profissionalizar. Nesses casos, o conflito entre o gosto pelo esporte e a ausência de uma política educacional e esportiva nacional acabou reforçando a predisposição para que o ensino dos alunos pobres fosse de má qualidade, o que limitou ainda mais a carreira esportiva daqueles jovens.

A escolha das práticas esportivas não é aleatória; sua distribuição varia segundo o nível de instrução, a idade, o sexo e a profissão, e assume sentido diferente para os diferentes segmentos sociais. Pode-se considerar o conjunto de práticas e de consumos esportivos oferecidos aos agentes sociais — futebol, voleibol, atletismo, natação, tênis etc. — uma oferta destinada a encontrar uma certa demanda social. Como já foi dito, para que se possa entender a dinâmica do campo esportivo, há que se entender que o "esporte moderno" se diferencia dos jogos das sociedades pré-capitalistas e que em torno dele se constituiu um campo de produção de "produtos esportivos". O esporte moderno atribuiu um significado e uma função radicalmente nova a alguns exercícios físicos preexistentes e inventou práticas, como o vôlei ou o basquete, que se tornaram esportes com objetivos, regras e um público específico (de participantes, praticantes ou espectadores).[225]

A preferência por esportes populares, coletivos ou individuais — como futebol, atletismo, voleibol —, e o desejo de profissionalizar-se nessas práticas não são gratuitos. As diferentes classes divergem na percepção e na apreciação dos lucros, imediatos e futuros, que consideram que as práticas esportivas proporcionam. Tanto as expectativas

---

[225] Segundo Bourdieu (1984:137) o "esporte moderno" tornou possível a constituição de um sistema de instituições e de agentes direta ou indiretamente ligados à existência de práticas e de consumos esportivos, desde os agrupamentos "esportivos", públicos e privados, que têm como função assegurar a representação e a defesa dos interesses dos praticantes de um esporte determinado e, ao mesmo tempo, elaborar e aplicar as normas que regem essas práticas, até os produtores e vendedores de bens (equipamentos, instrumentos, vestimentas especiais etc.) e de serviços necessários à prática do esporte (professores, instrutores, treinadores, médicos especialistas, jornalistas esportivos etc.).

quanto os investimentos imediatos e futuros distinguem as classes privilegiadas das populares. Esportes coletivos, como o futebol, e esportes individuais, como o boxe, repelem os membros das classes dominantes por diversas razões — a composição social de seu público, os valores do jogo, as virtudes exigidas (força, resistência, disposição para a violência, espírito de sacrifício, docilidade e submissão à disciplina coletiva).

A passagem do jogo ao esporte causou uma mudança de significado e de função — as práticas populares integradas no calendário coletivo popular foram convertidas em exercícios corporais, "espécie de arte pela arte corporal" —, impondo uma ideologia aristocrática do esporte como atividade desinteressada, gratuita, como prática amadora formadora do caráter, inteiramente oposta à busca da vitória a qualquer preço.[226]

O campo das práticas esportivas é o lugar de lutas — amadorismo contra profissionalismo, esporte-prática contra esporte-espetáculo, esporte distintivo de elite e esporte popular de massa. Cabe esclarecer que, mesmo entre as classes populares, o esporte não deixa de cumprir as funções que estavam na origem de sua invenção: a formação do caráter — um meio de ocupar, mobilizar e controlar os jovens escolares. Às vezes dá-se a passagem do esporte como prática da elite, reservada aos amadores, ao esporte como espetáculo, produzido por profissionais e destinado ao consumo de massa. E práticas esportivas, como o futebol — que nasceu dos jogos populares — retornam ao povo sob a forma de espetáculos produzidos para o povo. Os esportes populares passam a funcionar como espetáculo de massa, "difundido para além do círculo dos praticantes, isto é, para um público que possui de maneira bastante imperfeita a competência específica necessária para decifrá-lo adequadamente: o 'conhecedor'".[227]

Atraídos pela possibilidade da fama e transformados em "público conhecedor" — aquele que dispõe de esquemas de percepção e apreciação que lhe permitem ver o que o leigo não vê, apreciar o esporte, conhecer suas regras, notar detalhes que passariam despercebidos aos outros —, os meninos da Mangueira desenvolvem o gosto pelo esporte, querem permanecer ligados ao campo do esporte, seja como profissionais (jogador, técnico, professor etc.), seja como "conhecedores". Um

---

[226] Elias & Dunning, 1992; e Bourdieu, 1984:139.

[227] Bourdieu, 1984:144.

bom exemplo do esporte-espetáculo e da formação de um público conhecedor são as torcidas organizadas, formadas por pessoas que desenvolveram o gosto pelo esporte, mas não são necessariamente esportistas. Monteiro, em sua etnografia sobre a Raça Rubro-Negra — torcida organizada do Clube de Regatas do Flamengo, do Rio de Janeiro —, descreve os preparativos que antecedem um jogo.

> Na semana do jogo a direção da Raça Rubro-Negra solicita ao C.R. Flamengo uma cota de ingressos que ela julga necessária para atender aos seus membros; em média, um jogo de grande apelo de público conta com 500 ingressos. Uma rede de membros da Raça Rubro-Negra, filiados formalmente ou não, mas sempre portando símbolos associados a esta torcida organizada, ou cantando hinos e gritos de guerra, enfim, assumindo alguma identidade com o grupo, sai de seus bairros com cerca de quatro horas de antecedência para o início da partida e se dirige para o jogo em ônibus alugado, vans, ou ainda, vão juntos de ônibus comum, metrô, ou quaisquer meios de transporte urbano; mesmo caminhões (abertos ou fechados) podem servir para levar um grupo de torcedores ao Maracanã.[228]

Parece que o gosto pelo esporte, incorporado ao *habitus* dos segmentos populares, se estende a outros espaços de convivência social, como os bailes *funk* comunitários. O esporte, particularmente o futebol e as torcidas organizadas, é tema das letras dos *funks* que circulam na favela por meio de CDs vendidos nos bailes e em fitas-cassete, nas quais os jovens gravam as músicas contidas nesses CDs. A atitude é de saudação aos times dos torcedores participantes do baile.

> A torcida Jovem Fla
> Só tem torcedor sinistro
> É o terror da luta livre
> É o Jiu- jítsu.[229]

---

[228] Monteiro, 2001:79.

[229] Monteiro ressalva que, apesar de o jogo ser uma atividade de lazer de baixo custo, as rivalidades se estendem para além do jogo. As torcidas organizadas recorrem a atitudes violentas e agressivas contra os grupos rivais. A "cultura masculina agressiva" — o etos guerreiro — não se reduz às camadas mais baixas da sociedade, já que os membros dessas torcidas são oriundos das camadas médias e altas da cidade do Rio de Janeiro. Há um processo em curso neste país, sobretudo nos grandes centros urbanos, de dessensibilização da sociedade para questões referentes à vida humana e à violência, conclui o autor.

## Como se tornar um atleta profissional?

O desemprego, a falta de oportunidades e a baixa escolarização são fantasmas que rondam e ameaçam o futuro do jovem pobre. Mesmo assim, eles constroem projetos ambiciosos de mobilidade social. Nesse contexto, ser atleta profissional aparece como uma solução mágica para resolver todos os problemas.

Para Bourdieu (1984:150), os esportes coletivos tipicamente populares, como o futebol, o handebol ou o basquete, e também os esportes individuais populares, como o boxe ou a luta livre, repelem os membros das classes dominantes. A composição de seu público (setores populares), os valores em jogo (a exaltação da competição) e as virtudes exigidas (força, resistência, disposição para a violência, espírito de sacrifício, de docilidade e de submissão à disciplina coletiva) representam a antítese dos papéis que as elites encarnam.

> No Brasil é muito ruim. Há pouco investimento no esporte. Poucos atletas ganham altos salários. Aqui você tem que optar, ou você se profissionaliza ou investe nos estudos. Jogador de futebol, a maioria tem que parar de estudar. Não é como nos Estados Unidos. O Brasil não dá muito enfoque, muito apoio. É só olhar as medalhas que os Estados Unidos ganham e o Brasil ganha (Mariana, 18 anos).

Apesar das dificuldades enunciadas, os jovens relatam o sucesso obtido por alguns ex-colegas ou conhecidos, que conseguiram viajar para o exterior ou foram convidados para jogar em um time profissional. Nesse panorama está sempre presente a figura do "olheiro", aquele "caçador de talentos" que a qualquer momento pode oferecer ao jovem uma oportunidade de profissionalização ao vê-lo jogando. Também o contato com jogadores profissionais e com outras personalidades que visitam a Vila Olímpica reforça esse sonho.

> — Como foi a visita do Clinton?
> — Foi bom. Ele brincou. Apesar de eu não ter entendido muito o que ele falava, joguei bola com ele. Porque sou goleiro também. Brinquei aqui com ele de pênalti. Ele e o Pelé. Tirei uma foto só. (...)
> — Você é bom mesmo, jogou com o Pelé!
> — Acho que sou bom mesmo. Quando fui jogar lá no Zico, ele me chamou. Só não fui porque ficava contramão, não tinha como ir sozinho (...).

Quando são convidados a relatar os casos de colegas que foram bem-sucedidos, os jovens não conseguem definir com muita clareza em que time foram jogar no exterior ou no país, mas a fama e a possibilidade de ter destino igual está presente. "Tem um tal de Batista, irmão de meu amigo, tem o Álvaro, que foi para a Suíça e está treinando no São Cristóvão, já saíram vários. Eu só não fui para a Suíça porque no último treino tive uma dor de dente, estava com a bochecha inchada, eles não me chamaram", relata Jonas (14 anos).

Os jovens atletas sentem-se incluídos no mundo esportivo. As visitas de atletas profissionais à vila, as viagens para jogos, os treinos, a mídia, a esperança de que a qualquer momento estejam sendo observados por um "olheiro" os colocam permanentemente em contato com as notícias desse universo. Esses fatores os motivam para a construção de um projeto profissional. Mesmo aqueles que encaram as dificuldades da profissionalização de atleta não descartam de todo esse sonho.

Ter ambição, sorte, perseverança, disciplina, treinar diariamente, ser reconhecido como bom jogador, ser visto por um "olheiro", competir com outros clubes, viajar para o exterior — estes parecem ser os pré-requisitos para se tornar um Batista. A história de Batista é narrada pelo irmão, que também quer ser jogador de futebol. A trajetória desse jogador mangueirense, que se iniciou no futebol na Vila Olímpica, é sempre citada pelos jovens quando se fala do sucesso no esporte. O fato de ter sido morador da Mangueira, de seu irmão freqüentar a vila e de sua família continuar residindo na Mangueira torna sua história mais visível. Todos acompanham a evolução de sua carreira. Seu irmão conta:

> — Meu irmão viajou lá para o Rio Grande do Sul, foi jogar bola. Ele sempre teve um objetivo, queria ser jogador de futebol. Sempre lutou, ia para os clubes sozinho. Não tinha quem o levasse.
> — Quem o convidou para ser jogador profissional?
> — Foi o coordenador técnico aqui da vila. O nome dele é Ivan. Ele o levou para jogar no São Cristóvão, depois ele foi passando por vários times: Fluminense, Vasco, Flamengo e agora ele está no Rio Grande do Sul.
> — Ele já viajou para o exterior?
> — Em agosto do ano passado (2000). Ele foi para a Itália. Lá foi bom, só não ficou por causa da idade. Ele era muito novo. Agora, no Rio Grande do Sul, ele recebe um salário, não é o salário cento e poucos, não. Não é um salário mínimo não. É de mais ou menos uns três mil reais.

"Primeiro, eu quero ser jogador de futebol. Para isso, estou treinando, me dedicando." Essa prática esportiva não exige capital econômico ou cultural e, sim, qualidades físicas e competências corporais. São jovens, condição necessária a essa prática esportiva, daí a crença de que o treinamento e a perseverança lhes fará conquistar o posto de jogador de futebol. A busca de um clube que tenha um time profissional passa a ser uma condição indispensável para que suas oportunidades sejam ampliadas.

— Você acha que estar na Vila Olímpica vai te ajudar?
— A oportunidade da gente se tornar um jogador melhora mais ainda porque a gente sem fazer esporte nenhum, sem treinar em algum clube não tem quase possibilidade. Tem gente que pensa em ser jogador mas não tem como. Aí, treinando num clube, tem olheiro que olha e que chama para o clube do Flamengo, Vasco... esse negócio. Tem mais possibilidade de se tornar um jogador.

O projeto de profissionalização apresenta várias etapas. Para os meninos interessados em futebol, a vila significa uma primeira oportunidade. Lá eles podem treinar orientados por um técnico, viajar, ser vistos por um olheiro ou por qualquer um que lhes queira dar uma oportunidade no mundo do esporte. Porém, todos os que podem treinam em clubes que tenham uma equipe profissional. "A Vila Olímpica não é um clube que disputa com outros." "A Mangueira não tem um time que dispute com outros profissionais", dizem os meninos. Quando lhes é dada oportunidade, todas as semanas, além da escola regular, freqüentam um clube e a Vila Olímpica. Esse desejo é compartilhado por todos: "Lá (nos clubes) os professores vão ver se você é bom de bola ou é ruim de bola", diz Marcos (17 anos). Levados por amigos, convidados por técnicos ou por iniciativa própria, os jovens procuram os clubes para treinar: "Fui para lá no mês passado, tem gente daqui no São Cristóvão, são uns quatro moleques só", relata José (14 anos).

Todos estão à espera de um convite para ingressar definitivamente no mundo do esporte. Mas, para entrar numa equipe, não basta o convite; às vezes, a distância do local de moradia, oportunidades decorrentes da participação na equipe que os convidou, a necessidade de trabalhar, tudo é considerado para que o convite seja aceito. Nesse universo, os times profissionais de maior projeção e os times europeus exercem mais fascínio entre os jovens. A figura do "olheiro", aquele que formula o convite, pode aparecer a qualquer momento, é quase uma sorte. Os meninos acreditam estar sempre sendo observados, seja na vila, nos clubes ou no futebol de várzea, daí a preocupação com o bom desempenho: "Na olimpíada da escola tinha um olheiro vendo eu jogar e me chamou para um time lá em Marechal Hermes. Só que é muito baixo. O nível daqui é melhor. Lá eu não conheço ninguém" (Jonas, 14 anos).

A vila parece significar para esses jovens lazer, educação, esporte, entretenimento. Na verdade, as atividades esportivas ali desenvolvidas habitam dois campos importantes na socialização juvenil: o prazer e a obrigação. A possibilidade de o esporte transitar por esses dois mundos o transforma em algo atraente e desejável. A perpetuação dessa sensação é dada pela profissionalização, por se trabalhar em algo em que há, simultaneamente, prazer e recompensas materiais.

Ser um atleta significa mobilidade social, ter uma atividade lucrativa, prestígio e prazer em desenvolvê-las. Os jogos esportivos, com suas regras, disciplinam o espaço flexível do lazer e suavizam as obrigações, próprias do espaço do trabalho. Por isso, é fácil entender por que os jovens, mesmo em horários e dias em que não há treinos, estão presentes na vila. Por seu caráter lúdico, o esporte proporciona o desenvolvimento de relações de sociabilidade e experiências importantes na construção das identidades juvenis.

## A aposta na educação

Nas entrevistas, quanto maior o grau de escolarização dos jovens, mais elaboradas as respostas às questões formuladas, ou seja, mais clareza tinham os obstáculos a serem enfrentados para a conquista de uma profissão de maior qualificação e/ou prestígio. Todos crêem que a permanência na escola é uma forma de minimizar as barreiras que os distanciam de suas aspirações profissionais.

Há, entre os jovens pertencentes às equipes de voleibol, por exemplo, quem receba bolsa de estudos em escola privada e apoio moradia, quando necessário. O que a direção pretende nesses casos é criar equipes competitivas e jovens com uma boa formação regular. Esse cuidado faz com que esses jovens tenham um perfil diferente daqueles que freqüentam as atividades de forma assistemática, pois contam com o apoio integral do projeto. Mesmo cientes de que a educação amplia suas possibilidades de formação profissional, os jovens também reconhecem que existem outros caminhos para a mobilidade ascendente. A preferência pela carreira de esportista não os afasta do estudo; a formação esportiva é vista como uma possibilidade de obter um bom emprego. Para os jovens, ganhar dinheiro nem sempre está associado a escolarização elevada, como se pode depreender de um debate ocorrido em reunião com várias atletas do vôlei.

> Atleta 1: — Por exemplo, a Carla Perez, ela ganha muito dinheiro.
> Atleta 2: — Estou falando de trabalho decente, não de ficar mostrando a bunda na televisão.
> Atleta 3: — No Brasil não é só o estudo que vale. No meio artístico tem a Carla Perez, a Tiazinha... Tem muito advogado, médico que não arranja serviço, tem que ficar vendendo cachorro-quente.
> Atleta 4: — Quer dizer que você não queria ficar viajando, como a Tiazinha, pelo Brasil todo, sendo admirada por todo mundo.
> Atleta 1: — Eu não.
> Atleta 4: — Duvido.

Os jovens acreditam que terão mais chances que seus pais, por terem tido mais oportunidades no campo educacional. Contudo, o aumento dos anos de escolaridade não é um seguro contra o desemprego ou uma garantia de conquista de uma ocupação de maior prestígio social que os diferencie de seus pais. Os títulos sempre valem o que valem seus detentores, ou seja, um título que se torna mais freqüente torna-se por isso mesmo desvalorizado, mas perde ainda mais valor por ser acessível a pessoas sem "valor social".[230]

Esse fato certamente preocupa, principalmente aqueles entrevistados com maior nível de escolarização. Eles estão cientes de que a conclusão do segundo ou do terceiro grau não lhes garante a obtenção de um emprego bem remunerado.[231]

O sistema escolar encoraja os jovens das classes populares e suas famílias a esperar aquilo que o sistema assegurava aos estudantes das

---

[230] Bourdieu, 1983:116.

[231] Alguns atletas da Vila Olímpica recebem bolsas de estudo de universidades privadas.

classes sociais médias e altas quando o ingresso era restrito a elas. Ascender aos níveis superiores de ensino significa aspirar a se tornar advogado, promotor, professor, técnico esportivo etc. Como segunda opção de carreira, as respostas foram bastante diversificadas. Perguntados sobre seus anseios profissionais futuros, alguns jovens deram respostas discrepantes e outros mantiveram a coerência, declarando sua preferência pelo mundo dos esportes. Esses querem ser professores de educação física, técnicos etc. (os atletas da equipe de voleibol que cursam o terceiro grau estão no curso de educação física). Principalmente os que cursam o primeiro grau não conseguem justificar de maneira clara suas escolhas futuras: "Quero ser promotor de justiça porque a madrinha de minha irmã é advogada e chamou minha mãe pra trabalhar com ela. A minha mãe tem uma caligrafia boa", diz Jonas (14 anos). "Advogado, porque tem muita injustiça por aí" (Mário, 15 anos). Este jovem se mostrou preocupado com a violência na favela e argumentou ser necessário mudar o quadro. Para ele, ser advogado é um caminho para que isso se realize. Outro afirmou sem muita convicção que queria ser "administrador de recursos humanos" porque já foi contínuo de uma empresa e tomou conhecimento desse posto de trabalho.

## Em busca de campos de trabalho

Não há dúvida de que a carreira esportiva, assim como a artística, tem sido uma das poucas vias de mobilidade social ascendente para as camadas populares. Como essas carreiras são factíveis apenas para alguns — e disso tanto os dirigentes quanto os jovens têm consciência —, os jovens sempre apresentam uma segunda opção de carreira, sem abandonar seus sonhos de se profissionalizarem nesses campos.

A música, como o esporte, também forma seu "público conhecedor" — a extensão do público para além do círculo de amadores contribui para reforçar o desejo de profissionalização. A intimidade com o samba, aliada a algumas noções de percussão adquiridas nos projetos da escola de samba (como a Mangueira do Amanhã) ou na própria esfera doméstica, faz com que esses meninos vejam no campo da música uma possibilidade de trabalho.

A música também inspira sonhos nos jovens. Ser pagodeiro surge como uma opção profissional. Alguns jovens mencionam grupos profissionais saídos da comunidade da Mangueira, como o Arte Junior. "A senhora sabe onde fica da Escola Municipal X, é só entrar na rua do lado. Eles tocam ali, num bar, toda sexta-feira", conta Fábio (16 anos). Os grupos profissionais são exemplos que servem de estímulo para os projetos futuros. "Se eu não for jogador, quero ser pagodeiro. Eu gosto do Katinguelê", diz José (14 anos). Nas entrevistas, o pagode aparece entre as preferências musicais e como fonte de inspiração profissional.

Há cursos na escola de samba que criam outras expectativas profissionais que fogem ao campo da arte e da música. Josi (14 anos) fez um curso de modelo e outro de passista na escola de samba, seguindo a trilha da irmã. Durante a entrevista, uma jovem passa por nós. Josi aponta e diz: "ela foi minha professora no curso de passista". Além de modelo, quer ser atleta profissional (voleibol). Para ela, a carreira de modelo já começou: já desfilou, participou de um concurso e tirou o terceiro lugar. Acredita que seus sonhos são possíveis porque sua irmã desfilou até casar. Pretende conjugar as duas profissões: atleta e modelo. Perguntada por quanto tempo ela achava possível manter-se nesse tipo de profissão, respondeu: "até mais ou menos os 50 anos", o que provocou risos em sua mãe.

O aumento sistemático do número de cursos de modelo nas comunidades, nos clubes, nas academias, aliado às notícias que circulam na mídia e que popularizam as agências que escolhem modelos cada vez mais jovens e relatam casos de meninas pobres que ingressaram no mundo da moda, tem seduzido a juventude pobre. A possibilidade de ganhar muito dinheiro, viajar para o exterior e ter fama colocam a profissão de modelo entre as preferidas das jovens.

De modo geral, as diferentes classes se preocupam de maneira desigual com os lucros sociais que a prática de certos esportes proporciona. A carreira esportiva é impensável para os jovens das classes altas — com exceção de alguns esportes como o tênis —, mas representa uma das poucas vias de ascensão social para os jovens das classes populares: "o mercado esportivo está para o capital físico dos meninos assim como os concursos de beleza e as profissões às quais eles dão acesso (como modelo e manequim) estão para o capital físico das meninas".[232]

---

[232] Bourdieu, 1984:147.

A Vila Olímpica da Verde-e-Rosa

Tudo sugere que os "interesses" e valores que os praticantes saídos das classes populares e médias trazem consigo para o exercício do esporte se harmonizam com as exigências correlativas da profissionalização (que pode, evidentemente, coincidir com as aparências do amadorismo), tanto da racionalização da preparação (treinamento) quanto da execução do exercício esportivo, imposto pela busca de maximização de eficácia específica (medida em "vitórias", "títulos" ou "records"), busca que é, ela mesma, já vimos, correlativa ao desenvolvimento de uma indústria — privada ou pública — do espetáculo esportivo.[233]

Ser pagodeiro ou modelo? Em geral os jovens usam o exemplo de um grupo que obteve fama e o caso de alguém que se tornou modelo profissional, e não levam em conta a fugacidade dessas duas atividades. Elas são vistas como uma maneira de obter sucesso e dinheiro rapidamente.

Os dados apresentados por Oliveira (1997) sobre as favelas cariocas mostram que aqueles com baixa escolaridade estão fora do perfil do novo trabalhador. A atual crise no mercado de trabalho cria a necessidade de buscar novos campos de trabalho e de uma maior escolarização, além de uma preparação profissional mais adequada às mudanças em curso.

Como se viu, além da formação para os tradicionais postos de trabalho estimulados por cursos existentes nos diversos projetos sociais da escola de samba, os campos do trabalho social, da música ou do esporte têm oferecido alternativas para os jovens. Ser treinador de outros meninos, organizar um grupo de pagode, ser um dos técnicos ou instrutores dos projetos voltados para as populações carentes, ser um percursionista da escola de samba ou de um grupo musical constituem novos campos de trabalho abertos pelo "trabalho social". Essas novas formas de inclusão estão em expansão nas comunidades carentes; em alguns casos, até mesmo aqueles que conseguem concluir o terceiro grau lá permanecem como promotores de projetos sociais para a sua comunidade.

Parece que o caminho para a erradicação da miséria não é o das políticas orientadas pelo crescimento econômico que consideram o pobre como sujeito passivo, nem o das políticas sociais compensató-

---

[233] Bordieu, 1984:148.

rias. Há que se perceber o pobre como um sujeito ativo, capacitando-o a tomar iniciativas a favor de si mesmo que incorporem seu próprio potencial produtivo não aproveitado. O desenvolvimento de uma "economia popular", impulsionada por atividades não motivadas pela idéia de lucro, não sujeitas ao mercado e a controles burocráticos, pode ser uma saída para as pessoas satisfazerem suas necessidades cotidianas. Não se trata de uma economia informal e, sim, de uma outra economia, com regras de organização próprias, voltada para o provimento do sustento do grupo, com uma racionalidade produtiva submersa nas relações sociais.

## Transformando meninos em "meninos da Mangueira"

O jovem que freqüenta a Vila Olímpica parece estar ciente das dificuldades que terá pela frente em função das transformações ocorridas no mundo do trabalho. Os mais escolarizados usam termos como "globalização da economia" para se referirem às questões sociais atuais. Os de menor escolarização materializam suas preocupações desejando um trabalho em que possam ganhar dinheiro e "viver bem".

O desafio atual é o da inclusão desses jovens na nação, com seus plenos direitos de cidadão. Nesse sentido, o projeto comunitário da Vila Olímpica parece responder a essa questão, através de uma socialização positiva, que permite ao jovem desenvolver as habilidades necessárias para executar atividades que o incluam nesse mercado de trabalho tão exigente. Enfim, que o prepare para o desenvolvimento de um trabalho que lhe permita satisfazer suas necessidades básicas — moradia, alimentação, saúde, cuidados com a família etc.

Esse tipo de projeto social, apesar dos limites das abordagens focais, ganha relevância no cenário das políticas sociais, pois atende de alguma maneira a essas populações jovens, carentes de iniciativas que contemplem suas demandas. O Projeto Vila Olímpica procura fazer a sua parte: ao transformar os meninos em "meninos da Mangueira", fortalece a identidade local sem perder a perspectiva de integração à sociedade nacional.

Este capítulo se encerra com versos, cheios de esperança, do mesmo samba-enredo que o abriu:

## A Vila Olímpica da Verde-e-Rosa

Mangueira, o Santuário de Esperança
O Olimpo é verde-e-rosa
É o esporte na cultura da criança
De braços abertos, sou o Rio de Janeiro
Dois mil e quatro
É o sonho brasileiro.

# CONCLUSÕES

Tendo como suporte a teoria da reciprocidade moderna e a sociologia das configurações, este livro examina basicamente duas questões: a trajetória das escolas de samba da cidade do Rio de Janeiro em direção às políticas sociais e o significado do Projeto Vila Olímpica da Mangueira para os jovens que dele participam, enfatizando suas experiências presentes e suas expectativas futuras. Uma breve discussão a respeito da tradição política da cidade pareceu útil para o entendimento da preferência popular por associações comunitárias.

Igualmente, o relevante papel da escola de samba como um dos canais de representação política dos setores populares — já constatado por diversos pesquisadores — contribuiu para a construção de um contexto propício a sua emergência como um dos atores reconhecidos nacionalmente como promotores de políticas sociais durante a década de 1990.

Este trabalho centrou-se na trajetória do G.R.E.S. Estação Primeira de Mangueira: da recreação à política social. Essa escola de samba, fundada em 1928, desenvolve um programa social que inclui vários projetos de ação destinados a atender às demandas de sua comunidade e aos bairros populares localizados em seu entorno. Desse programa faz parte o Projeto Vila Olímpica Carlos Alberto Dória, inaugurado em 1989. Para a compreensão dessa evolução em direção à política social e das bases que alicerçam o referido projeto, foram examinados os seguintes pontos:

• a forte adesão dos populares às associações comunitárias na cidade;
• a criação das escolas de samba e sua permanência ao longo do século XX;

• a expansão das atividades das escolas de samba para além do carnaval;
• as tendências atuais das políticas sociais brasileiras iniciadas na década de 1990, marcadas pela intermitência e pela falta de estratégias voltadas para a criação de uma sociedade do bem-estar por parte do poder público;
• nesse vazio do poder público, o reconhecimento das escolas de samba como promotoras de políticas sociais de combate às desigualdades sociais; e
• a importância do esporte na socialização do jovem em situação de risco e as transformações ocorridas em suas vidas a partir do ingresso no projeto.

Como na maioria das cidades brasileiras, é notória a adesão do Rio de Janeiro às associações comunitárias — religiosas, culturais, esportivas etc. Uma das razões apontadas para a incapacidade de as cidades latino-americanas aderirem plenamente às instituições liberais (associativismo sindical e partidário) era a permanência e a expansão da tradição do associativismo comunitário, o que as impedia de se modernizarem.

Entretanto, os teóricos da reciprocidade moderna encontram outras razões para essa permanência e crescente adesão. Para eles, é na manutenção do vínculo social que reside a força dessas organizações. Críticos da preeminência do pensamento utilitarista como única explicação do social, os teóricos da reciprocidade entendem que uma proporção significativa do que circula nas sociedades modernas passa pela esfera da dádiva, e não apenas da dádiva entre conhecidos e parentes próximos. Introduzem, assim, uma quarta esfera, para além da esfera doméstica, do mercado e do Estado — a dádiva entre estranhos.

Construindo redes de reciprocidade e solidariedade que envolvem estranhos, o "quarto setor" demonstra que a dádiva existe na sociedade moderna e que, apesar de o vínculo social ter sido percebido durante longo tempo pelas ciências sociais como não-moderno, arcaico ou tradicional, ou seja, como um obstáculo à modernização do cenário político da cidade e do país, as associações comunitárias pouco a pouco vêm assumindo outro *status* social.

Como exemplo das primeiras interpretações do papel das escolas de samba, citei *O negro no Rio de Janeiro*, trabalho de Costa Pinto que

A VILA OLÍMPICA DA VERDE-E-ROSA

as classifica como associações do tipo tradicional. O autor chega a reconhecer que nelas havia atividades educativas, contudo não as interpreta como associações políticas, nem reconhece que já estava em processo uma mudança no curso dessas entidades. Ele salienta ainda que o que nelas existe de negro é a presença de pobres, ou seja, como a maioria dos negros é pobre, nas escolas de samba observa-se uma presença maciça deles.

A partir dos anos 1970 alteram-se as interpretações acerca do papel dos setores populares na política nacional, e novos atores são reconhecidos como agentes de ação política promotores de políticas sociais, em substituição às formas clássicas de participação. Entre eles estão as organizações não-governamentais, associações religiosas, recreativas, entidades formadas em torno de temáticas específicas, tais como gênero, raça, etnia etc.

Da perspectiva de que a realidade é múltipla, assim como as formas de enfrentamento do poder — seja este exercido pelo Estado ou pelo mercado —, reconhece-se que os populares encontram formas díspares e às vezes desconexas de promover esse enfrentamento. Tiram-se de cena os atributos de "alienação" dos setores populares, sendo suas práticas cotidianas reinterpretadas como o próprio cenário de uma luta política. Os populares, antes vistos como avessos à política, são percebidos como sujeitos com escolhas, vontades e representações próprias que participam ativamente das novas formas de associação e de mediação com o poder público na competição por verbas. Nesse novo contexto, o associativismo comunitário continua a crescer. As escolas de samba carioca proliferam em toda a cidade, especialmente nos subúrbios e favelas.

Os pesquisadores dos anos 1980, críticos das visões tradicionais, identificaram diferentes formas de enfrentamento coletivo da pobreza e da desigualdade social. A emergência dessas novas interpretações dos populares e suas associações deram origem a uma nova maneira de perceber as escolas de samba. Como exemplo temos o trabalho *A máquina e a revolta*, de Alba Zaluar — um dos marcos dessa mudança.

Além de as escolas de samba serem reconhecidas como porta-vozes das comunidades, são também aceitas como um dos espaços mais democráticos da cidade, onde circulam pessoas dos vários segmentos sociais. Através delas formam-se extensas redes, que conectam diferentes segmentos sociais, os bairros e as favelas da cidade. Nelas, a sociedade brasileira hierarquizada dá lugar a uma outra democrática, sem barreiras de cor ou de classe.

Na cidade do Rio de Janeiro, o samba floresceu nos bairros populares e nas favelas, agrupando os indivíduos e dando origem a vários tipos de associações, como as escolas de samba. A capacidade de o samba — gênero musical surgido no Rio de Janeiro — criar redes de solidariedade e reciprocidade levou Zaluar (1998:287) a compará-lo ao *kula* (sistema de comércio intertribal e intratribal dos habitantes das ilhas Trobriand, na Melanésia) e a considerar ambos fatos sociais totais.

No Rio de Janeiro, o samba promoveu encontros, convivências e trocas entre brancos e negros, morro e cidade, e até entre sambistas e policiais. Portanto, as relações estabelecidas a partir dele não se limitam a uma simples troca utilitária. E mesmo com a entrada do mercado e do Estado, as relações sociais estabelecidas não se reduziram às relações de interesse econômico ou de poder. Isto posto, há que se reconhecer a existência de um círculo de relações de pessoa a pessoa, tal como o existente nas sociedades primitivas/arcaicas, no qual "as trocas e os contratos são feitos sob a forma de presentes teoricamente voluntários, nas na realidade obrigatoriamente dados e recebidos"[234] — eis o circuito da dádiva.

A história do samba na cidade pode ajudar a esclarecer o enigma da interiorização de um etos civilizado numa população afastada das instituições e desrespeitada pelo sistema de justiça do país. Como constata Zaluar (1998:278-9), os princípios ambíguos, porém eficazes, de reciprocidade preencheram os vazios institucionais e criaram simbolicamente outras armas, que não matam, com as quais foi possível viver os conflitos sociais de modo regrado.

O samba, um gênero musical da cultura negra urbana carioca, teve seus lugares sociais de predileção. Desenvolveu-se na cidade na área que Heitor dos Prazeres chamou de Pequena África, que incluía o bairro da Saúde, o Centro da cidade e a praça Onze. Os locais de reunião eram os bares, as casas das "tias", locais onde se realizavam os candomblés, e os blocos e ranchos carnavalescos — todos constituíam locais de sociabilidade espalhados pela cidade. Os blocos foram os predecesso-

---

[234] Mauss, 1974:41.

res das escolas de samba, e reuniam — o que ainda fazem — pessoas dos bairros populares e/ou das favelas cariocas. No Centro da cidade e posteriormente nas favelas, o samba se consolidou como a música nacional. A bibliografia sobre o tema narra o encontro de vários segmentos sociais envolvidos na transformação do samba em um dos símbolos da nação.

O surgimento das escolas de samba e a permanência delas ao longo do século XX se deram basicamente pelo caráter pacificador do samba e por seu potencial de regular os conflitos e promover a solidariedade intragrupal e intergrupal. Os depoimentos prestados pelos fundadores da Mangueira narram como o samba conectou segmentos de classes diferentes, bairros e favelas, permitindo constatar como esses segmentos sociais, identificados hoje como "vulneráveis ou em situação de risco", conseguiram interiorizar o etos civilizador. As redes de solidariedade e reciprocidade formadas pelo samba permitiram a regulação dos conflitos e a pacificação dos costumes.

Incorporadas ao calendário festivo da cidade na década de 1930, as escolas de samba, ao longo das décadas seguintes, passaram a atrair várias personalidades: políticos, artistas, celebridades internacionais, todos interessados no samba. Os sambistas viajavam, representando a música brasileira. Essa circulação intra e interclasses fez com que alguns pesquisadores deixassem de reconhecer essas manifestações como pertencentes à cultura negra urbana carioca, aquecendo assim o debate em torno de suas origens.

Afora esse debate, o fato é que o samba tem conseguido ligar diferentes setores sociais e, por intermédio das escolas de samba, vem procurando responder às demandas das comunidades onde se desenvolvem projetos sociais. Entender o samba como um fato social total me estimulou a pensar na continuidade desses circuitos de reciprocidade em direção à política social. As escolas de samba, associações que nascem na esfera primária, ao ultrapassarem suas atribuições puramente recreativas, assumiram o papel de promotoras de políticas sociais para a criança, o jovem, o adulto, incluindo a terceira idade.

Essa expansão de fronteiras não excluiu outras esferas — o Estado e o mercado. Ao contrário, tais associações se tornaram complexas, sem que, com isso, se desse o rompimento com seu núcleo duro, calcado nas relações primárias, lugar da sociabilidade primária, das relações de amizade, de camaradagem, de vizinhança. Na verdade, a organização amplia essas relações, incluindo estranhos, inscrevendo-se no que os teóricos da reciprocidade moderna chamam de quarto setor — a dádiva entre estranhos. Essa tese é confirmada pelo fato de o Projeto Vila Olímpica ancorar-se no passado da associação, no laço que liga o passado ao presente. O passado serve de referência e norteia as atividades do presente. É no vínculo que todos apostam: a comunidade, os financiadores dos projetos, moradores da cidade e o próprio Estado.

A presença de outros setores da sociedade, artistas e políticos, seja na escola, seja na casa das figuras ilustres da comunidade, trouxe benefícios para a comunidade. A relação das figuras locais com os setores externos à comunidade tem produzido saldos positivos, haja vista a projeção nacional tanto da comunidade quanto da escola de samba, melhorias na infra-estrutura de ambas, patrocínio etc. As personalidades externas, hoje, são denominadas Amigos da Mangueira e têm a função de "apadrinhar" a escola. Não se encaixam no chamado "trabalho voluntário", pois sua presença no dia-a-dia da escola ou dos projetos é intermitente.

Os Amigos da Mangueira podem ser considerados mediadores entre a escola e a comunidade, verdadeiros avalistas, que atestam publicamente a relevância dos projetos sociais e do valor cultural da escola de samba. Geralmente são chamados de "mangueirenses", alguns chegam até a incorporar "Mangueira" ao próprio nome. Estão freqüentemente presentes na mídia, defendendo os interesses da escola ou da comunidade. São figuras que se sentem compelidas a apoiar o trabalho social da escola de samba, seja porque se sentem identificadas com a origem social do público atendido, seja porque acreditam que o trabalho merece credibilidade (pois o avaliaram como positivo para o público em questão), ou por ambos. As pessoas jurídicas — empresas patrocinadoras, mantenedoras e parceiras nos projetos — são consideradas "madrinhas e padrinhos da Mangueira".

A Mangueira cresceu e tornou-se uma associação moderna. Durante os anos 1960, foram criados os departamentos nas escolas de samba cariocas. Essa estrutura se difundiu entre as escolas, uma escola inspirando a outra. Narrei aqui a história da criação, na década de 1960, do departamento esportivo da Mangueira, que mais tarde serviu de ponto de partida para a criação de um projeto mais elaborado — a Vila Olímpica. A década de 1980 assistiu à chegada dos técnicos à escola; a fase amadora dos projetos foi substituída por atividades sistemáticas, quase sempre em parceria com outras entidades, públicas ou privadas.

O estudo de Goldwasser sobre a escola de samba da Mangueira, realizado em meados da década de 1970, registra a existência de ações que revelam a preocupação dessa associação com o futuro dos meninos do lugar. Naquela época, havia uma ala composta exclusivamente de crianças, chamada Ala Mirim, que ficava sob a responsabilidade do departamento feminino. Além dessa ala, existia também a Bateria Mirim. Ainda que de maneira precária, cabia ao departamento esportivo promover rodadas de futebol ou jogos de vôlei.

Além dessas atividades voltadas para a criança e o jovem, havia outras de caráter espontâneo e assistemático, o que convertia a quadra em um espaço educativo, em lugar de lazer e entretenimento para a população infanto-juvenil. Desde essa época, a escola de samba já demonstrava preocupação com a escolarização regular, pois, para participar das atividades, a criança ou o jovem devia estar regularmente matriculado na escola. Goldwasser (1975:138) ilustra esse período com a seguinte passagem: um grupo de meninos da Bateria Mirim resolveu formar um conjunto à parte para apresentações particulares fora da escola, e o fato provocou o seguinte comentário de um dos dirigentes da Ala Mirim:

> (...) Um dos garotos foi vetado porque não está na escola: para poder tomar parte do conjunto, tem que estar estudando. Nós que moramos na favela temos que saber que dentro da Escola tem professores, tem catedráticos, não é só marginal. Um dos diretores até já arranjou professor para ele. E atenção à Ala Mirim: quem não estiver estudando, não interessa!

A década de 1980 guarda algumas especificidades que contribuíram para o agravamento das desvantagens sociais que atingem os moradores de favela. Refiro-me à expansão das atividades do crime organizado nessas localidades. Hoje se percebe a marca do crime em todos os espaços da favela. As crianças brincam com armas produzidas por elas mesmas com pedaços de madeira e pregos e outras sucatas encontradas nas redondezas. Convivendo com a violência, simulam bocas-de-fumo, inventando assim a brincadeira da "Boquinha". As famílias se desagregam por vários motivos, entre eles a divergência religiosa e o ingresso de seus filhos no tráfico de drogas; os conflitos externos entre a polícia e os criminosos são transportados para a esfera doméstica, já que amigos, vizinhos e/ou parentes podem estar em lados opostos etc.

O recente projeto municipal Favela-Bairro (iniciado na década de 1990 em algumas favelas cariocas) criou vias de acesso, quadras de esporte e áreas livres, construiu e reformou moradias, reconfigurando o espaço da favela. Alguns desses espaços foram ocupados pelo crime, permanecendo subordinados às suas regras. Em recente visita ao Salgueiro, encontrei, numa das escadarias principais, dois jovens armados que observavam atentamente a circulação das pessoas que lá chegavam. Os bailes comunitários da comunidade são dominados pelos "Comandos". Para freqüentá-los o jovem tem que ouvir músicas, ter amigos, usar grifes aprovadas por esses grupos. Moradores do Salgueiro, referindo-se aos conflitos entre a polícia e o crime organizado ou entre as diferentes facções deste, temem ouvir que "o morro virou", que as brigas territoriais promoveram a troca dos grupos criminosos que dominavam a comunidade. Tal situação significa perigo, guerra, violência, pânico de viver em favela. Na própria Vila Olímpica escuta-se nos depoimentos que "aqui eles não se metem", referindo-se ao narcotráfico. No início dos anos 1990, desafiando a todos, um traficante fez brilhar no alto da Mangueira um coração, em alusão ao seu nome — Ricardo Coração de Leão.

Assim, é impossível viver em favela sem se relacionar com as regras impostas pelo crime organizado, o que contribui para a fragmentação das associações vicinais. Essa situação prolonga-se sem que se encontre uma solução satisfatória para evitar que os jovens sejam seduzidos pela possibilidade de enriquecimento rápido e ilícito. É nesse contexto "de guerra" que surgem as iniciativas populares voltadas para a ampliação das oportunidades de integração desses jovens. O desafio reside na necessidade de se conjugar políticas públicas que enfrentem a questão social às políticas de combate à violência provocada pelo crime organizado.

Os projetos centrados no esporte têm boa aceitação entre os jovens. Nesse sentido, as tentativas de desenvolvimento de um etos civilizado[235] que afaste o jovem da realidade hostil do seu mundo cotidia-

---

[235] Elias, 1994.

no favorecem a aplicação de práticas sociais capazes de ampliar suas oportunidades de participação na sociedade. Contribuem, portanto, para a construção de uma cidadania plena, garantindo a saúde da coletividade.

Vivemos num mundo demarcado e orientado por regras; nele, as práticas esportivas oferecem a possibilidade de se celebrar a igualdade, a internalização de um ideal democrático em que as regras valem para todos e a mobilidade resulta do mérito, algo que parece ser uma referência positiva para os jovens pobres.[236] Sendo assim, o caráter socializador e mantenedor dos valores igualitários do esporte fornece as bases para a socialização dos jovens freqüentadores da Vila Olímpica.

O programa social do G.R.E.S. Estação Primeira de Mangueira concretiza a necessidade de se investigar as "novas formas de fazer política" correntes na cidade. Enfrentando problemas graves, como pobreza, desigualdade social e exclusão, além da violência oriunda da expansão do crime organizado, esse tipo de iniciativa tenta criar alternativas que incluam o jovem pobre em sua comunidade e na nação.

Numa orientação de política social em que o Estado tem participação mínima, os novos atores sociais mudam o cenário das políticas sociais. As novas formas de participação social rompem com as formas modernas de fazer política (tradicionalmente aplicadas por instituições corporativas como partidos, sindicatos e associações profissionais), fazendo emergir novas perspectivas em torno do tratamento dado aos pobres e a suas demandas. Se, por um lado, essas iniciativas demonstram criatividade por parte de segmentos da sociedade civil, por outro, há que se avaliar a eficácia dessas ações.

Foi também durante a década de 1980 que o estatuto da escola de samba da Mangueira incorporou definitivamente preocupações com as questões sociais. Entre os vários projetos emergentes nessa década, a Vila Olímpica, criada em 1989, surgiu com o objetivo de ocupar crianças e jovens com atividades esportivas. A história de vida de algumas das lideranças — técnicos esportivos, dirigentes da escola ou de projetos sociais — é usada para reforçar a opção pelo esporte. De maneira geral, esses líderes se consideram privilegiados, pois foram crianças carentes que tiveram oportunidades que as livraram do mundo do cri-

---

[236] DaMatta, 1982; Lopes, 1995; e Zaluar, 1998.

me, da rua, do abandono. O esporte, então, é saída para ocupar crianças e jovens expostos a situações de risco.

A política dos anos 1990 caracteriza-se pela ênfase na focalização e na descentralização. Paulatinamente, o governo federal passou para o poder local a responsabilidade pelo desenvolvimento das políticas sociais dirigidas a setores específicos da população. A mundialização da economia e da política não resultou na mundialização das políticas sociais voltadas para a redução da pobreza. Ao contrário, reforçou as políticas locais.

Seguindo a tendência mundial, intensificam-se no país a formulação e a gestão descentralizadas e participativas das políticas sociais. São ações localizadas de organizações não-governamentais e de governos municipais que não têm condições de homogeneizar sua ação social no campo das desigualdades sociais em todo o território nacional. Aumenta o número de projetos desenvolvidos em parceria com associações de caráter público e/ou privado em áreas desfavorecidas. Esses projetos são geralmente apresentados como uma saída, uma alternativa à violência e à exclusão da população pobre dos diferentes campos da vida social.

As políticas de combate à pobreza no país têm-se concentrado nas políticas de crescimento econômico, em detrimento das políticas de redução da desigualdade. A mudança de orientação efetuada pelo governo federal no que diz respeito às políticas sociais no país não incluiu, especificamente, a população jovem na agenda das políticas sociais. Manteve-se a opção de atender a um público mais amplo, no qual se inclui o jovem. Nem mesmo os recentes projetos destinados a jovens de comunidades carentes contemplam plenamente as demandas juvenis — em sua maioria, o público-alvo é o infanto-juvenil e, em alguns deles, até a terceira idade. Assim sendo, o jovem tem que, necessariamente, disputar com outras faixas etárias o atendimento nos programas existentes.

No decorrer da década de 1990, os projetos sociais desenvolvidos nas comunidades carentes da cidade apresentaram algumas vulnerabilidades. Uma delas é a falta de controle, por parte do Estado, dos recursos aplicados na esfera do social. Muitas organizações não-governamentais tomam para si a responsabilidade de desenvolver políticas nessa área. Os investimentos chegam de várias fontes — do próprio Estado e de agências de financiamento nacionais e internacionais. Um grande volume de recursos está envolvido na integração do jovem e de outros grupos, e não se tem controle dos resultados.

Outro ponto de tensão é a curta duração dos projetos, que em geral contam com recursos nacionais e internacionais temporários que não garantem a longevidade de algumas iniciativas. É comum, nas comunidades carentes da cidade, projetos que nem chegam a ser avaliados quanto a sua eficácia, ou que são avaliados como relevantes mas terminam pela retirada de seus agentes financiadores.

Um dos méritos do Projeto Vila Olímpica é a preocupação em não se isolar e, sim, em incorporar o morro ao asfalto; em não perder de vista a meta de integração dos jovens à nação. Sua focalização nos bairros populares e na favela não afastou as expectativas de integração à nação. Os participantes sentem-se brasileiros e reivindicam direitos de cidadão. Essa experiência, ao apresentar novas formas de agrupar indivíduos em torno de interesses específicos que não os de classe e ao se destinar à população dos bairros populares e de uma favela carioca, procura contemplar as demandas locais sem que com isso seus dirigentes percam a dimensão nacional, ou seja, a inclusão na nação.

A entrada do G.R.E.S. Estação Primeira de Mangueira na política social marca a abertura de seus bens e serviços a outras pessoas (bairros populares) que não seus membros ou seu núcleo principal. O caminho encontrado pela escola para solucionar suas demandas sociais foi o fortalecimento do próprio vínculo social. Participando de torneios, competições etc., os meninos da Vila Olímpica extrapolam as fronteiras da localidade.

O tecido social está fraturado, decompondo-se em várias sociedades cada vez mais estanques, afirmam os sociólogos. Nessa sociedade, a quem caberia a função de reduzir essas fraturas, já que o Estado tem-se mostrado insuficiente para dar conta das injustiças produzidas pelo próprio sistema? A atual redução da participação do Estado ao menor número de domínios possíveis, deixando os indivíduos, os grupos e as empresas entregues a si mesmos parece ser a tendência mundial. O capitalismo liberal orienta-se pela crença na existência de uma mão invisível que guia o mercado em direção às melhores escolhas para a sociedade, para a melhor repartição dos bens entre os seus membros. Esse é o paradoxo moderno: a economia que cria excluídos entrega à sociedade a tarefa de reintegrá-los, não necessariamente à economia, mas à sociedade.[237] É nesse contexto que se faz cada vez mais apelo à dádiva como via de recomposição dos vínculos sociais.

Há nas sociedades modernas uma forma de circulação de bens e serviços entre estranhos que funciona externamente ao mercado e que não toma o caminho da redistribuição pública, ou seja, é inteiramente espontânea. Trata-se de uma quarta esfera — além das esferas doméstica, do mercado e pública —, a relação entre estranhos, uma especificidade das sociedades modernas. É o que "permite que pessoas comuns manifestem seu altruísmo, que transcende a esfera das relações pessoais, como afirma Titmuss".[238]

Se a dádiva circula através de vínculos comunitários, a presença da esfera do mercado e da esfera pública não inibiria sua continuidade? Trata-se de esferas diferentes, que se baseiam em princípios diferentes. O mercado pressupõe o cálculo, coloca a racionalidade em qualquer relação, a necessidade de se obter a equivalência entre os bens. O Estado tem horror à diferença, fonte potencial de desigualdades e preferências subjetivas. Já a dádiva, ao contrário, só vive disso: afinidades, ligações privilegiadas, personalizadas, e não procura a igualdade ou a equivalência. A busca da igualdade interrompe e mata a dádiva, dizem Godbout e Caillé (1999).

Olhar o futuro através do passado é um dos indicativos da existência de uma quarta esfera: a dádiva entre estranhos. A valorização da trajetória dos fundadores da escola de samba, dos sambistas, da velha-guarda e dos primeiros idealizadores do programa social demonstra a importância atribuída ao laço social. O projeto, ao se sustentar no vínculo social, evidencia a presença da dádiva. Ela é o cimento que liga o passado ao presente e os diferentes segmentos sociais em redes de solidariedade e reciprocidade.

Pesquisas recentes mostram que, na cidade do Rio de Janeiro, o perfil do jovem mais exposto a situações de risco é o seguinte: negro, pobre, morador da periferia ou favelas cariocas. Por isso o surgimento nessas localidades de vários projetos centrados, em sua maioria, no esporte e na música que tentam ampliar as oportunidades dos grupos em

---

[237] Godelier, 1996.

[238] Apud Godbout, 1998:78.

questão. É nesse quadro que se insere o Projeto Vila Olímpica. Nele, as atividades esportivas visam alcançar a criança e o jovem de até 18 anos, deixando de fora uma parcela do universo juvenil, já que o IBGE considera jovem todo aquele que se inclua na faixa etária dos 15 aos 24 anos.

Ciente de seus limites, a própria escola de samba considera seu trabalho social "somente um pingo d'água no meio deste oceano de carências e abandono".[239] Um dos pontos fracos desse tipo de política focal é a dependência de empresas mantenedoras ou de entidades financiadoras nacionais e estrangeiras. Se contar com recursos financeiros da iniciativa privada, por um lado, dá às comunidades autonomia para que pensem em soluções locais para seus problemas, por outro, não lhes garante a continuidade a longo prazo de seus projetos.

A necessidade de o Estado mostrar a eficácia dos projetos focais, divulgando experiências "bem-sucedidas", aliada à busca, por parte das comunidades, de soluções para os problemas advindos tanto da pobreza quanto da violência têm lançado luzes sobre iniciativas como a da Vila Olímpica. A afirmação dos dirigentes do projeto de que a experiência da Vila Olímpica vem reduzindo o índice de menores infratores e aumentando o de escolaridade incentiva outras comunidades a repetir o modelo Vila Olímpica, já que parece ser uma preocupação crescente na cidade a busca de estratégias de combate ao crime organizado, que atrai a população infanto-juvenil para seus quadros.

O Projeto Vila Olímpica — de alcance restrito, voltado para uma determinada favela e para os bairros populares circunvizinhos, e que atende a uma população carente de programas sociais — soube formular propostas para atender às suas necessidades e buscar recursos para financiá-las. Isso justifica em parte sua escolha como projeto exemplar.

Como a tendência à restrição de políticas universais é mundial, a premiação de experiências de uma comunidade pobre de um país pobre pode servir de incentivo a outras comunidades que tenham algum grau de semelhança. A recente medida da Unesco de premiar projetos que atendam a essa população confirma essas preocupações. Foram cerca de 30 experiências espalhadas por todo o território nacional, entre elas a da Vila Olímpica.

---

[239] Campeã. *Mangueira 13 anos*, 2000:5.

A Mangueira exorbita de sua área carnavalesca e adquire novas responsabilidades. Como associação do quarto setor, promove vínculos sociais entre estranhos, confirmando, para além do mercado e do Estado, a existência da dádiva na sociedade moderna.

"A mística mangueirense é muito forte e atinge até mesmo os que não são seus torcedores", observa Haroldo Costa (1996:8). A tomada da tradição como contrapartida e a valorização do passado através da exaltação dos baluartes da escola têm servido para a construção de referências positivas para a criança e o jovem mangueirenses. Além disso, confirmam a tese de que o samba, através dos tempos, vem construindo amplos círculos de solidariedade e reciprocidade, nos quais as comunidades envolvidas conseguem lidar com seus conflitos e fortalecer afinidades. O samba, desse modo, cumpre seu papel civilizador.

A narrativa das histórias de vida dos idealizadores dos projetos, dos técnicos e dos fundadores da escola deixa claro que não há ruptura entre quem oferece ou presta o serviço e quem o recebe. O vínculo comunitário entre quem presta e quem recebe o serviço estreita as relações entre ambos: "a minha trajetória mostra que a sua vida pode ser diferente do destino esperado para os mais pobres. Mangueira é minha vida. Pense na melhor coisa da vida: é isso que a Mangueira significa para mim", dizia dona Neuma.

Os depoimentos apaixonados são uma rotina na história do G.R.E.S. Estação Primeira de Mangueira. Mas por que a Mangueira fascina? Primeiro, pelo "afeto", pelo "vínculo social". Seus fundadores — Carlos Cachaça, Maçu, Cartola, Zé Espinguela, Pedro Paquetá, Abelardo da Bolinha, Saturnino e Euclides — permanecem vivos na memória de todos. As velhas senhoras são as "tias" de todos nós. Esses procedimentos estreitam os laços sociais e incluem todos na "nação Mangueirense".

Segundo, porque o carnaval é "a festa nacional" e o carnaval do Rio representa o carnaval do Brasil. A trajetória e o desempenho das escolas de samba são acompanhados por todo o país. O Rio, apesar de não ser mais a sede do governo federal, ainda é um dos pólos culturais da nação.

Como todo o processo de construção do nacional é político e arbitrário e se faz em nome de uma unidade nacional, a escolha da cidade e da escola como símbolos nacionais também o é. Parece que a Mangueira sabe fazer uso do seu significado simbólico, ao ser reconhecida como associação guardiã da autenticidade do samba na cidade e no país. O amor pela escola é a adesão incondicional ao afeto, pela relação de pessoa a pessoa, que não se explica simplesmente pela racionalidade, mas talvez possa ser explicado pelo espírito da dádiva.

Fazendo com que a criança e o jovem tenham contato com várias modalidades esportivas, a Vila Olímpica pretende alterar o destino destes, vistos como população em situação de risco. Dessa maneira, o esporte, com seus diferentes significados para a população juvenil — educação, lazer, entretenimento, formação de caráter e de um público conhecedor —, é concebido como um antídoto para a violência crescente, que atinge de maneira mais intensa e agressiva os jovens dos setores populares da cidade. Por seu caráter lúdico, por ser uma atividade não-obrigatória, por dar ao jovem a sensação de liberdade, de alívio das tensões, o esporte proporciona experiências importantes na construção das identidades juvenis. Os dirigentes do projeto compartilham da crença de que manter os jovens ocupados é mantê-los a salvo, garantindo assim uma sociabilidade positiva.

Vistos como grupo em situação de risco ou de vulnerabilidade, os meninos da Mangueira pensam no futuro. Querem ser atletas, artistas, advogados etc., morar perto da praia ou da própria Mangueira. Para a maioria, estes são projetos possíveis. Mesmo que não consigam realizar o sonho de se tornar esportistas profissionais, as experiências vividas na Vila Olímpica permitem uma socialização positiva. Cônscios das dificuldades de profissionalização no mundo do esporte e apreensivos quanto àquilo que o futuro lhes reserva, mesmo assim projetam saídas para as suas vidas.

O Projeto Vila Olímpica, ao ser aceito na cidade como um projeto recomendável para outras comunidades, combate a fragmentação das associações vicinais, fortalecendo as relações comunitárias. A permanente construção e reconstrução das redes de relações centradas no samba (escolas de samba) e, agora, fortalecidas pelo esporte (Vila Olímpica) possibilita a ampliação dessas redes de comunicação social para a comunidade, o bairro, os bairros populares e a cidade. Por propiciar mais um espaço de socialização positiva e sociabilidade para crianças e jovens, o projeto tem sido mais uma via de combate à violência.

Os mangueirenses, ao propor projetos em que a contrapartida baseia-se no vínculo, na memória, na preservação do passado no presente

— valor que não tem preço —, desequilibram a oferta e sua contrapartida. Contrariam, desse modo, a lógica do mercado e do Estado. Se o Estado funciona à base da igualdade e o mercado, à base da equivalência, a dádiva tem como princípio a dívida voluntariamente mantida, o desequilíbrio, a desigualdade.

Sendo assim, o vínculo desigual da dádiva não pode ser pensado a partir do princípio utilitário. Ou seja, a experiência do G.R.E.S. Estação Primeira de Mangueira e de outras associações carnavalescas e/ou comunitárias pode ser pensada a partir da dádiva moderna, de sua lógica de rede de circulação de bens materiais e simbólicos, de serviços, de idéias e palavras. Por meio do reforço do laço social, as escolas de samba criam redes de reciprocidade que se estendem a estranhos. A rivalidade no samba é ainda mais marcada pelas regras da etiqueta e de ajuda mútua que vinculam os componentes de diferentes escolas, criando simultaneamente laços de solidariedade entre as agremiações "irmãs" ou entre as "madrinhas" e "afilhadas", desenvolvendo, desse modo, mais profundamente do que no esporte o que Norbert Elias chamou de *habitus* civilizado.

# BIBLIOGRAFIA

ALBUQUERQUE, R. C. Pobreza e exclusão social. In: VELLOSO, J. P. Reis; ALBUQUERQUE, R. C. (Orgs.). *Pobreza e mobilidade social.* São Paulo: Nobel, 1993. p. 53-102.

ALMEIDA, R. R. M.; CHAVES, M. F. G. Juventude e filiação religiosa no Brasil. In: *Jovens acontecendo na trilha das políticas públicas.* Brasília: CNPD, 1988. 2v. il., p. 671-686.

ALVIM, R.; VALLADARES, L. A infância pobre no Brasil, uma análise da literatura. *BIB.* Anpocs, n. 18, 1994.

ANDERSON, B. *Nação e consciência nacional.* São Paulo: Ática, 1989.

ARENDT, H. *A condição humana.* Rio de Janeiro: Forense Universitária, 1983.

ARIAS, A. R. Avaliando a situação ocupacional e dos rendimentos do trabalho dos jovens entre 15 e 24 anos de idade na presente década. In: *Jovens acontecendo na trilha das políticas públicas.* Brasília: CNPD, 1998. 2v. il., p. 519-544.

ARRETCHE, M. T. S. Políticas sociais no Brasil: descentralização em um Estado federativo. *Revista Brasileira de Ciências Sociais.* Anpocs, v. 14, n. 40, jun. 1999.

BAENINGER, R. et al. Evolução e características da população jovem no Brasil. In: *Jovens acontecendo na trilha das políticas públicas.* Brasília: CNPD, 1998. 2v. il., p. 7-20.

BARBOSA, M. I. S. Todos a bordo. In: OLIVEIRA, D. D. et alii (Orgs.). *A cor do medo.* Brasília: UnB, 1998. p. 92-98.

BARROS, R. P.; HENRIQUES, R.; MENDONÇA, R. Desigualdade e pobreza no Brasil: retrato de uma estabilidade inaceitável. *Revista Brasileira de Ciências Social.* Anpocs, v. 15, n. 42, fev. 2000.

BECK, U. et al. *A modernização reflexiva.* São Paulo: Unesp, 1997.

BERQUÓ, E. Quando, como e com quem se casam os jovens brasileiros. In: *Jovens acontecendo na trilha das políticas públicas.* Brasília: CNPD, 1998. 2v. il., p. 70-93.

BOURDIEU, P. *O desencantamento do mundo: estruturas econômicas e estruturas temporais.* São Paulo: Perspectiva, 1979.

———. A juventude é apenas uma palavra. In: *Questões de sociologia.* Rio de Janeiro: Marco Zero, 1983. p. 112-121.

———. Como se pode ser esportivo? In: *Questões de sociologia.* Rio de Janeiro: Marco Zero, 1984. p. 136-153.

CAILLÉ, A. Nem holismo nem individualismo metodológicos. Marcel Mauss e o paradigma da dádiva. *Revista Brasileira de Ciências Sociais.* Anpocs, v. 13, n. 38, p. 5-38, 1998.

CANDEIRA, Isnard. *Escola de samba: a árvore que esqueceu a raiz.* Rio de Janeiro: Lidador, Seec, 1978.

CARDOSO, R. et al. *Sete lições da experiência da Comunidade Solidária.* Brasília: Conselho da Comunidade Solidária, 2000.

CARVALHO, J. M. *Os bestializados — o Rio de Janeiro e a República que não foi.* São Paulo: Companhia das Letras, 1991.

CARVALHO, M. A. R. *Quatro vezes cidade.* Rio de Janeiro: Sette Letras, 1994.

CASÉ, P. *Favela: uma exegese a partir da Mangueira.* Rio de Janeiro: Relume-Dumará, Prefeitura do Rio de Janeiro, 1996.

CASTEL, R. *As metamorfoses da questão social — uma crônica do salário.* Petrópolis: Vozes, 1998.

CASTELLS, M.; MOLLENKOPF, J. *Dual city: restructuring New York.* New York: Russel Sage Foundation, 1992.

CAVALCANTI, M. L. V. C. *Carnaval carioca: dos bastidores ao desfile.* Rio de Janeiro: Funarte, UFRJ, 1994.

CECHETTO, F. As galeras *funk* cariocas: entre o lúdico e o violento. In: VIANNA, H. (Org.). *Galeras cariocas: territórios de conflitos e encontros culturais*. Rio de Janeiro: UFRJ, 1997. p. 95-118.

CHINELLI, F. O projeto pedagógico das escolas de samba e o acesso à cidadania: o caso da Mangueira. *Boletim do Laboratório de Pesquisa Social*. Rio de Janeiro, Ifcs/UFRJ, n. 8, 1992.

———. Violência, mercado de trabalho e cidadania: o projeto pedagógico das escolas de samba. In: VILLAS BOAS, G.; GONÇALVES, M. A. *O Brasil na virada do século — o debate dos cientistas sociais*. Rio de Janeiro: Relume-Dumará, 1995. p. 110-119.

COSTA, A. Salve Mangueira. In: CASÉ, P. *Favela: uma exegese a partir da Mangueira*. Rio de Janeiro: Relume-Dumará, 1996.

DAMATTA, R. Esporte na sociedade: um ensaio sobre o futebol. In: DAMATTA, R. et al. (Orgs.). *Universo do futebol: esporte e sociedade brasileira*. Rio de Janeiro: Pinakotheke, 1982. p. 19-41.

———. *O que faz o Brasil, Brasil?* Rio de Janeiro: Rocco, 1986.

DUNNING, E.; MAGUIRE, J. As relações entre sexos no esporte. *Novos Estudos Cebrap*. São Paulo, 1997.

ELIAS, N. *O processo civilizador*. Rio de Janeiro: Zahar, 1994. v. 1.

———; DUNNING, E. *A busca da excitação*. Lisboa: Difel, 1992.

FIORI, J. L. Globalização, hegemonia, império. In: FIORI, J. L.; TAVARES, M. C. (Orgs.). *Poder e dinheiro*. Petrópolis: Vozes, 1997. p. 87-147.

FLANAGAN, O.; JACKSON, K. Justice, care and gender. In: LARRAABEE, M. J. *An ethic of care*. New York: Routledge, 1993. p. 69-86.

FREYRE, G. *Casa-grande & senzala*. Rio de Janeiro: José Olympio, 1987.

G.R.E.S. ESTAÇÃO PRIMEIRA DE MANGUEIRA. *Mangueira 10 anos do programa social; o sonho se tornou realidade*. Rio de Janeiro, 1997.

———. *Mangueira 70 anos*. Rio de Janeiro, 1998.

———. *Mangueira 99; o século do samba*. Rio de Janeiro, 1999.

GILLIGAN, C.; ATTANUCCI, J. Two moral orientations. In: GILLIGAN, C. et alii. *Mapping the moral domain*. Cambridge, Mass.: Harvard University Press, 1988. p. 73-88.

GILROY, P. *Atlântico negro.* São Paulo: Ed. 34, CEAA, 2001.

GODBOUT, J. T. Introdução à dádiva. *Revista Brasileira de Ciências Sociais.* Anpocs, v. 13, n. 38, p. 39-52, out. 1998.

———; CAILLÉ, A. *O espírito da dádiva.* Rio de Janeiro: FGV, 1999.

GODELIER, M. *L'enigme du don.* Paris: Fayard, 1996.

GOLDWASSER, M. J. *O palácio do samba.* Rio de Janeiro: Zahar, 1975.

GONÇALVES, M. A. R. *A brincadeira no terreiro de Oxossi.* 1990. 214f. Dissertação (Mestrado em Ciências Sociais) — Ifcs/UFRJ, Rio de Janeiro.

GREGORI, M. F. *Meninos de rua: a experiência da viração.* 1997. 250f. Tese (Doutorado em Antropologia) — Programa de Pós-Graduação em Antropologia, USP, São Paulo.

HALL, S. *A identidade cultural na pós-modernidade.* Rio de Janeiro: DP&A, 1999.

HANNERZ, U. *Exploring the city.* New York: Columbia University Press, 1980.

HENRIQUES, R. *Desigualdade racial no Brasil: evolução das condições de vida na década de 90.* Rio de Janeiro: Ipea, jul. 2001. (Texto para Discussão, 807).

HERINGER, R. A agenda anti-racista das ONGs brasileiras nos anos 90. In: GUIMARÃES, A. S.; HUNTLEY, L. (Orgs.). *Tirando a máscara: ensaios sobre o racismo no Brasil.* São Paulo: Paz e Terra, 2000.

HOBSBAWM, E. *História social do jazz.* Rio de Janeiro: Paz e Terra, 1991.

———. *Nações e nacionalismo desde 1780.* Rio de Janeiro: Paz e Terra, 1998.

———; RANGER, T. *A invenção das tradições.* Rio de Janeiro: Paz e Terra, 1997.

HOLANDA, S. Buarque de. *Raízes do Brasil.* Rio de Janeiro: José Olympio, 1994.

IBASE. Dona Neuma: histórias para ler e pensar. In: *Democracia viva.* Rio de Janeiro: Moderna, Ibase, nov. 1998. v. 4, p. 76-97.

IBGE. *População jovem no Brasil.* Rio de Janeiro: IBGE, 1999a. (Estudos e Pesquisas, 3.)

———. *Síntese de indicadores sociais 1998.* Rio de Janeiro: IBGE, 1999b.

JACOBS, B. D. *Fractured cities — capitalism, community and empowerment in Britain and America*. London: Routledge, 1992.

JORGE, M. H. P. de Melo. Como morrem os jovens. In: *Jovens acontecendo na trilha das políticas públicas*. Brasília: CNPD, 1998. 2v. il., p. 70-93.

————— et al. Análise dos dados de mortalidade. *Revista de Saúde Pública*, v. 31, n. 4, p. 5-25, 1997. Suplemento.

KARASCH, M. C. *A vida dos escravos no Rio de Janeiro (1808-1850)*. São Paulo: Companhia das Letras, 2000.

KARSENTI, B. *L'homme total*. Paris: PUF, 1994.

KOTTAK, C. P. Festivals, celebrations and gift-giving. In: KOTTAK, C. P. *Prime-time society: an anthropological analysis of television and culture*. Belmont: Wadsworth, 1990.

LANDIM, L. *Sem fins lucrativos*. Rio de Janeiro: Iser, 1988.

LEOPOLDI, J. S. *Escola de samba, ritual e sociedade*. Petrópolis: Vozes, 1978.

LESSA, C.; SALM, C.; SOARES, L.; DAIN, S. Pobreza e política social: a exclusão nos anos 90. *Praga — Estudos Marxistas*. São Paulo, n. 3, 1997.

LEWIS, O. *Antropología de la pobreza*. Buenos Aires: Fondo de Cultura Económica, 1961.

LOPES, J. S. Leite. Esporte, emoção e conflito social. *Mana — Estudos de Antropologia Social*. Rio de Janeiro: PPGAS/UFRJ, v. 1, n. 1, p. 141-165, 1995.

MACHADO, J. Pais. *Culturas juvenis*. Lisboa: INCM, 1994.

MADEIRA, F. R. Pobreza, escola e trabalho: convicções virtuosas, conexões viciosas. *São Paulo em Perspectiva*, v. 7, n. 1, p. 70-83, jan./mar. 1993.

—————. Recado dos jovens: mais qualificação. In: *Jovens acontecendo na trilha das políticas públicas*. Brasília: CNPD, 1998. 2v. il., p. 427-498.

MAGALHÃES, R. *Pobreza política e solidariedade: a Ação da Cidadania contra a Fome a Miséria e pela Vida*. 1999. 143f. Tese (Doutorado) — Instituto de Medicina Social/Uerj, Rio de Janeiro.

MARON FILHO, O.; FERREIRA, R. (Orgs.). *Fla-Flu... e as multidões despertaram! Nélson Rodrigues e Mário Filho*. Rio de Janeiro: Europa, 1987.

MARTIN, D. *Filiation or innovation? Some hipotheses to overcome the dilemma of Afro-American music's origins*. Paris: Printemps, 1991.

———. Who's afraid of the big bad world music? [Qui a peur des grandes méchantes musiques du monde?] Désir de l'autre, processus hégemoniques et flux transnationaux mis en musique dans le monde contemporain. *Cahiers de Musique Traditionnelle*. Paris, n. 9, 1996.

MATORY, L. Jeje: repensando nações e transnacionalismo. *Mana*, v. 5, n. 1, p. 57-80, 1999.

MAUSS, M. O ensaio sobre a dádiva. In: MAUSS, M. *Sociologia e antropologia*. São Paulo: EPU, 1974. v. 2.

MELO, M. A. Estado, governo e políticas públicas. In: MICELI, S. *O que se lê na ciência social brasileira (1970-1995)*. São Paulo: Sumaré; Brasília: Anpocs, Capes, 1999.

MICELI, S. (Org.). *O que se lê na ciência social brasileira*. São Paulo: Sumaré; Brasília: Anpocs, Capes, 1999.

MINAYO, M. C. S.; SOUZA, E. R. É possível prevenir a violência? Reflexões a partir do campo da saúde pública. *Ciência & Saúde Coletiva*. Rio de Janeiro, Abrasco, v. 4, n. 1, p. 7-23, 1999.

MONTEIRO, R. *Torcer, lutar, ao inimigo massacrar: Raça Rubro-Negra, uma etnografia sobre futebol, masculinidade e violência*. 2001. 121f. Dissertação (Mestrado) — Instituto de Filosofia e Ciências Humanas/Uerj, Rio de Janeiro.

MOURA, R. *Tia Ciata e a Pequena África no Rio de Janeiro*. Rio de Janeiro: Funarte, 1983.

NOGUEIRA, O. *Preconceito de marca: as relações raciais em Itapetininga*. São Paulo: Edusp, 1998.

NOVO CÓDIGO CIVIL BRASILEIRO. Rio de Janeiro: Auriverde, 2003.

OLIVEIRA, D. D. et al. (Orgs.). *A cor do medo*. Brasília: UnB, 1998.

OLIVEIRA, J. S. *A construção da pobreza como objeto de política pública*. Rio de Janeiro: IMS/Uerj, dez. 1996. (Estudos em Saúde Coletiva, 130).

———. *Juventude pobre: o desafio da integração*. 1999. 177f. Tese (Doutorado) — Instituto de Medicina Social/Uerj, Rio de Janeiro.

# A Vila Olímpica da Verde-e-Rosa

———; MACIER, M. H. A palavra é: favela. In: ZALUAR, A.; ALVITO, M. *Um século de favela*. Rio de Janeiro: FGV, 1998. p. 61-114.

OLIVEIRA, L. Os excluídos existem? Notas sobre a elaboração de um novo conceito. *Revista Brasileira de Ciências Sociais*. Anpocs, v. 12, n. 33, p. 49-61, fev. 1997.

OLIVEIRA, R. Cardoso de. Introdução a uma leitura de Mauss. In: OLIVEIRA, R. C. (Org.). *Marcel Mauss: antropologia*. São Paulo: Ática, 1979.

PIMENTEL, J. Alternativas roqueiras para o samba "de raiz". *O Globo*, 20 maio 2000. Segundo Caderno.

PINTO, L. A. Costa. *O negro no Rio de Janeiro: relações de raças numa sociedade em mudança*. Rio de Janeiro: UFRJ, 1998.

QUEIROZ, M. I. Pereira de. *Carnaval brasileiro: o vivido e o mito*. São Paulo: Brasiliense, 1992.

REIS, F. Percepções da elite sobre pobreza e desigualdade. *Revista Brasileira de Ciências Sociais*. Anpocs, v. 15, n. 42, p. 73-76, fev. 2000.

RIBEIRO, L. C. Q.; LAGO, L. C. do. A divisão Favela-Bairro no espaço social do Rio de Janeiro. In: *XXIV Encontro Anual da Anpocs*, 2000.

———; PRETECEILLE, Edmond. Tendências da segregação social em metrópoles globais e desiguais: Paris e Rio de Janeiro nos anos 80. *Revista Brasileira de Ciências Sociais*, v. 14, n. 40, p. 143-62, jun. 1999.

———; SANTOS. JUNIOR, O. A. *Associativismo e participação popular*. Rio de Janeiro: Ippur/UFRJ, Fase, 1996.

RIBEIRO, S. C. *A educação e a inserção do Brasil na modernidade*. São Paulo, 1993. (Cadernos de Pesquisa, 83.)

RUA, M. das G. As políticas públicas e a juventude dos anos 90. In: *Jovens acontecendo na trilha das políticas públicas*. Brasília: CNPD, 1998. 2v. il., p. 731-752.

SABOIA, A. L. Situação educacional dos jovens. In: *Jovens acontecendo na trilha das políticas públicas*. Brasília: CNPD, 1998. 2v. il., p. 499-518.

SADER, E.; PAOLI, M. C. Sobre "classes populares" no pensamento sociológico brasileiro (notas de leitura sobre acontecimentos recentes). In: CARDOSO, R. (Org.). *A aventura antropológica; teoria e pesquisa*. São Paulo: Paz e Terra, 1986. p. 39-68.

SANDRONI, C. *Feitiço decente — transformações do samba no Rio de Janeiro (1971-1933)*. Rio de Janeiro: Zahar, UFRJ, 2001.

SANSONE, L. O local e o global na afro-Bahia contemporânea. *Revista Brasileira de Ciências Sociais*. Anpocs, v. 10, n. 29, p. 65-84, out. 1995.

———. Os objetos da identidade negra: consumo, mercantilização, globalização e criação de culturas negras no Brasil. *Mana — Estudos de Antropologia Social*. Rio de Janeiro, PPGAS/UFRJ, v. 1, p. 87-119, 2000.

———; SANTOS, J. Teles dos. Introdução. In: SANSONE, L.; SANTOS, J. Teles dos (Orgs.). *Ritmos em trânsito, socioantropologia da música na Bahia*. São Paulo: Dynamis, 1998. p. 7-16.

SASSEN, S. *The global city: New York, London, Tokyo*. Princeton: Princeton University Press, 1991.

SCHWARCZ, L. K. M. Complexo de Zé Carioca — sobre uma certa ordem da mestiçagem e da malandragem. *Revista Brasileira de Ciências Sociais*, v. 10, n. 29, p. 49-64, 1995.

———. Questão racial e etnicidade. In: MICELI, S. (Org.). *O que ler na ciência social brasileira*. São Paulo: Sumaré; Brasília: Anpocs, Capes, 1999. p. 267-326.

SIGAUD, L. As vicissitudes do "ensaio sobre o dom". *Mana — Estudos de Antropologia Social*. Rio de Janeiro: PPGAS/UFRJ, Contracapa, v. 5, n. 2, p. 11-46, out. 1999.

SILVA, N. do Valle e; HASENBALG, C. *Estrutura social, mobilidade e raça*. São Paulo: Vértice, 1983.

SIMMEL, G. A metrópole e a vida mental. In: VELHO, O. (Org.). *O fenômeno urbano*. Rio de Janeiro: Zahar, 1967. p. 13-28.

SOARES, L. T. R. Os custos sociais do ajuste neoliberal no Brasil. In: *Seminário Clacso*. Porto Alegre, dez. 1999.

SODRÉ, M. *Samba o dono do corpo*. Rio de Janeiro: Mauad, 1998.

SOIHET, R. *A subversão pelo riso*. Rio de Janeiro: FGV, 1998.

SZWARCWALD, C. L.; LEAL, M. do C. Sobrevivência ameaçada dos jovens brasileiros: a dimensão da mortalidade por armas de fogo. In: *Jovens acontecendo na trilha das políticas públicas*. Brasília: CNPD, 1998. 2v. il., p. 363-396.

THOMPSON, E. P. O tempo, a disciplina do trabalho e o capitalismo. In: SILVA, T. T. *Trabalho, educação e prática social.* Porto Alegre: Artes Médicas, 1991. p. 44-93.

THORNTON, J. *Africa and the Africans in the making of the Atlantic world, 1400-1800.* Cambridge: Cambridge University Press, 1998.

TRONTO, J. Beyond gender difference to a theory of care. In: LARRABEE, M. J. *Ethic of care.* New York: Routledge, 1993. p. 240-257.

ULLOA, A. *Pagode: a festa do samba no Rio de Janeiro.* Rio de Janeiro: Multimais, 1998.

VALENÇA, R. T. *Serra, Serrinha, Serrano: o império do samba.* Rio de Janeiro: José Olympio, 1981.

VIANNA, H. *O mistério do samba.* Rio de Janeiro: Zahar, 1995.

VIEIRA, L. F. *Sambas da Mangueira.* Rio de Janeiro: Revan, 1998.

WEBER, M. O conceito e categorias da cidade. In: VELHO, O. (Org.). *Fenômeno urbano.* Rio de Janeiro: Zahar, 1967. p. 73-96.

———. *A ética protestante e o espírito do capitalismo.* São Paulo: Pioneira, 1983.

WIRTH, L. O urbanismo como modo de vida. In: VELHO, O. (Org.). *Fenômeno urbano.* Rio de Janeiro: Zahar, 1967. p. 97-122.

ZALUAR, A. *A máquina e a revolta.* São Paulo: Brasiliense, 1985.

———. *Cidadãos não vão ao paraíso.* Rio de Janeiro: Escuta; São Paulo, Edunicamp, 1994a.

———. *O condomínio do diabo.* Rio de Janeiro: Revan, UFRJ, 1994b.

———. As imagens da e na cidade: a superação da obscuridade. *Cadernos de Antropologia e Imagem.* Rio de Janeiro, v. 4, p. 107-119, 1995.

———. *O utilitarismo sociológico e as políticas públicas.* Rio de Janeiro: IMS/Uerj, dez. 1996. (Série Estudos em Saúde Coletiva, 146.)

———. Exclusão e políticas públicas: dilemas teóricos e alternativas políticas. *Revista Brasileira de Ciências Sociais.* Anpocs, v. 12, n. 35, p. 29-47, out. 1997a.

———. Gangues, galeras e quadrilhas: globalização, juventude e violência. In: VIANNA, H. *Galeras cariocas*. Rio de Janeiro: UFRJ, 1997b. p. 17-55.

———. Para não dizer que não falei de samba: os enigmas da violência no Brasil. In: SCHWARCZ, L.; NOVAIS, F. A. (Orgs.). *História da vida privada*. São Paulo: Companhia das Letras, 1998. v. 4, p. 245-318.

———. Violência e crime. In: MICELI, S. (Org.). *O que ler na ciência social brasileira*. São Paulo: Sumaré; Brasília: Anpocs, Capes, 1999. p. 13-107.

———; ALVITO, M. (Orgs.). *Um século de favela*. Rio de Janeiro: FGV, 1998.

———; LEAL, M. C. Governo e educação pública: uma comparação entre o Ciep e a escola comum. *Revista Brasileira de Estudos Pedagógicos*. Brasília, v. 189, p. 157-194, 1998.

——— et al. Redes de tráfico e estilos de consumo de drogas ilegais em três bairros do Rio de Janeiro: Copacabana, Tijuca e Madureira. Rio de Janeiro: Uerj/IMS/Nupevi, jul. 2000. (Relatório Final de Pesquisa.)

Esta obra foi impressa pela
Sermograf Artes Gráficas e Editora Ltda. em papel
offset Master Set para a Editora FGV
em outubro de 2003.